바울 신학 크로키

김선용의
신약 클래스
_____ 02

바울 신학 크로키

김선용

비아
토르
viator

차례

에필로그적 프롤로그 ─7

1장   바울에게 하나님에 대해 묻다 ─17

2장   바울에게 예수에 대해 묻다 ─69

3장   바울에게 믿음에 대해 묻다 ─123

4장   바울에게 칭의와 구원에 대해 묻다 ─177

5장   바울에게 그리스도인의 삶에 대해 묻다 ─233

보론   예수의 죽음에 대한 추가 설명 ─313

일러두기

신약성경은 별도로 언급하지 않는 한 새한글성경을 인용한다. 필요한 경우
사역하거나 개역개정성경을 인용한다.

게다가 이 책을 집필하는 동안 내 마음은 끊임없이 흔들렸다. 어떤 사안에 대해 어느 날은 확신을 가졌다가도, 다음 날이면 그 확신이 옅어지곤 했다.

—데일 앨리슨[1]

초고를 마무리하며 이 글을 쓴다. 집필 순서로 보자면 끝자락에 가까운 말이다. 글을 쓰기 시작하던 때와 이제 마침표를 찍는 지금 사이에 내 생각은 크든 작든 여러 번 결이 달라졌을 것이다. 그래서 이 글은 서두에 놓이지만 실상은 끝에서 건져 올린 말, 일종의 '에필로그적 프롤로그'다.

바울은 실패했다. 자기가 살아 있는 동안 그리스도가

---

1 Dale C. Allison Jr., *The Resurrection of Jesus: Apologetics, Polemics, History* (London: T&T Clark, 2021), p. 351.

다시 오실 것이라 믿었고, 그 믿음을 한 치의 주저도 없이 선포했다. 그러나 역사는 그 기대가 빗나갔음을 증언한다. 바울은 복음과 성령의 내주를 통해 인간이 송두리째 변한다고, 그것도 눈부실 만큼 빠르게 흠 없고 온전한 존재에 이를 수 있다고도 확신했다. 그러나 정작 오늘날까지 남은 바울의 편지는 대부분 자기와 연결된 여러 교회에서 일어난 크고 작은 풍파에 대한 응답이다.

바울이 그린 변화의 청사진과 공동체의 실제 풍경 사이에는 균열이 선명했다. 그러므로, 어떤 의미에서 바울의 생각은 틀렸다. 이 책이 바울 신학을 그리면서도 바울에게 그토록 절박했던 종말론을 별도의 장으로 다루지 않는 이유가 여기에 있다.

'바울 신학'은 무엇인가? 그에 앞서 '신학'이란 무엇인가? 학문으로서의 신학은 두 겹의 불가능 위에 뿌리를 내리고 있다. 첫째, 인간 언어의 그물망으로 하나님의 행동과 현실을 완결형으로 포획하기는 애초에 불가능하다. 둘째, 역사적 우연성과 구체적인 사회·정치적 압력 속에서 탄생한 문서의 다발인 신약성경에서 오로지 '신학적 내용'만 선별하여, 마치 처음부터 설계도를 짜놓은 듯이 '신약

바울 신학 크로키

신학'이나 '바울 신학'이라는 **체계적** 서술을 세워 올릴 수는 없다.

본서는 이러한 한계를 전제로 한 뒤, '신학'이라는 말을 제한된 의미에서만 사용한다. 이 책에서 신학의 의미는 "우리 삶을 하나님의 삶 안에서 일어나는 것으로 바라보며 일상의 깊은 의미를 사유하는 활동"이자, "삶의 표층 아래 감춰진 심층의 의미를 탐색하는 것"이다.[2] 이 작업을 수행할 때 바울의 편지를 주된 재료로 삼기에, 편의상 '바울 신학'이라 부른다.

이 책의 목표는 명징하다. '신학은 쓸모없다'는 말이 오랫동안 주문처럼 되풀이되었다. 그러나 이 책에서는 비평적이고 학술적인 성서 연구가 바울의 사유를 더 깊이 해명하는 데 실질적으로 기여할 뿐 아니라, 신앙인의 일상과 공동체의 삶을 더욱 풍요롭게 가꿀 수 있다는 사실을 설득력 있게 보여 주려 한다.

바울 신학의 거의 모든 주제가 학계에서 여전히 논쟁

---

2 마크 매킨토시, 《신앙의 논리: 그리스도교 신학의 넓이와 깊이》, 안에스더 옮김 (서울: 비아, 2019), pp. 17, 15.

의 한복판에 있다. 그러나 논란이 거듭된다는 것이 혼란만 의미하지는 않는다. 서로 다른 연구 성과와 해석의 스펙트럼 덕분에 바울을 단일한 관점에 가두지 않고 다채로운 거리와 각도에서 조망할 수 있다. 바울의 사유가 진부하게 소진되지 않고 생생하게 되살아난다.

바울의 복음은 하나님이 이미 새로운 창조를 개시하셨다는 대담한 선언을 품고 있다. 그런데도 이 새 창조의 새로움을 충분히 새롭게 감지하지 못하는 이들이 적지 않다. 우리의 눈이 새 창조를 볼 수 있을 정도로 새롭지 못하기 때문이다. 우리의 언어가 새 창조를 담아내기에는 아직 낡고 둔중하기 때문이다. **바울에 대한 학술적 탐구는 새로운 언어와 새로운 눈을 선사함**으로써, 우리가 그 새로움의 한복판에 한 걸음 더 가까이 다가설 수 있게 돕는다.

바울 신학은 지극히 복잡하고 고도로 정밀한 영역이다. 이 책처럼 소묘에 가까운 분량의 글에서는 세부 내용을 상당 부분 과감하게 덜어 낼 수밖에 없다. 기독론, 구원론, 신론 같은 범주 역시 바울이 마련한 틀이 아니다. 후대 그리스도인이 바울을 포함한 여러 전승을 정돈하는 과정에서 고안해 낸 개념이다. 후대의 범주에 맞추어 바울의 언술을 나란히 놓으면, 서로 긴장하거나 어긋나는 지점이 선명하게 드러난다.[3] 바울은 자기 생각을 정연한 체계로 정돈하여 제시하려던 사상가라기보다는, 구체적인 상황 속에서 말하고 또다시 말을 건네야 했던 '편지의 사람'이었다.

그럼에도 바울에게는 하나님과 예수에 대한 나름의 독특하고 유연하며 심오한 신학적 통찰이 분명히 있었다. 그렇기에 각기 다른 정황 속에서 그토록 밀도 높은 편지를 써낼 수 있었다. 오늘의 독자는 바울이 남긴 몇 장면의 '스냅샷'을 조심스럽게 이어 붙이며, 간접적으로나마 바울의 신학적 상상력을 더듬어 찾을 수밖에 없다. 그런 의미에서 이 책은 완성된 초상화가 아니라 크로키에 가깝다. 바울이 남긴 편지에서 바울의 사유와 고뇌의 파편을 모아 역사

---

3 바울의 신학적 사고가 상황에 따라 변화하고 발전했다는 주장으로는 E. P. Sanders, "Did Paul's Theology Develop?", in *The Word Leaps the Gap: Essays on Scripture and Theology in Honor of Richard B. Hays*, eds. J. Ross Wagner, Christopher Kavin Rowe, and A. Katherine Grieb (Grand Rapids: Eerdmans, 2008), pp. 325-350, 바울의 말 가운데 비일관적인 내용이 있음을 지적한 연구로는 Heikki Räisänen, *Paul and the Law* (WUNT 29; Tübingen: Mohr, 1983), 바울의 신학적 언술을 상황에 따른 내용(우연적 언설)과 핵심적 내용(일관성)으로 구별한 작업으로는 J. Christiaan Beker, *The Triumph of God: The Essence of Paul's Thought* (Minneapolis: Fortress Press, 1990)을 보라.

적 인물인 바울의 신학적 사고를 가능한 한 충실하게 복원
하려 애써도, 결국 우리가 마주하는 것은 언제나 불완전한
초상이다.

이 복원 작업을 수행하는 동안, 성경의 '명백한 의미'나
'평이한 의미' 같은 표현에 대해서도 어느 때보다 신중해
야 한다. 어떤 텍스트도 스스로 의미를 자명하게 방사하지
않는다. 인간은 언제나 텍스트를 통과하며 읽고, 해석을
경유하며 이해한다. 성경을 이해하는 과정에서 '해석을 거
친다'는 말 자체에 거부감을 느끼는 이들도 있다. 순수한
무언가에 후대의 것을 덧칠한다는 인상을 받기 때문이다.
그러나 인간의 지식과 인식은 모두 애초부터 해석의 산물
이다. 기억조차도 순수하게 보존되지 않는다. 사건을 기억
하는 순간 우리는 그 사건을 어떤 해석의 틀 안에 자리매
김해 저장하고, 다시 불러올 때마다 그 틀을 새로 조율한
다. 기억과 해석은 한 몸처럼 함께 움직인다.

해석을 수행하려면 범주와 개념이 필요하고, 그것을
작동하는 방법론도 필요하다. 이런 범주와 개념의 틀은 대
개 전통과 문화의 산물이다. 바로 그러한 이유로 신학적
범주와 개념은 끊임없이 검증과 비판의 대상이 되어야 한
다. 어떤 신학적 진술은 현대의 연구자가 시대착오적이라

거나 바울의 의도에서 멀리 벗어났다고 확인할 수도 있다. 그것은 피할 수 없는 일이다. 중요한 것은 이런 한계를 또 렷이 의식한 채로 작업을 이어가는 일이다. 그래야만 지금 이 작업의 본질을 망각하지 않을 수 있다.

현장에서 목회를 감당하는 이들과, 각자의 자리에서 성실하게 신앙생활을 이어가는 이들이 떠오를 때마다, 나는 적잖은 무게에 눌려 한 문장 한 문장 겨우 써 내려갔다. 나 자신도 분명히 알지 못하는 말을 내뱉지는 않을지, 충분히 확신하지 못하는 내용을 선뜻 단언하지는 않을지, 신앙인에게 덕이 되지 않을 문장을 무심코 흘려 놓지는 않을지, 줄곧 마음이 무거웠다. 가까스로 완성한 책이기에 군데군데 허술하며 성긴 곳이 있다고 말하지 않을 수 없다. 그 빈자리를 조금이나마 메우고자 다른 이들의 글을 길게 인용한다. 정확히 모르는 것은 모른다고 인정한다. 그 '모름'을 가리기 위해 다른 학자가 쌓아 올린 글의 모양새와 구조를 따라 하지 않는다. 허름하거나 모호한 글을 통해서도 무언가 '이해된다'는 믿음 때문이다.

기도, 교회의 향연, 천사의 나이,

에필로그적 프롤로그

탄생으로 회귀하는 인간 속의 신의 숨결,

풀어 적은 영혼, 순례하는 가슴,

천상과 지상 사이를 재는 기독인의 측연추,

전능자에 맞서는 무기, 죄인들의 탑,

방향 바뀐 벼락, 그리스도의 옆구리를 꿰뚫는 창,

한 시간 속에 옮겨지는 엿새의 세상,

만물이 듣고 겁내는 일종의 가락,

포근함과, 평화와, 환희와, 자비와, 희열,

숭고한 만나, 최고의 기쁨,

주막 안 천국, 잘 차려입은 사람,

미리내, 낙원의 새,

별들 너머 들리는 교회 종소리, 영혼의 선혈,

향료의 나라, 이해되는 그 무엇something understood

―조지 허버트, Prayer(I)[4]

아무리 위대한 인간의 지성이라 할지라도, 그 능력에 부
합하지 않거나 그 범위를 벗어난 많은 것에 대해서는 필

---

4 백정국, "조지 허버트의 기도 혹은 기도하는 사람", 《밀턴과 근세 영문학》
23권 1호 (2013): pp. 70-71.

바울 신학 크로키

연적으로 무지할 수밖에 없다고 가정하는 것이, 그 지성
에 대한 정당한 경의를 훼손하지는 않는다.

—조지 버클리[5]

"사람이 계획을 세우고, 하나님은 웃는다." 동유럽 유
대인 공동체의 오랜 지혜가 응축된 이 짧은 이디시 속담
은, 20세기 들어 영화감독 우디 앨런의 손을 거쳐 "신을
웃기고 싶다면, 네 계획부터 말해 보라"는 식으로 해학적
으로 변주되어 서구인에게 낯익은 표현이 되었다.

유사한 통찰이 이미 오래전부터 히브리 성서의 지혜
전통에도 흐르고 있었다. 잠언은 사람이 마음으로 자기 길
을 계획할지라도, 결국 그 발걸음을 인도하시는 이는 야훼
라고 말함으로써 인간의 의지와 하나님의 인도 사이의 미
묘한 긴장을 담담하게 짚어 낸다. 이 지혜 전통 위에서 바
울은 하나님의 부요함과 지혜와 지식의 깊이는 헤아릴 수
없고, 그 판단과 그 길은 인간의 계산과 이해를 훨씬 초월
한다는 고백을 송영의 언어로 끌어 올린다. "오, 그지없

---

5   Dale C. Allison Jr., *The Resurrection of Jesus: Apologetics, Polemics,
    History* (London: T&T Clark, 2021), p. 364에서 재인용.

이 깊도다, 하나님의 부유하심과 지혜와 지식은! 하나님의 판결은 가늠할 수 없고, 하나님의 길은 헤아릴 길 없구나!"(롬 11:33)라는 외침에서 그 송영이 절정에 다다른다.

이 디시의 해학이든, 잠언의 격언이든, 바울의 송영이든 결국 모두 인간 이성의 한계를 자각한 자리에서 길어 올린 겸손의 언어다. 아지랑이처럼 눈앞에서 아른거리지만 좀처럼 온전히 붙들리지 않는 하나님과 그분의 행위를 언어로 포획해 기록하려는 시도는, 처음부터 불완전함과 빈틈을 일정 부분 감수할 수밖에 없는 작업이다.

책을 쓰는 내내, 공관복음서와 역사적 예수 연구의 대가인 데일 앨리슨이 고백한 것과 크게 다르지 않은 마음의 진폭을 경험했다. 어느 날은 하나님에 대해, 바울의 사고에 대해 확신을 품고 썼다가, 다음 날이면 그 확신이 흔적도 없이 사라졌다. 내가 받을 비판을 미리 헤아려 내놓는 변론은 이 정도면 족하다.

하지만, 독자가 새로운 상상력과 신선한 언어를 조금이라도 얻는다면, 한 사람이라도 '이해되는 그 무엇'을 포착한다면 그것으로 이 책의 존재 가치는 충분하다고 믿으며 이 책을 세상에 부끄럽게 내놓는다.

1장

바울에게
하나님에 대해 묻다

첫 주제는 하나님이다. 하나님에 관한 말은 아무리 정교하게 벼려도 완전할 수 없다. 이러한 한계를 인식하기에, 내 나름으로는 온전히 이해하지 못한 공허한 수사를 펼치지 않으려 노력했다. 이 중압감을 가능한 한 바울의 원문과 선행 연구의 통찰을 인용함으로써 분산하고자 한다. 그럼에도 시에 대한 시를 쓰는 듯한 모호한 표현이 곳곳에 나타날 수밖에 없다. 형언할 수 없는 것을 언어의 옷으로 감싸기 위해 과감하게 간소화하고 일반화하는 작업이 필요했음을 미리 밝혀 둔다.

어느
늦은 저녁 나는
흰 공기에 담긴 밥에서
김이 피어 올라오는 것을 보고 있었다
그때 알았다
무엇인가 영원히 지나가버렸다고

바울 신학 크로키

지금도 영원히
지나가버리고 있다고

밥을 먹어야지

나는 밥을 먹었다
—한강[1]

이 시에서 작가는 일상에 불현듯 스며들었다가 사라지는 영원의 한 자락, 흐르는 시간 속에 스쳐 간 찰나의 영원을 무심한 듯 포착하고 다시 일상을 살아간다. 언어는 늘 대상의 뒤꿈치만 붙잡는다. 그럼에도 우리의 말, 특히 시어는 '이름 붙일 수 없으면서도 알 것 같은 무언가'를 허술하게나마 붙들어 두는 힘이 있다. 하나님에 대한 이 글이 의미 있는 글로 서는 것은 바로 이러한 힘에 대한 믿음 덕분이다. 바울이 하나님에 대해 한 말에도 시어가 지닌 이러한 힘이 있어서 모호하지만 무언가를 포착한다.

---

1 한강, 〈어느 늦은 저녁 나는〉, 《서랍에 저녁을 넣어 두었다》 (서울: 문학과지성사, 2013), p. 11.

바울의 하나님 이해에는 나름의 독특한 결이 있는데, 이는 바울이 예수 그리스도와 그분의 영을 통해 획득한 것이다. 그러므로 추후 전개할 주제들과 연계하여 바울의 하나님 이해에 접근해야 그 윤곽을 근사하게나마 그릴 수 있다. 따라서 하나님에 대한 논의를 후속 장들에서도 지속적으로 전개하겠지만, 1장에서는 다소 기초적(여기서 '기초'는 단순하다는 의미가 아니라 모든 것의 토대이자 시발점이라는 의미) 내용을 다루고자 한다. 하나님의 실재성과 하나님 인식에 대한 근원적 질문에서 출발하여, 행위하시는 하나님이라는 바울의 독특한 강조점, 특히 하나님이 세속적 가치 체계를 역전하여 역설적 방식으로 권능을 발현하시는 측면을 부각할 것이다.

바울 신학의 두 가지 전제: 유대성과 임박한 종말

우리가 논의할 때 잊지 말아야 할 점이 하나 있다. 바울이 신뢰하고 선포한 하나님은 유다이즘Judaism의 신이라는 것이다. 하나님은 유대인의 신이다.[2] 바울이 말하는 복음도

---

2 유대인의 정체성과 유대적 특징을 어떻게 정의하느냐는 참으로 난해한 사안이다. 많은 서양학자가 이 사안을 계속 논의 중인데, 대개는 어느 영어 단

본질적으로 유대적 개념이다. 메시아(이 또한 유대적 관념이다)의 죽음과 부활을 통해 의롭다고 칭함을 받고 성결케된 성도는, 혈통과 무관하게 아브라함의 후손이 되어 하나님이 아브라함에게 약속하신 유업을 상속받는다는 것이복음의 핵심이다. **유대인의 하나님이 유대인에게 약속한 복에 한국인 같은 '이방인'이 참여할 수 있다**는 말이다. 이와 더불어 바울은 생애 대부분을 예수의 재림이 임박했다고 확신하며 살았다. 달리 말해, 서기 50-70년경에 **이 세상이 완전히 종료될 것**이라는 신념을 품었다. 바울에게 '이 세상의 끝'은 이미 도래했고(고전 10:11), '이 세상의 외형'은 지나가고 있었으며(고전 7:31), 하나님의 심판대는 희미한 미래가 아니라 당장 임박한 결산이었다.

바울이 다음과 같은 사회에서 일상을 살아갔다는 것도 잊지 말아야 한다. 바울의 세계와 현대인인 우리의 세계의 간극이 얼마나 큰지를 알아야 '시대착오적' 해석에서 가능

어를 써야 하는지의 문제로 귀결되므로 어떤 면에서는 한국의 실정과 맞지 않다. 이 글에서 유대인이라고 지칭하는 대상은 바울이 '유다이오이'라고 부른 사람들, 즉 1세기 팔레스타인 지방 및 여타 지역에 흩어져 살던 유대 문화 실천자, '조상들의 전통'(갈 1:14)을 따르며 살려고 했던 사람으로 한정한다.

한 한 멀리 벗어날 수 있기 때문이다.

> 신, 영혼, 다이몬^{daimon}이 일상생활에 깊이 관여한다. …
> 사람들은 권력을 얻으려고, 로마 제국의 특정 선언에 맞
> 서 정의를 실현하려고, 이웃을 저주하려고 [이러한 존재
> 에게] 손을 뻗으려 했다. 다양한 존재를 불러내어 경이롭
> 거나 끔찍한 결과를 만들어 낼 수 있는 세계에는 친밀함
> 과 부드러움과 공포가 공존했다. 이는 가장 작은 문제에
> 도 신들에게 희망을 걸고 부를 수 있는 세계, 정신을 움직
> 이도록 의례 수행자를 찾는 세계, 스스로와 그들을 둘러
> 싼 대상들과 신성한 존재들 사이의 연결을 구체화하려고
> 몸짓하고, 주문을 외고, 노래하고, 글을 쓰는 세계였다.[3]

이와 관련하여, 대단히 중요한 사실이 하나 더 있다. 고
대 지중해 세계에서 신과 인간 사이의 관계가 민족 혹은
'가족'의 단위로 존재했다는 것이다. 다시 말해, "특정한

---

3 Laura Salah Nasrallah, *Ancient Christians and the Power of Curses: Magic, Aesthetics, and Justice* (Cambridge: Cambridge University Press, 2024), p. 267.

신은 특정한 '에트노스'(ethnos, 민족), '게노스'(genos, 인종, 가족, 부족, 혈연 집단), 혹은 '겐스'(gens, 민족 혹은 가족) 같은, 시간을 초월하고 세대를 넘어서는 친족 집단에게 특정한 관심의 대상이었다."[4] 한 집단(민족, 부족, 혈연 집단)의 평화와 안녕을 위해 신에 대해 말하고, 신과 관계를 맺었다. 바울 역시 이러한 사고방식이 지배적인 세계에 살던 사람이지만, 이방인 혹은 이교도도 특별한 경로를 통해("그리스도를 통해") 유대인의 신의 자녀가 될 수 있다고 선포했다. 특히 바울이 이방인에게 철저히 요구한 조건은 우상 숭배를 하지 않는 것, 곧 유대인의 신만 경배 대상으로 삼는 것이었다.

바로 이 두 가지, 곧 유대성Jewishness과 임박한 종말이 바울의 하나님 이해와 선포에 결정적인 특질을 부여했다. 바울은 자기가 세상의 끝 시간에 살고 있다고 믿으며 사유하며 선포한 유대인이다. 우리의 담론이 자칫 관념적 사변으로 흐르려고 할 때마다 이 두 특징을 환기하고, '바울 신학'이 이러한 시대적 맥락의 산물임을 상기하여 그의 말에

---

4 파울라 프레드릭슨,《바울, 이교도의 사도》, 정동현 옮김(서울: 학영, 2022), p. 94.

비평적 거리를 설정해 두어야 한다.

하나님은 정말 계신가?

"인간은 이상하고 인생은 더 이상하다"는 어느 문학 평론가의 통찰은 현대인의 신앙 고민을 정확히 짚어 준다. 삶에서 하나님이 무정해 보이는 순간, 신자는 "하나님이 계신가?"라는 근본 질문에 대해 설득력 있는 답변을 갈망한다. 이는 단순한 호기심이 아니라 영적 생존을 위한 절박한 요청이다. 역설적이지만, 하나님의 존재를 '믿는' 이들이 오히려 하나님을 온전히 신뢰하기가 더 어려울 수 있다. 존재를 확신하지만, 확신하는 만큼 그 존재의 성격과 의도에 대한 의문이 더 깊어질 수 있기 때문이다.

바울은 "하나님이 정말 계신가?"라는 질문을 던진 적이 없다. 유대인 바울에게 하나님의 존재는 의심할 여지가 전혀 없는 사실이었다. 유대인 바울에게 하나님의 존재는 증명해야 할 명제가 아니라 호흡처럼 전제된 사실이었다. 제임스 던James Dunn이 지적하듯, "하나님에 대한 바울의 확신은 너무나 공리적이어서 바울은 이를 해명하려는 노력은 거의 기울이지 않았다. 이 확신은 바울의 신학에서 토대에 속하므로 대체로 잘 보이지 않고 가려져 있다."[5] 이는 하나님의 실재를 끊임없이 묻는 현대 그리스도인의 경험과 뚜렷이 대비된다.

사실 우리는 모르는 것이 아주 많다. 예를 들면, 과학자들조차 아직 인간 의식의 발생 원리를 규명하지 못했다. 자아의 본질 역시 여전히 미지의 영역이다. 우리가 자신의 의식과 자아도 온전히 이해하지 못하면서, "하나님이 존재하는가?"라는 큰 질문을 너무 쉽게, 경솔하게 던진다는 것부터 인정해야 하지 않을까?

바울의 하나님 이해에서 더 중요한 점은 바울이 하나님의 존재를 묻지 않고, 언제나 하나님을 '행동하는 분'으로 묘사한다는 사실이다.[6] 쉽게 말해, 바울은 하나님을 철학적으로 분석하거나 추상적으로 정의하려 들지 않았다. 그러는 대신 하나님이 역사 속에서, 사람들의 삶 속에서 행하신 일에 집중했다. 바울에게 하나님은 가만히 있는 분이 아니라 끊임없이 움직이고 일하는 분이다. 특히 세상의 마지막 날에 그동안 이스라엘 백성에게 반복해서 하셨던

5 James D. G. Dunn, *The Theology of Paul the Apostle* (Grand Rapids: Eerdmans, 1998), p. 28. 《바울신학》(CH북스).

6 Udo Schnelle, *Apostle Paul: His Life and Theology*, trans. M. Eugene Boring (Grand Rapids, MI: Baker Academic, 2005), pp. 392-395.

약속을 지키며 언약에 신실함을 보이고, 그 약속을 실현하기 위해 굉장히 놀라운 힘을 발휘하는 분이다.

이러한 관찰이 우리에게 시사하는 바는 분명하다. "하나님이 계신가?"라는 질문보다 더 중요한 질문이 있다는 것이다. 그것은 "하나님은 무엇을 하시는가?", "하나님은 나와 어떤 관계를 맺기 원하시며, 그 관계를 위해 어떤 행동을 하시는가?"이다. 존재의 증명보다 관계의 경험이 더 중요하다는 뜻이다.[7]

다행스럽게도 바울의 서신을 면밀히 살피면 바울의 하나님 이해를 볼 수 있는 실마리가 곳곳에 있다. 바울은 여러 편지에서 일관되게 하나님을 '살아 계신 분'으로 언급

---

7 바울의 말을 살펴보기 전에 짚어 보아야 할 중요한 사안이 있다. 증거에 입각해 신념이나 믿음을 받아들여야 한다는 태도에 내포된 문제, 즉 '합리적 증거'의 문제다. 앨빈 플랜팅가(Alvin Plantinga)는 분석 철학적 방법을 통해 하나님의 존재에 대한 믿음이 타인의 존재에 대한 믿음과 본질적으로 다르지 않음을 설득력 있게 논증했다. 다시 말해, 신에 대한 신념에는 나름의 '적절한' 합리성이 있다는 것이다. 현상적 측면에서 살펴보면, 고도의 논리와 정합성을 추구하는 수학자, 논리학자, 자연 과학자 사이에도 신을 믿는 이들과 믿지 않는 이들, 신의 존재 유무를 알 수 없다고 생각하는 이들이 골고루 존재한다. 이러한 현실을 보면 흔히들 하는 주장과 달리 신앙이 논리적 사고나 과학적 태도와 직접적으로 충돌하는 관계에 있지 않음이 분명하다. 이는 신에 대한 믿음이 그저 논리적 결함이나 과학적 무지에서 비롯된다는 편견을 강력하게 반박하는 증거다.

한다(살전 1:9). 이 표현이 하나님을 우상과 대조하는 맥락에 등장한다는 점이 중요하다. 바울에 따르면 우상은 "부실하고 빈약하며"(갈 4:9) "말을 못 한다"(고전 12:2). 이 대비를 보면 '살아 계신다'가 단순히 하나님의 존재를 주장하는 표현이 아니라, 하나님의 생생한 현존과 능력을 가리키는 표현임을 알 수 있다.

하나님에 대한 질문에 다른 경로로 접근할 수도 있다. 질문의 방향 자체를 전환해서, "하나님이 실재하는가?"라는 물음을 던지기 전에 먼저 실재함이 무엇인지 묻는 것이다. 우리가 무엇이 '존재한다'고 말할 때, 그 말은 무엇을 가리키는가? 이 질문은 플라톤에서 헤겔에 이르는 서양 철학사를 관통하는 핵심 주제로, 심오한 성찰을 요구한다.

기독교 신학 전통이 늘 강조해 왔듯이, 우리가 경험하는 현실이 진정한 실체의 표면에 불과할 수 있다는 점을 끊임없이 되새겨야 한다. 이 가시적 현실 너머에 존재하는 근원적 실재, 모든 존재를 존재하게 하는 근본 원천에 대한 감수성이 필요하다. 폴 틸리히Paul Tillich는 하나님을 '존재 그 자체Being-itself', '존재의 근거ground of being'로 이해하자고 제안했다.[8] 이 관점에서 보면 하나님은 우리처럼 세상에 존재하는 여러 존재자 중 하나가 아니라, 모든 '있음'

을 가능케 하는 근원이다.

창조는 과거의 일회적 사건이 아니라, 지금도 계속해서 존재를 유지하고 지탱하는 과정이다. 자기가 바다 위에 편안히 떠 있다고 상상해 보라. 의식적으로 노력하지 않아도 몸은 부력 덕분에 바다 위에 자연스레 떠 있다. 이처럼 눈에 보이지 않는 부력의 이미지가 하나님을 존재의 바탕으로 이해하는 데 도움이 된다. 계속 존재하려고 애쓰지 않아도 우리는 존재한다. 만물은 우연히 존재하지 않는다. 현재의 모습을 유지하는 것은 하나님의 창조적 활동인 '지탱'의 결과다. 이러한 이해를 바탕으로 바울의 글을 읽으면, 교리적 지식을 넘어 살아 있는 신앙의 역동성을 경험할 수 있다.

모든 것이 하나님으로부터 생겨나서, 하나님을 통해서 지탱되며, 하나님을 위해서 존재하기 때문입니다. 하나님께 영광이 영원토록 있기를! 아멘!(롬 11:36)

---

8 Paul Tillich, *Systematic Theology*, vol. 1 (Chicago: University of Chicago Press, 1951), pp. 235-238.

바울 신학 크로키

우리에게 신은 하나님 한 분, 곧 아버지가 계실 뿐입니다. 그분에게서 모든 것이 나옵니다. 우리 자신들이 존재하는 것도 그분을 위해서입니다. 또한 주도 예수 그리스도 한 분뿐입니다. 그분을 통해서 모든 것이 나옵니다. 우리 자신들이 존재하는 것도 그분을 통해서입니다(고전 8:6).

이 관점에서 하나님은 세상에 존재하는 여러 존재자 중 하나가 아니라, 모든 '있음'을 가능케 하는 근원으로 드러난다. 틸리히의 통찰은 "하나님이 존재하는가?"라는 질문이 하나님을 여타 존재자들과 같은 범주에 놓는 오류를 범함을 드러낸다는 점에서 유용하다.

우리가 경험하는 현실이 진짜 실체의 표면에 불과하다는 점도 강조하고 싶다. 이는 많은 신학자와 신앙인이 한목소리로 지적하는 내용이기도 하다. 이 가시적 현실 너머에 존재하는 근원적 실재, 모든 존재를 존재하게 하는 근본 원천에 대한 감수성을 일깨워야 한다. '하늘에 계신 하나님'의 높으심보다는 존재의 '깊이'를 느끼는 영적 촉각을 계발해야 한다. 신앙 속에서 시인의 감수성 같은 것이 계발되면 기독교의 하나님을 이해하는 발판이자 나침반이 될 수 있다.

그러나 틸리히의 존재론적 접근만으로는 바울의 하나님 이해를 충분히 설명할 수 없다. 바울에게 하나님은 추상적인 '존재의 근거'가 아니라 구체적으로 행동하고 관계를 맺는 분이기 때문이다.

그렇다면 더 직접적으로 질문해 보자. 우리는 하나님을 어떻게 알 수 있을까? 성경과 기독교 전통의 답은 간명하다. 계시를 통해서다. 하지만 계시라는 단어가 기독교 역사에서 종종 이상하게 사용된 역사가 있었다는 점을 고려하면 다른 표현을 찾는 편이 낫겠다. 이를테면 이렇게 표현하면 더 와닿는다. 우리는 '하나님이 먼저 자신을 드러내시는 선물과 같은 사건을 통해서' 혹은 '인간으로서 직면한 한계 상황' 가운데 하나님을 알게 된다. 인간의 보편적 경험, 특히 일부 철학자가 '한계 상황'이라고 일컫는 죽음, 죄, 사랑, 고통, 무의미 등을 경험하면 하나님에 대한 질문이 불가피하게 생겨난다. 데이비드 트레이시David Tracy 는 칼 야스퍼스Karl Jaspers의 유명한 개념을 빌려 와 다음과 같이 말한다.

한계 상황limit-situations은 두 가지 기본적인 실존적 상황을 지칭한다. 이는 죄책, 불안, 질병, 자신의 운명으로서

바울 신학 크로키

의 죽음을 인지하는 '경계' 상황, 혹은 강렬한 기쁨, 사랑, 안도, 창조와 같이 '탈자적 경험ecstatic experiences'이라 불리는 상황이다. 모든 진정한 한계 상황은, 그것이 긍정적이든 부정적이든, 우리가 자신의 인간적 한계인 '-에 대한 한계limit-to'를 우리 고유의 것으로 경험함과 동시에, 비록 더듬거릴지라도 우리 경험의 '-의 한계limit-of'가 모종의 방식으로 개시disclosure됨을 인식하게 되는 경험을 의미한다.[9]

'상황'에 따라 이같이 초월적이고 영원하고 근원적인 그 무엇에 대한 감각이 우리에게 희미하게나마 깨어나기도 하지만, 하나님에 대한 적절한 해상도의 지식은 하나님이 직접 자기를 드러내시지 않는 한 있을 수 없다.

갈라디아서 4장 9절: 인식 주체의 역전

그런데, 바울은 '하나님에 대한 지식'이라는 주제와 관련하여 독특한 진술을 남겼다. "이제는 여러분이 하나님을

---

9 David Tracy, *Blessed Rage for Order* (New York: Seabury Press, 1975), p. 105.

알게 되었다. 아니 오히려 여러분은 하나님이 아시는 사람이 되었다"(갈 4:9).

이 구절에서 주목할 점은 바울이 방금 자신이 한 말을 즉각 수정한다는 사실이다. 영어 번역NRSV을 보면 이 급박함이 더 명확히 드러난다. "Now, however, that you have come to know God, or rather to be known by God."

그리스어 원문에서 '안다'에 해당하는 동사 '기노스코(γινώσκω)'가 처음에는 능동태 분사(γνόντες)로, 그 다음에는 수동태 분사(γνωσθέντες)로 나온다. 바울은 능동태로 말을 꺼냈다가 '말론 데(μᾶλλον δέ, 아니 오히려)'라며 급히 말머리를 돌린다. 문장이 채 끝나기도 전에 자기가 한 말을 잡아채는 것이다.

문법상의 이러한 전환은 단순한 수사적 기교가 아니다. 바울의 급박한 자기 수정은 바로 이 관계의 방향성을 밝히려는 시도, 더 정확히 말하면 그 관계에서 누가 먼저 주도권을 행사하는지를 명확히 밝히려는 시도다. "오히려 여러분은 하나님이 아신 바 되었다(μᾶλλον δὲ γνωσθέντες ὑπὸ θεοῦ)"는 말은 하나님의 선제적 주도권을 강조한다.[10] 우리가 하나님을 향해 손을 뻗기 전에, 이미 우리 손이 하나님에게 붙잡혀 있었다.

바울은 고린도전서에서도 동일한 논리를 전개한다. "누가 하나님을 사랑하면 그 사람은 하나님이 아시는 바 됩니다"(고전 8:3). 여기서도 인간의 능동적 행위(하나님을 사랑함)는 하나님의 선행적 앎에 의해 가능해진 것으로 제시된다.

이러한 인식 주체의 역전은 바울 신학 전체를 관통하는 원리다. 바울의 다른 말에도 주목하자. "하나님이 나를 온전히 알고 계신 것처럼 말입니다"(고전 13:12). 내가 하나님의 존재에 대해 고뇌하는 그 순간에도, 하나님은 이미 나보다 나에게 더 가까이 계시며, 나 자신을 내가 이해하는 것보다 더 깊이 알고 계신다는 의미다. '앎'의 토대는 하나님이며, 하나님은 앎의 대상이 아니라 앎 자체를 가능하게 하는 근원적 주체라는 의미다.

이런 맥락에서, 다석 유영모 선생의 말이 바울의 메시지와 공명한다. "사람이 생각하는 것은 신이 있어서 생각하는 것이다.… 생각이 있는 곳에 곧 신이 있다."[11] 이는 우

---

10 Martinus de Boer, *Galatians: A Commentary* (New Testament Library; Louisville: Westminster John Knox, 2011), p. 273.

리의 사유 활동 자체가 이미 하나님의 현존을 전제로 함을 암시한다. 우리가 상식적으로 생각하는 순서와 정반대다. 하나님에 대한 우리의 (부분적) 지식은 하나님이 우리를 아시기에 가능하다.

현대 철학자들 가운데 이 인식 주체의 역전을 철학적, 현상학적으로 정교화한 이들이 있다. 내가 판단하기에 이들이 기존 신학자보다 더 우리의 상상력과 표현을 크게 확장해 주었으므로 이들의 주장을 간략하게 소개한다. 먼저 프랑스 현상학자 장-뤽 마리옹Jean-Luc Marion의 논의를 살펴보자.

마리옹의 현상학: 포화된 현상과 '라도네'

현상학phenomenology은 사물이 우리 의식에 나타나는 방식을 연구하는 철학 분야로, "현상 그 자체로 돌아가라"는 모토 아래 선입견 없이 경험을 기술하고자 한다. 장-뤽 마리옹은 현상학의 방법을 신학적 주제에 적용하여 독창적인 통찰을 제시한다.

"하나님을 알 수 있는가?"라는 질문은 무의식적으로

---

11 다석 유영모 강의,《다석 강의》, 다석학회 엮음 (서울: 교양인, 2016), p. 99.

특정한 인식론적 구도를 전제로 한다. 인식 주체로서의 '나'가 여기 서 있고, 인식 대상으로서의 '하나님'이 저기 놓여 있다는 구도다. 이 질문은 이미 하나님을 **인식의 대상으로 설정한 상태에서** 던진 질문이다. 마리옹에 따르면 이것은 서양 형이상학의 오래된 습관이다. 근대에 이르러 형이상학이 인식론의 우선성과 결합하면서, 존재being가 인식된 존재being-known로 환원되고 축소된다.[12] 그 결과 '존재한다'는 것은 점점 '인식될 수 있다'는 의미로 이해된다. 문제는 이 방식이 하나님을 우리가 다룰 수 있는 '대상object'으로 격하한다는 것이다.

마리옹은 이를 '존재-신-학onto-theo-logy'의 오류라고 비판한다. 원래 존재-신-학이란 마르틴 하이데거가 형이상학의 본질을 말하기 위해 쓴 용어로, 형이상학은 신을 존재자들의 논리적 근거(원인)로 환원하고 동시에 존재자 전체의 질서를 통해 신을 설명하려는 시도다. 인간의 이

---

12 Robyn Horner, *Jean-Luc Marion: A Theo-logical Introduction* (Aldershot: Ashgate, 2005), p. 20; Jean-Luc Marion, *On Descartes' Metaphysical Prism: The Constitution and the Limits of Onto-theology in Cartesian Thought*, trans. Jeffrey L. Kosky (Chicago: University of Chicago Press, 1999), p. 57 참조.

성을 통해 보편적 존재와 최고의 신을 하나의 체계로 묶어 내려는 작업인 것이다.[13] 이 구조 안에서 하나님은 모든 존재자 가운데 가장 높은 자리를 차지하는 존재자로 파악된다. 그러나 마리옹에 따르면, 이러한 이해는 하나님을 인간 사유의 질서 안에 가두며 하나님의 초월성과 인간 인식의 한계를 충분히 고려하지 못한다.

이러한 접근 방식을 극복하고자 마리옹은 '포화된 현상saturated phenomenon' 개념을 제시한다.[14] 이 개념을 이해하려면 먼저 두 가지 용어를 알아야 한다. 현상학에서 '지향intention'은 의식이 어떤 대상을 향해 의미를 구성하며 나아가는 작용을 가리킨다. 쉽게 말해, 무언가를 기대하고 개념화하는 마음의 움직임이다. '직관intuition'은 그 대상이 실제로 의식에 주어지는 정도를 가리킨다. 보통의 경험에서는 우리가 기대하고 개념화한 만큼만 대상이 주어진다. 예컨대 사과를 볼 때, 우리는 '사과'라는 개념에 맞게 그것을

---

13 Horner, *Jean-Luc Marion*, p. 76; Marion, *On Descartes' Metaphysical Prism*, p. 86.

14 Jean-Luc Marion, *Being Given: Toward a Phenomenology of Givenness*, trans. Jeffrey L. Kosky (Stanford: Stanford University Press, 2002), pp. 199-233.

경험한다. 그러나 포화된 현상에서는 이 균형이 무너진다.

포화된 현상은 "지향과 직관 사이의 구분은 유지되지만, 빈약한 현상이나 일상적 현상과는 반대로, 개념이 예견하고 보여 줄 수 있는 것을 직관이 넘어서며 스스로를 내주는" 현상이다.[15] 쉽게 말해, 포화된 현상은 **우리가 이해할 준비를 하기 전에 너무 많은 것이 한꺼번에 밀려드는 경험**이다. 사랑에 빠지는 순간의 전율, 위대한 예술 작품 앞에서 말문이 막히는 경험, 그리고 무엇보다도 하나님의 계시가 이 범주에 속한다.

포화된 현상 앞에서 인간은 더 이상 무엇인가를 관찰하고 궁구하는 주체로 있을 수 없다. 오히려 그 현상이 인간을 규정하고 형성한다. 다시 말해, 인간은 경험을 통제하는 주체가 아니라 **경험에 의해 자신이 드러나는 존재**가 된다. 보려던 자가 보여지고, 파악하려던 자가 파악당한다. 마리옹은 이런 압도적인 경험을 **받는** 사람을 프랑스어로 '라도네l'adonné'라고 부른다. 이 용어는 '주어짐에 내맡겨

15　Jean-Luc Marion, *In Excess: Studies of Saturated Phenomena*, trans. Robyn Horner and Vincent Berraud (New York: Fordham University Press, 2002), p. 112.

진 자'라는 의미로, '부여받은 자, 넘겨진 자, 온전히 내준 자(the gifted, the one given over, the devoted one)'를 가리킨다.[16]

마리옹의 표현을 빌리면, "주어진 것은, 보이지 않지만 수용된 채로 라도네 위에 스크린처럼 투사되어 한꺼번에 이중의 가시성을 일으킨다."[17] 이는 하나님이 자신을 드러내실 때, 인간 자신도 동시에 드러난다는 뜻이다. 다시 말해, 계시는 단순히 하나님에 대한 정보 전달이 아니라 **인간이 자기 자신을 새롭게 인식하게 되는 사건**이다. 이는 갈라디아서 4장 9절에서 바울이 "하나님을 알게 되었다기보다 오히려 하나님에게 알려지게 되었다"고 말하는 바와 상통한다.[18]

한 가지 유의할 점이 있다. 마리옹의 라도네 개념이 인간의 전적인 수동성만 뜻하지는 않는다는 것이다. 마리옹도 분명히 말하듯이, "수용은 수동적 수용성을 함축하지

---

16 Robyn Horner, *Jean-Luc Marion: A Theo-logical Introduction* (Aldershot: Ashgate, 2005), pp. 115-118.

17 Marion, *In Excess*, p. 50.

18 Jean-Luc Marion, *The Visible and the Revealed*, trans. Christina M. Gschwandtner (New York: Fordham University Press, 2008), p. 153 참조.

만, 능동적 역량 또한 요구한다. 왜냐하면 주어진 것의 척도에 이르고 그것이 일어나도록 역량이 작동되어야 하기 때문이다."[19] 주어진 것을 받아들이고 그것에 응답하며 삶 속에서 그것이 실제로 작동하게 하는 일은 여전히 인간의 몫이다.

마리옹과 유사한 문제의식을 공유하면서도 다른 각도에서 접근하는 철학자가 있다. 아일랜드 출신의 리처드 카니Richard Kearney다.

카니의 해석학: '존재할 수 있는' 하나님

리처드 카니 역시 토마스 아퀴나스로 대표되는 전통적인 '존재론적 신학'을 비판한다. 존재론적 신학의 하나님은 너무 멀게 느껴진다. 이미 완성되고 완벽한 존재에게는 우리와 함께 아파할 이유도, 새로운 관계를 맺을 틈도 없다. 완결된 것은 더 이상 '행동'을 할 이유가 없다. 카니가 보기에, 이런 하나님은 성경이 증언하는 살아 계신 하나님과 거리가 멀다. 성경의 하나님은 후회하시고(창 6:6), 마음 아파하시며(호 11:8), 인간의 응답에 따라 결정을 바꾸기도

---

19 Marion, *In Excess*, p. 48.

하시며(출 32:14), 약속하시는 분이다.[20]

그래서 카니는 다음과 같이 주장한다. "하나님은 존재하지도 않고, 존재하지 않는 것도 아니며, 존재할 수 있다(God neither is nor is not but may be)."[21] 언뜻 보기에는 수수께끼 같은 이 문장의 뜻은 다음과 같이 풀어 말할 수 있다. 하나님은 이미 완성되어 박제된 존재가 아니라, 약속을 통해 미래에서 우리에게 다가오시는 분이다. 그러므로, 카니가 말하는 하나님은 '가능성possibility'이다("God, who is traditionally thought of as act or actuality, might be rethought as possibility").[22]

이는 하나님의 존재가 불확실하다는 말이 아니다. 하나님이 우리의 예상과 계획을 넘어서 다가오신다는 말이

---

20 Richard Kearney, *The God Who May Be: A Hermeneutics of Religion* (Bloomington: Indiana University Press, 2001), pp. 23-24, 27, 30. 놀랍게도 하나님의 '후회'와 '마음의 바꿈'을 강조하며, 한때 '동성애 반대'가 성경적이라며 주장한 것을 뉘우치고 하나님의 자비가 성소수자에게도 넉넉히 미칠 정도로 확장된다고 말한 신약학자가 있다. 이 내용은 5장 "바울에게 그리스도인의 삶에 대해 묻다"에서 더 자세히 다루겠다. Christopher B. Hays and Richard B. Hays, *The Widening of God's Mercy: Sexuality With in the Biblical Story* (New Haven, CT: Yale University Press, 2024).

21 Kearney, *The God Who May Be*, p. 1.

22 Kearney, *The God Who May Be*, p. 1.

바울 신학 크로키

다. 우리가 만들어 놓은 개념적 틀을 깨고 들어오시는 분, 예측할 수 없는 새로움으로 우리를 놀라게 하시는 분이라는 말이다. 카니는 이것을 은총의 놀라움이라 부른다.[23] 다시 말하면, 은총은 예약되지 않고 불청객처럼 도착해서 집 전체를 재배치한다.

달리 표현하면, 하나님은 '가능성을 가능하게 하는 분the possibilizer of possibility'이다.[24] 닫힌 문 앞에서 새로운 길을, 불가능해 보이는 상황에서 가능성을 열어 주시는 분이다. 예컨대, 하나님을 만나는 것은 모든 증거가 구비된 후에 일어나는 논리적 결론이 아니라, 예측 불가능한 만남, 즉 가능성을 열어 주시는 분에게 자신을 열어 놓는 모험이다.

카니가 하나님을 완성된 존재가 아니라 '될 수 있다'는 가능성으로 이해해야 한다고 말하는 것은, 하나님을 미래에서 우리를 부르시며 함께 역사를 만들어 가시는 약속의 하나님으로 보아야 한다는 말이다. 그런데 이 약속은 우리

---

23 John Panteleimon Manoussakis, ed., *After God: Richard Kearney and the Religious Turn in Continental Philosophy* (New York: Fordham University Press, 2006), pp. 130-131.

24 이 표현은 데스몬드가 카니의 신 이해를 아주 적절하게 요약한 것을 다듬은 것이다. William Desmond, "Maybe, Maybe Not: Richard Kearney and God", in Manoussakis, *After God*, p. 66.

의 응답 없이는 실현되지 않으며, 우리가 그 부르심에 답할 때 하나님의 나라가 비로소 현실이 된다. 카니는 사람마다 자기 안에 이 부르심에 응답할 능력이 있고, 역설적이게도 자신의 연약함을 인정할 때 그 능력을 얻는다고 말한다. 결국 카니에 따르면, 하나님은 이미 완성된 답이 아니라 우리와 함께 정의와 사랑의 세상을 실현해 가시는 약속이자 초대이며, 그 초대에 응답하는 것이 바로 믿음이다.[25]

신뢰할 만한 하나님

'하나님에 의해 먼저 아신 바 된 사람'은 이상하기 짝이 없고 무의미해 보이는 현실 속에서 서성이거나 어찌할 줄 몰라 하면서도 최소한 하나님을 기다리기는 하는 사람이 된다. 이 기다림의 바탕에 소망이 자리 잡고 있다. 소망에는 근거가 있기 마련이다. 바울은 이 소망의 근거를 하나님에 대한 신뢰라고 말한다. 뒤에서 자세히 다루겠지만, 하나님에 대한 '믿음'은 하나님이 존재한다는 명제를 받아들인다는 의미보다는 하나님을 신뢰trust한다는 의미를 지닌

---

25 Kearney, *The God Who May Be*, pp. 1-8.

다. 다시 말해, 우리는 바울 서신에서 하나님을 신뢰하라고 되풀이하여 강조하는 부분에 귀 기울여야 한다. 바울은 이렇게 말한다. "신뢰할 만한 분입니다, 하나님은"(πιστὸς ὁ θεός, 고전 1:9). "신뢰할 만한 분입니다, 여러분을 부르신 분은"(πιστὸς ὁ καλῶν ὑμᾶς, 살전 5:24). 신뢰는 당연히 하나님의 존재를 전제로 하고, 그에 대한 지식을 전제로 한다.

그렇다면 어떻게 하면 하나님을 신뢰할 수 있을까? 신실한 유대인인 바울에게 이스라엘의 하나님은 처음부터 신뢰를 둘 만한 분이었다. 이스라엘의 경전에 나온 대로 하나님은 이스라엘을 적들에게서 보호하고 구원하는 분이며, 이스라엘의 조상과 맺은 약속(언약)을 지키는 분이기 때문이다. 예수 그리스도를 만난 뒤 바울은 예수 안에 나타나고 예수 안에서 행하신 하나님의 행동을 신뢰의 근거로 생각하게 되었다. '예수-사건'에서 하나님의 약속, 이스라엘과 이방인 사이의 관계, 인간 개인과 공동체, 시간 등에 대해 신선한 깨달음을 얻은 것이다.

그렇다면 바울이 유대인의 신을 모르는 이교도에게는 무어라 말했을까? 무슨 근거로 하나님은 신뢰할 만한 분이라고 말할 수 있었을까? 바울은 유대인의 경전에 나오는 여러 이야기와 자신의 체험을 근거로 하여 그리스도와 유대인의 신에게 신뢰를 두어야 하고 그분을 신뢰하는 것이 좋다고 선포했다. 이 사안은 믿음(피스티스)과 예수를 다루는 장에서 자세히 풀어 나가겠다.

현대적 언어로 '하나님에 대한 신뢰' 문제에 다가가 보자. 행하신 하나님을 신뢰하기로 우선 '결단'하면, 다시 말해 일종의 도약을 감행해 자신의 안위를 하나님의 손에 턱 맡기면, 이로부터 하나님의 존재와 능력에 대한 확신이 자라나고 튼튼해진다. 어느 신학자의 말을 그대로 옮긴다.

자기 앞에 열리는 실재 앞에서 자기를 닫아 버리지 않고 활짝 열어 놓는 사람, 실재의 궁극 근거·기초·목적을 회피하지 않고 거기에 과감히 접근·투신하는 사람, 그는 바로 그런 행위 속에서 자기가 바르게 행동하고 있음을, 바로 그것이 모든 이성적 행위 중에서도 가장 이성적인 행위임을 인식한다.…신의 실재에 대한 과감한 신뢰를 '실천'할 때 인간은 온갖 회의의 시련 속에서도 그런 신뢰의 합리성을 체험한다.[26]

물론 신뢰하기로 '결단'하고 자신을 여는 길만 있는 것은 아니다. 우리의 지와 정과 의가 수동적으로 움직여서

'믿어졌다'고 말할 수 있는 경우도 있다. 바울은 이 사안에
대해 그리 명확하게 말하지 않는다. 그럼에도 내가 이 사
안을 다루는 이유가 있다. 1장의 취지가 바로 사고의 순서
와 질문의 방식과 보는 눈을 바꾸어서 바울의 말을 이해하
자는 것이기 때문이다.

하나님이 우리와 상관없이 먼저 사랑의 행동을 하셨다
는 것은 예수의 십자가 사건을 통해 알 수 있고, 예수의 십
자가 사건이 우리에게 '실재'요 '실체'가 될 때만 하나님의
존재는 물론이고 그분의 사랑도 '확실히 증명'되었음을,
우리에게 확실히 납득되었음을 알 수 있다. 결국 하나님의
주도적인 '먼저 행하심'을 깊이 깨닫는 것이 하나님의 존
재에 대한 의문을 해소하는 한 가지 길이라 할 수 있다. 바
울에 따르면 "우리가 아직 죄인일 때에 그리스도께서 우
리를 위해 죽으신 것은" 우리에 대한 하나님의 사랑을 "확
실히 증명해 보인" 사건이다(롬 5:8).

하나님이 이러한 목적을 품고 하신 행동을 나중에야

---

26 한스 큉, 《왜 그리스도인인가》, 정한교 옮김 (왜관: 분도출판사, 1982), pp.
    58-59. 자신을 전적으로 여는 것은 키르케고르에게 이미 나타난다. 이는
    믿음에 관한 루돌프 불트만의 해석에서 중심을 이루는 내용이기도 하다.

깨닫게 되기도 한다. 예를 들어 바울은 갈라디아서에서 자기를 하나님이 모태에서 이미 구별하셨다고 말하는데, 그리스도를 만나고 나서야, 다시 말해 한참 삶을 살아간 후에야 이를 깨달은 것이다. 그러한 깨달음과 신뢰를 바탕으로 우리는 희망을 품게 되고 그 "희망으로 구원받았다"(롬 8:24).

하나님이 새 창조를 하신다는 말은(갈 6:15) 하나님이 실재(현실, 진짜 '있음')를 전적으로 변화시켜 재구성하신다는 의미다. 이 전적인 변화는 극적인 폭으로 "죄에서 의로, 죽음에서 생명으로", "재앙에서 시작해서 구원으로" 옮겨가는 변화를 뜻한다.[27] 하나님이 정의하고 만드신 현실은 우리가 무심코 보고 만지며 당연하게 여기는 현실과 다르다. 하나님이 '재발명'하신 현실 안에서 세상을 바라볼 때 비로소 우리는 무엇이 진정으로 존재하는 것이고 의미를 품은 존재인지 식별할 수 있다.

'하나님의 세상'이라는 영역 혹은 장(場, field)에 들어가야만 우리는 자신이 살고 있는 현실을 제대로 볼 수 있

---

27 존 M. G. 바클레이, 《바울과 은혜의 능력》, 김형태 옮김 (서울: 감은사, 2021), p. 262.

바울 신학 크로키

고 무엇이 실재하는지 판별할 수 있다.[28] 그렇다면 어떻게 해야 '하나님의 세상'이라는 세계 안에 거하면서 그곳에서 만물을 바라볼 수 있을까?

여러 방법이 있겠지만, 바울의 경우에는 이스라엘의 경전과 유대인의 경험에서 반복해 들었던, 하나님과 세상 사이의 이야기 안에 머물러 살았다.[29] 그 이야기 세계가 바울에게는 현실이고 실재였다. 사실 모든 사람은 이야기 한 편이나 여러 편 안에서 자신의 정체성을 찾고 삶을 이해하며 세상을 바라본다. 그 이야기를 '세계관'이라고도 할 수 있겠다. 우리가 하나님에 관한 이야기 세계에 온전히 잠겨 그 안에 머무르면, 보이지 않는 하나님을 신뢰하고 확신할 수 있고, 현실 속에서 하나님의 손길을 알아채는 '시적詩的 순간'을 경험할 수 있으며, 우리 눈에 명확히 보이고 손으로 분명히 만져지는 현실이 존재함의 전부가 아니라는 것도 깨달을 수 있다. 우리는 하나님에 대한,

---

28 '하나님의 세상'도 시적 표현이지만 독자에게 이에 대한 감각이 있기를 희망하기에 여기에서 '시를 위한 시적 설명'은 하지 않겠다.

29 리처드 B. 헤이스,《상상력의 전환: 구약성경의 해석자 바울》, 김태훈 옮김 (성남: QTM, 2020), pp. 25, 51. 이 관점을 규모와 범위를 넓혀 전개한 연구서로 N. T. 라이트의 "기독교의 기원과 하나님의 문제" 시리즈(CH북스, 박문재 옮김)가 있다.

하나님의 이야기에 푹 잠겨 살면서 그 이야기를 구성하는 '문법'에 익숙해지는 것이 필요하다.

어떤 면에서는 죽음을 명확하게 마주한 사람이 '그제서야' 자신과 삶을 새로운 시각으로 보게 되는 것(정말 중요한 것이 무엇인지를 보게 되는 것)과 비슷하다고 할 수 있다. 꼭 죽음을 앞둔 사람만 아니라, 누구든 자기 육체와 정신과 주변 상황이 '한계점'에 이르렀다고 느끼면 그렇게 되기 마련이다. 살아 계신 하나님이 활동하고 계시는 진짜 세상, 곧 현실 너머가 아니라 현실의 깊숙한 곳에, 또 그 배후에 있는 진짜 현실에 눈을 뜨게 되면 "하나님은 존재하는가?"는 실질적으로 불필요한 질문이 된다. 내가 지금까지 말한 바를 어느 신학자가 더 유려하게 표현했다.

신앙이란 두 눈만으로는 온전히 볼 수 없는 세계를 보는 것, 온 인류의 눈을 합친다 하더라도 다 볼 수 없는 세계를 보게 하는 것, 측량할 수 없는 깊이, 기이하면서도 헤아릴 수 없는 이 세계를 보는 것이다. 이 지점에서 종교적 신앙은 예술과 만난다.…내가 갖고 있는 상像, 내가 경험한 순간이 이 세상의 전부가 아니며 무언가 그 이상이 존재한다는 감각에 예술(시, 조각, 그림, 극 모두)은 뿌리내리고 있다. 그러니 참된 종교란 우리에게 보는 법, 우리의 열망이 향해야 할 곳을 가르치는 일련의 과정이라고도 할 수 있다. 눈에 보이지 않는 것을 보는 법, 표면 너머 이면을 보는 법, 기이하고도 신비로운 순간을 마주할 때 혼란에 빠지지 않는 법, 우리를 가치 있게 해 주는 모든 것을 거부하거나 회피하지 않은 채 받아들이는 법, 진실로 인간답게, 인격체로 성장하는 법을 참된 종교는 가르쳐 준다. 결국 신앙하는 삶이란 더 큰 세상을 사는 것이다.[30]

또 바울은 하나님의 '계심'과 더불어 하나님에게 희망을 걸 수 있음도 **경험**을 통해 깨달았다. "우리는 너무도 힘에 벅차게 짓눌려서 살 수 있을지조차 전혀 알 길이 없었습니다.…하나님은 우리를 이렇게 엄청난 죽음에서 건져 내 주셨으며, 앞으로도 건져 내 주실 겁니다. 우리는 그 하나님께 희망을 걸었습니다. 앞으로도 또 건져 내 주실 것이라고요"(고후 1:8, 10).

하나님의 살아 계심은 그리스도 안에서 행하신 하나님의 행동으로 알 수 있고, 하나님의 그러한 행동을 통해 인

---

30   로완 윌리엄스, 《그리스도교》, 정다운 옮김 (서울: 비아, 2019), pp. 42-43.

간은 하나님을 창조주로 인식하고, 왕이자 아버지로 섬기면서 (한마디로 말해 '관계성' 속에서) 충성을 바치고 예배한다. 하나님의 행동을 바라보면서 그 행동을 우리와의 관계성 속에서 인식하는 것, 바로 그것이 우리의 궁극적 관심이어야 한다. 하나님은 그리스도 안에서 역사하신 행동을 통해 우리를 위한 그분의 사랑을 보여 주셨다(롬 5:8). 이하나님이 우리를 부르셨다. 하나님을 '우리를 부르신 분(ὁ καλέσας ἡμᾶς)', 곧 이렇게 동적인 '분사'로 묘사하는 경우가 많다(살전 2:12, 5:24; 갈 1:6, 5:8 참조).

유일신론?

"하나님은 한 분이시다." 이는 바울을 비롯한 유대인들의 고갱이 같은 신념이다. 그러나 이 말은 세상에 '초월적 존재'가 하나님 말고는 아예 없다는 말이 아니다. 신약성경 이곳저곳에 나오는 천사만 봐도 그렇다. 그래서 흔히 말하는 유대교의 유일신론은 이스라엘의 하나님을 압도적으로 높은 존재로 보는 관점이자 신앙이다. 칠십인역에서 하나님을 '가장 높으신 신'으로 번역하는 것도 이런 면을 엿볼 수 있는 좋은 단서다. 고대인이 보기에는 세상에는 온갖 '신'이 가득했다. 이러한 '초월적 존재' 사이에는 위계질서가 있었다. 각 족속은 자기네 신이 가장 높다고 믿고 나머지 존재는 모두 상대적으로 무력하며 제대로 된 이름마저 없는 무명의 존재로 취급했다. 바울도 마찬가지다.

우상에게 바쳤던 제물을 먹는 것에 대하여 말할 때, 우리는 알고 있습니다. "세상에 우상은 아예 없다."라는 것과 "하나님 한 분 말고는 신이 아예 없다."라는 것을요. 하늘에나 땅에나 신이라 일컬어지는 이들이 있습니다. 이른바 '신'도 많고 '주'도 많이 있지요. 그러나 우리에게 신은 하나님 한 분, 곧 아버지가 계실 뿐입니다. 그분에게서 모든 것이 나옵니다. 우리 자신들이 존재하는 것도 그분을 위해서입니다. 또한 주도 예수 그리스도 한 분뿐입니다. 그분을 통해서 모든 것이 나옵니다. 우리 자신들이 존재하는 것도 그분을 통해서입니다(고전 8:4-6).

꽤 모호한 문장이다. 가장 적절한 해석은 이러하다.

바울은 우상idols, 즉 이방인이 제의에 사용하는 상cult statues은 전혀 아무것도 아니라고 말한다. 그러나 신들 자체는 존재한다. 그가 우상 제물에 대한 담론의 끝에서 재

확인하듯이 말이다. "이방인이 제사하는 것은 귀신에게 하는 것이요 하나님께 제사하는 것이 아니니"(고전 10:20). 바울은 귀신demons, 신gods, 그리고 주lords는 우상과는 달리 우주 안의 실제적인 것real things이라고 본다.[31]

유일신론을 적절히 서술한 것으로 보이는, 파울라 프레드릭슨Paula Fredriksen의 글을 길게 인용하겠다.

그러나 '유일신론'은 우리가 습관적으로 '유일신론자'라고 규정하는 민족에게조차도 역사 기술의 용어가 아니다. 근본적인 문제는 이 용어가 17세기 후반의 신조어라는 점이 아니다. 역사학자들은 고대 현상을 설명하는 데 현대어('인플레이션', '팬데믹')를 일상적으로 사용하기 때문이다. 문제는 그 용어가 기술하고 정의하는 개념인 '단일한 (따라서 고유한) 신의 유일한 존재' 자체가 17세기 후반의 관념이라는 것이다. 이 용어를 로마 시대로 소급하여 투

---

31 Matthew V. Novenson, "Did Paul Abandon either Judaism or Monotheism?", in *The New Cambridge Companion to St. Paul*, ed. Bruce W. Longenecker (Cambridge: Cambridge University Press, 2020), pp. 239-259, at p. 249.

영한다면 고대 신학을 기술하기는커녕 왜곡하는 것이다. 고대에 가장 높은 '신'(그 신이 이교도의 신이든, 유대인의 신이든, 그리스도인의 신이든)은 더 큰 집단인 '신들'의 일원이었다. 칠십인역에서 이스라엘 신에 대한 지칭으로 선호되는 '테오스 휩시스토스*theos hypsistos*'라는 바로 그 관념 자체가 본질적으로 비교적이다. 해당 신이 모든 (다른) 신들 중에 가장 높다는 것이다. 심지어 '하늘에 계신 한 분 신(εἷς θεὸς ἐν οὐρανῷ)'이라는 구절조차 단일성이 아니라 우월성을 주장했다.[32]

유일신론의 의미를 간략하게 살펴보았다. 바울은 다른 신, 아니 신도 아니고 아무것도 아닌 것들과 비교할 때 압도적 힘을 지닌 이스라엘의 하나님의 특별한 힘에 주목한다. 그 힘은 바울이 설파한 '행동하는 하나님'의 뚜렷한 특징이기도 하다.

---

32 Paula Fredriksen, "How High Can Early High Christology Be?", in *Monotheism and Christology in Greco-Roman Antiquity*, ed. Matthew V. Novenson, NovTSup 180 (Leiden: Brill, 2020), pp. 293–319, at p. 296.

하나님의 변혁적 힘

구약과 신약은 하나님이 언약을 맺고 약속을 하며 그 약
속을 끝내 이루어 내는 분이라고 증언한다. 바울은 구약과
신약의 이러한 증언과 그리스도인의 경험을 우리가 하나
님을 신뢰할 수 있는 근거로 삼았다. 이 모든 것은 하나님
의 행동을 통해(그분에 대한 기억이나 증언이나 경험을 통해) 하
나님이 어떤 분인지 알 수 있다는 의미다(롬 4:16).

하나님의 행동에서 나타나는 가장 중요한 특성은 인간
이 만들어 놓은 가치 체계를 무가치하게 여긴다는 점이다.
하나님의 부르심은 '조상, 교육, 사회적 힘' 같은 '이전의
가치 전제들을 무시'한다(고전 1:26-31).[33] 골치 아픈 예정
론을 붙잡고 고민하기 전에 아래의 '또 다른 예정론' 본문
을 천천히 읽어 보기를 권한다.

형제자매 여러분, 여러분이 부르심을 받았을 때의 처지를
한번 생각해 보십시오. 사람들 기준으로는 지혜로운 사람
이 많지 않았고, 능력 있는 사람이 많지 않았고, 신분 높

---

33 존 바클레이,《바울과 선물》, 송일 옮김 (서울: 새물결플러스, 2019), pp. 942-
943.

은 사람이 많지 않았습니다. 반대로 세상의 바보 같은 것들을 하나님이 선택하셨습니다. 지혜로운 사람들을 창피하게 하시려고 한 것입니다. 또 세상의 약한 것들을 하나님이 선택하셨습니다. 힘센 것들을 창피하게 하시려고 한 것입니다. 세상의 신분 낮은 것들과 밖으로 밀려난 것들, 곧 '없는 것들'을 하나님이 선택하셨습니다. '있는 것들'이 맥을 못 쓰게 하시려고 한 것입니다(고전 1:26-28).

고린도 교회의 특수한 상황을 염두에 두고 한 말이기는 하지만 실체적 진실을 담고 있음은 분명하다. "하나님이 선택하셨습니다"로 끝나는 형식을 반복해 사용하는 데에서 이 내용을 강조하려는 바울의 의도가 고스란히 드러난다. 이러한 '예정선택론'이 실제 무엇을 의미하는지는 명징하다.

바울은 갈라디아서에서도 이렇게 말한다. "그분의 십자가를 통해 세상은 나에 대해 십자가에 못 박혔고, 나도 역시 세상에 대해 그렇습니다"(갈 6:14). 여기에서 바울이 말하는 '세상'은 "고대 세계에서 질서, 설계, 그리고 가치들에 대한 '자연스러운' 구조적 체계와 연관된" 용어로서, "세상에 대해 십자가 처형을 당했다"라는 말은 "자연적으로 혹은 문화적으로 형성된 모든 세상에서 예수 그리스도의 사건과 비교할 만한 가치가" 존재하지 않음을 뜻한다.[34] 바로 이러한 이유로 그리스도인은 새로운 세상과 현실을 상상할 수 있다. "중요한 것은 새창조입니다"(갈 6:15)라는 선언에 담긴 의미가 바로 이것이다. "하나님이 질서, 이성, 그리고 정의에 대한 전통적인 체계를 무시하신다면, 새로워진 실재를 상상하는 것이 가능해진다."[35]

하나님은 복음을 통해 사람을 변화시키고 새로운 예배 공동체를 만들고자 우리를 부르셨다. 하나님에게 부름받은 바울과 로마의 믿는 이들은 종국적으로 같은 모습, 즉 그리스도와 같은 모습으로 변하도록 "정해져 있다"(롬 8:29).

표현을 달리하자면, 하나님은 우리가 "하나님께 어울리게끔 살아가도록" 그리고 "하나님의 나라와 영광에 들어오도록" 하려고 우리를 부르셨다(살전 2:12). 즉 하나님의 뜻은 우리가 "자신의 욕망에 휘둘리지 않고", "행실에서 선을 넘어 자기 형제자매를 이용해 먹지 않는 것", 한마디

---

34 바클레이, 《바울과 은혜의 능력》, p. 177.
35 바클레이, 《바울과 은혜의 능력》, p. 263.

바울 신학 크로키

로 말해 "거룩하게 사는 것"이다(살전 4:5-7).

바울이 말하는 '변화된 사람'이야말로 하나님의 존재는 물론이고 하나님의 힘도 명시하는 증거다. 내 친구 한 명이 유럽 어느 수도원의 수도자들을 보고 하나님의 존재를 확신하게 되었다고 말한 적이 있다. 이 말을 받아들이기 어려운 교파의 사람도 있겠지만 바울이라면 그 친구의 말을 기꺼이 받아들일 것이다.

이렇게 구체적인 목적을 품은 하나님의 '부름'이라는 행동은 하나님의 명령과 다를 바 없다. 그래서 하나님의 부름을 거절하는 사람은 하나님을 거절하는 것이다(살전 4:8). 다시 말해, 거룩한 모습으로 살지 않는다면 하나님의 부름을 거절하는 것이다.

마치는 말

바울의 하나님은 상아탑 속의 철학적 개념이나 메마른 교리가 아니다. 스토아 학파의 신(혹은 로고스)은 전 우주에 내재한 존재였고, 에피쿠로스 학파의 신은 인간사에 무관심한 채 멀리 떨어져 있는 존재였지만, 바울이 선포한 하나님은 구체적으로 행동하시고, 인격적으로 관계를 맺으시며, 역사의 거친 물결 속에서 당신의 뜻을 이루어 가시는, 살아 계신 분이다.

한강의 시에서 김이 피어 오르던 그 평범한 저녁처럼, 하나님은 극적으로 행동하시기보다는 우리의 일상에 영원의 한 자락을 드리우신다. 우리는 그 신비 앞에서 잠시 숨을 멈추고, 다시 "밥을 먹어야지" 하며 삶으로 돌아간다. 하나님을 안다는 것은, 바로 이렇게 영원이 스민 일상을 살아가는 것이다. 그러나 이 앎은 우리가 먼저 시작한 것이 아니다. 하나님이 먼저 우리를 아셨기에, 우리도 알게 된 것이다.

하나님에 대한 믿음은 신자의 문제를 해결해 주기보다는 삶과 생각을 더 어렵고 복잡하게 만든다. 이에 대해 바울은 소망을 하나님에게 둘 수밖에 없다고 말한다. 소망은 하나님에 대한 신뢰를 바탕으로 한다. 신자가 소망을 유지하려면 인내와 용기와 충성이 필요하다. 일반인과 완전히 다른 실재관을 지닌 사람들에게만 가능한 일이다. 바울은 이러한 힘든 작업을 할 때 하나님의 영/그리스도의 영이 힘을 북돋워 준다고도 말한다. 이러한 삶의 상황, 상태가 바로 의로운 자의 삶, 구원받은 사람의 현실이다.

긴가민가하는 상태, 하나님을 신뢰하기 어려운 상황, 엄청난 고통 가운데 있으면서도 하나님의 끊을 수 없는 사랑을 선언하는 삶, 바울은 바로 이것이 그리스도인의 삶이라고 명확히 말한다(로마서 8장 후반부의 장대한 선언을 보라). 이는 하나님의 세상 안에 사는 사람만 할 수 있는 '사실에 관한 명제'이자 고백이다. 개인적이고 사회적 차원의 재난과 고통이 그리스도인을 비켜 가지는 않는다. 몸과 마음에 혹독한 고난이 닥칠 때 그 고난을 속수무책으로 겪어낼 수밖에 없다. 그때 "정말 하나님이 계신가?"라고 질문을 하게 된다. 정당하고 정확한 질문이다. 우리는 그저 "살소망이 끊어질" 정도로 막막한 상황에서도 무언가 의지할 것이 있다고, 그 의지할 대상이 바로 하나님이라고 말한 바울의 입에 주목할 뿐이다(고후 1:8-10).

기독교가 다른 '교'와 다른 점은 하나님이 예수를 통해 온전히 투명하게 드러났다고 믿는다는 것이다. 바울도 기독교 신앙은 예수 그리스도의 가르침과 사역, 죽음과 부활을 통해 하나님의 진짜 모습을 알 수 있게 되었음을 고백한다. "'어둠 속에 빛이 비쳐라'고 말씀하신 하나님, 그분이 우리 마음속에도 빛을 비추셔서, 예수 그리스도의 얼굴에서 하나님의 영광을 알아차리는 지식의 빛을 주셨다"(고후 4:6). 어느 학자가 말한 것처럼 "바울의 기독론적 유일신론은 유대적 개념을 근본적으로 변화시키고 초월한다. 십자가에 못 박힌 예수 그리스도의 이야기가 처음부터 진정한 하나님의 이야기로 이해됨으로써, 새로운 하나님의 이미지와 이해가 형성된다. 즉 하나님은 예수 그리스도 안에서 자신을 계시하신 그대로의 하나님이다."[36] 그러므로 하나님을 제대로 알기 위해서는 예수를 제대로 알아야 한다. 예수, 다음 글의 주제다.

---

36 Udo Schnelle, *Theology of the New Testament*, trans. M. Eugene Boring (Grand Rapids, MI: Baker Academic, 2009), p. 211.

바울 신학 크로키

작은 길잡이

- 바울 신학의 출발점: 바울이 선포한 하나님은 유대인의 하나님이다. 바울의 복음은 유대인의 하나님이 유대인에게 약속한 복에 '이방인'도 참여할 수 있다는 파격적 선언이다. 또 바울은 자신이 세상의 마지막 시간 안에 살고 있다고도 확신했다. 유대성과 임박한 종말, 이 두 전제를 잊으면 바울의 하나님 이해는 뿌리 없는 관념이 된다.

- 질문의 전환: 바울은 "하나님이 계신가?"라고 묻지 않았다. 그에게 하나님의 존재는 호흡처럼 당연한 전제였다. 바울이 집중한 질문은 "하나님은 무엇을 하시는가?"였다. 하나님은 가만히 계시는 분이 아니라, 역사 속에서 약속을 지키며 끊임없이 행동하시는 분이다.

- 인식 주체의 역전: "이제는 여러분이 하나님을 알게 되었다. 아니 오히려 여러분은 하나님이 아시는 사람이 되었다"(갈 4:9). 바울은 자신의 말을 급히 수정한다. 우리가 하나님을 향해 손을 뻗기 전에, 그 손은 이미 붙들려

있었다. 하나님을 아는 일의 주도권은 언제나 하나님에게 있다.

- 하나님을 안다는 것: 하나님을 인식한다는 것은 정보 습득이 아니라 자기를 여는 일이다. 장-뤽 마리옹이 말한 '라도네'처럼, 우리는 하나님의 자기 현시 앞에서 수동적으로 열려 있는 존재가 되어야 한다. 하나님을 신뢰한다는 것은 '자기 자신을 전적으로 여는 것'이다.

- 가치의 전복: 하나님은 세상의 가치 체계를 뒤집으신다. "세상의 바보 같은 것들을 하나님이 선택하셨습니다…. 세상의 약한 것들을… '없는 것들'을 하나님이 선택하셨습니다"(고전 1:26-28). 조상, 교육, 사회적 힘 같은 모든 '자격증'이 무효가 된다. 이 역전 덕분에 우리는 새로운 세상을 상상할 수 있다.

- 믿음의 현실: 하나님에 대한 믿음은 삶을 쉽게 만들어 주지 않는다. 오히려 더 어렵고 복잡하게 만든다. 고난이 신자를 비켜 가지 않고 막막한 상황에서 우리는 "정말 하나님이 계신가?"라고 묻게 된다. 그러나 바울은 "살 소망이 끊어질" 정도의 상황에서도 의지할 분이 있다고 고백했다. 하나님의 세상 안에서 살아가는 사람만 할 수 있는 고백이다(고후 1:8-10).

바울 신학 크로키

• 예수를 통한 하나님 인식: 기독교가 다른 종교와 다른 점은 하나님이 예수를 통해 온전히 드러났다고 믿는 것이다. "예수 그리스도의 얼굴에서 하나님의 영광을 알아 차리는 지식의 빛을 주셨다"(고후 4:6). 하나님을 제대로 알기 위해서는 예수를 제대로 알아야 한다.

• 나는 "하나님이 계신가?"라는 질문과 "하나님은 지금 무엇을 하고 계신가?"라는 질문 중 어느 쪽에 더 오래 머무르는가? 두 질문이 나의 신앙에 각각 어떤 영향을 미치는가?

• 바울은 "하나님을 알게 되었다"라는 말을 급히 고쳐 "하나님이 아시는 사람이 되었다"라고 말했다. 나의 신앙 여정에서 '내가 하나님을 찾아 나섰다'고 생각한 순간이, 실은 '하나님이 먼저 나를 붙잡고 계셨던' 순간임을 깨달은 적이 있는가?

• 하나님을 알기 위해 그리고 신뢰하기 위해, '자기 자신을 전적으로 여는 것'이 중요하다면, 나는 지금 하나님 앞에서 무엇을 열지 못하고 움켜쥐고 있는가? 무엇이 나를 '하나님에게 전적으로 투신'하지 못하게 하는가?

• 하나님은 '바보 같은 것', '약한 것', '없는 것'을 선택하신다고 바울은 말한다. 이 말이 나에게 위로가 되는가, 아니면 불편한가? 나는 여전히 '있는 것들'의 논리로 나 자신과 타인을 평가하지는 않는가?

• 한강의 시에서 시적 화자는 "무엇인가 영원히 지나가 버리고 있다"는 것을 느끼고도 "밥을 먹어야지" 하며 일상으로 돌아간다. 나의 일상에 영원이 스며드는 순간이 있었는가? 그 순간을 어떻게 받아들였는가?

• 바울은 "살 소망이 끊어질" 정도의 고난 속에서도 하나님을 의지했다고 고백한다. 나에게도 그런 순간이 있었는가? 그때 나는 무엇을, 혹은 누구를 의지했는가?

참고문헌

다석학회 엮음.《다석 강의》. 서울: 교양인, 2016.

바클레이, 존.《바울과 선물》. 송일 옮김. 서울: 새물결플러스, 2019.

바클레이, 존 M. G.《바울과 은혜의 능력》. 김형태 옮김. 서울: 감은사, 2021.

윌리엄스, 로완.《그리스도교》. 정다운 옮김. 서울: 비아, 2019.

큉, 한스.《왜 그리스도인인가》. 정한교 옮김. 왜관: 분도출판사, 1982.

프레드릭슨, 파울라.《바울, 이교도의 사도》. 정동현 옮김. 서울: 학영, 2022.

한강.《서랍에 저녁을 넣어 두었다》. 서울: 문학과지성사, 2013.

헤이스, 리처드 B.《상상력의 전환: 구약성경의 해석자 바울》. 김태훈 옮김. 성남: QTM, 2020.

de Boer, Martinus. *Galatians: A Commentary*. New Testament Library. Louisville: Westminster John Knox, 2011.

Dunn, James D. G. *The Theology of Paul the Apostle*. Grand Rapids: Eerdmans, 1998.

Fredriksen, Paula. "How High Can Early High Christology Be?" In *Monotheism and Christology in Greco-Roman Antiquity*, edited by Matthew V. Novenson, pp. 293-319. NovTSup 180. Leiden: Brill, 2020.

Hays, Christopher B., and Richard B. Hays. *The Widening of God's Mercy: Sexuality Within the Biblical Story*. New Haven, CT:

Yale University Press, 2024.

Horner, Robyn. *Jean-Luc Marion: A Theo-logical Introduction*. Aldershot: Ashgate, 2005.

Kearney, Richard. *The God Who May Be: A Hermeneutics of Religion*. Bloomington: Indiana University Press, 2001.

Manoussakis, John Panteleimon, ed., *After God: Richard Kearney and the Religious Turn in Continental Philosophy*. New York: Fordham University Press, 2006.

Marion, Jean-Luc. *Being Given: Toward a Phenomenology of Givenness*. Translated by Jeffrey L. Kosky. Stanford: Stanford University Press, 2002.

──────── . *Givenness and Revelation*. Oxford: Oxford University Press, 2016.

──────── . *In Excess: Studies of Saturated Phenomena*. Translated by Robyn Horner and Vincent Berraud. New York: Fordham University Press, 2002.

Nasrallah, Laura Salah. *Ancient Christians and the Power of Curses: Magic, Aesthetics, and Justice*. Cambridge: Cambridge University Press, 2024.

Novenson, Matthew V. "Did Paul Abandon either Judaism or Monotheism?" In *The New Cambridge Companion to St. Paul*, edited by Bruce W. Longenecker, pp. 239-259. Cambridge: Cambridge University Press, 2020.

Schnelle, Udo. *Apostle Paul: His Life and Theology*. Translated by M. Eugene Boring. Grand Rapids, MI: Baker Academic, 2005.

──────── . *Theology of the New Testament*. Translated by M.

Eugene Boring. Grand Rapids, MI: Baker Academic, 2009.

Tillich, Paul. *Systematic Theology*. Vol. 1. Chicago: University of Chicago Press, 1951.

Tracy, David. *Blessed Rage for Order*. New York: Seabury Press, 1975.

2장

바울에게
예수에 대해 묻다

바울은 이스라엘의 하나님을 섬기는 신심 깊은 유대인이
었다. 그런데 자신의 사고와 삶 전체를 뒤집어 놓는 일을
겪는다. 바로 이스라엘의 하나님이 예수를 바울에게, 혹은
바울 안에 계시하신 사건이다(갈라디아서 1장 16절은 이렇게
두 가지로 해석할 수 있다). 예수의 나타남을 통해 바울은 자
기가 전해야 하는 복음을 받았다.

　　그 뒤로도 바울은 변함없이 이스라엘의 하나님을 섬겼
다. 그래서 어떤 학자는 바울의 예수 체험을 '개종'이 아니
라 '소명 체험'으로 봐야 한다고 주장한다.[1] 그러나 '다메
섹 사건'(사도행전의 다메섹 사건 보도는 역사성이 의심된다)은
단순히 '직분'의 변화가 아니었다. 하나님이 바울 안에 예
수를 계시하신 사건을 통해 바울은 하나님, 인간, 율법, 세
상, 시간을 철저히 재고하여 새로운 이해를 얻었다. 이는

1　크리스터 스텐달,《유대인과 이방인 사이에 있는 바울》, 이영욱·김선용 옮
　김 (서울: 감은사, 2021).

훗날 기독교라는 독특한 신앙 운동이 일어나는 강력한 추동력이 되었다.

그러므로 예수라는 주제는 바울 신학의 전체 모습을 결정하는 틀이며 중핵이고, 예수 사건에 대한 바울의 해석이 바울 신학의 내용을 채운다. 기독교가 아브라함 계열의 다른 종교(유대교, 이슬람교 등)와 구별되는 것은 예수에 대한 독특한 이해와 신앙이 있다는 것이다.

바울은 복음이라는 단어에 다양한 수식어를 붙인다. 때로는 '하나님의' 복음(롬 1:1, 15:16), 때로는 '그리스도의' 복음(롬 15:19), 또 어떤 경우에는 '나의' 복음(롬 2:16)이라고 말한다. 이 셋은 거의 같은 뜻이다. 하나님이 예수 그리스도의 삶, 죽음, 부활을 통해 결정적 구원 사건을 행하셨다는 것이 복음의 내용이기 때문이다. 그리스도-사건the Christ-event 안에서 하나님이 일하셨다는 의미에서 '하나님의' 복음이고, 그리스도가 중심이므로 '그리스도의' 복음이며, 바울이 직접 이 복음을 받아 전한다는 의미에서 '나의' 복음이다.

중요한 것은 복음이 단순한 정보 전달이 아니라는 점이다. 미하엘 볼터Michael Wolter가 강조하듯, "바울은 자신의 복음 선포를 하나님께서 당신의 구원을 창조하는 의를 현현하시고 드러내시는 하나님 행동의 한 방식으로 이해한다. 하나님은 당신의 의를 나타내시기 위해 바울의 선포를 사용하신다."[2] 따라서 예수라는 주제는 '행동하시는 하나님'을 말하는 바울 신학 전체의 모습을 결정하는 틀이자 핵심이다. 바울이 예수의 사건을 어떻게 해석하는지가 바울 신학의 내용을 채운다.

십자가에서 처형당한 자

바울은 예수의 공생애에 그다지 관심을 기울이지 않는다. 거의 전적으로 예수의 죽음과 부활에 초점을 맞춘다. 그러므로 우리가 바울 신학을 이해하고자 할 때 예수의 죽음과 부활에 대한 바울의 이해를 중심으로 "예수는 누구인가"라는 질문을 다루어야 한다.

> 그렇지만 우리는, 그리스도 곧 십자가에 매달리신 분을 선포하고 있습니다. 그리스도가 십자가에 매달리셨다는 것은 유대 사람들에게는 걸려 넘어지게 하는 일이고, 다

---

2 Michael Wolter, *Der Brief an die Römer: Teilband 1: Röm 1-8*, EKK VI/1 (Göttingen: Vandenhoeck & Ruprecht, 2014), p. 125.

바울 신학 크로키

른 민족들에게는 허무맹랑해 보이는 일입니다. 그러나…
부름받은 사람들에게는 그리스도가 하나님의 능력이요
하나님의 지혜이십니다(고전 1:23-24).

예수는 당시 가장 수치스럽게들 여기던 십자가 처형을
당했다. 십자가 처형은 당시 로마인이 입에도 올리기도 싫
어하던 잔인하고 수치스러운 처형 방식으로, 노예·비시
민·반역자 등 하층 계급을 대상으로 공개적·극단적·치
욕적으로 집행되었다.[3] 바울은 '사고 습관과 삶의 방향 설
정에 대한 비판으로서의 십자가'를 전면에 내세운다. "고
린도전서 1-2장에서 그리스도의 십자가를 의도적으로 언
급하면서, 비록 예수의 죽음에 구원론적 의미가 전제되어
있다고 하더라도(고전 1:18, 21, 1:13) 그 죽음의 수치스러움
(참조. 히 12:2)을 전면에 부각한다."[4] 하나님이 바로 수치스
러움과 오명의 절정인 십자가에서 영광스러운 구원 행위

---

3 마르틴 헹엘,《십자가 처형》, 이영욱 옮김 (서울: 갬은사, 2020); John Granger
   Cook, *Crucifixion in the Mediterranean World*, Wissenschaftliche
   Untersuchungen zum Neuen Testament 327 (Tübingen: Mohr Siebeck,
   2014).

4 Matthias Konradt, "3.2. Kreuzestheologie", in *Paulus Handbuch*, ed.
   Friedrich W. Horn (Tübingen: Mohr Siebeck, 2013), p. 315.

를 하셨다는 것을 바울은 자신의 현실 인식과 가치 평가의 잣대이자 출발점으로 삼았다. 당시 바울이 명시적으로든 명시적이지 않게든 '십자가 처형당한 예수'를 선포할 때 기존 사고방식과 가치 체계에 대한 근본적인 문제를 제기하는 것으로 들릴 수 있었다.

바울은 세인의 관심을 그다지 끌지 못한 어느 유대인 청년의 수치스러운 죽음에 심원한 의미가 있음을, 그 죽음에서 하나님이 결정적으로 행동하셨음을 알아차리게 되었다. 어떻게 해서 그렇게 된 것일까? 어떻게 그것을 확신할 수 있었을까? 그 의미는 무엇일까? 먼저 바울은 예수의 죽음이 하나님의 뜻에 따른 것이라고 말한다.

주 예수 그리스도는 자기 자신을 우리의 죄를 위해 내주셨습니다. 그것은 우리 하나님 아버지의 뜻을 따라 우리를 악이 지배하는 지금 세대에서 건져 내기 위해서였습니다(갈 1:4).

예수의 죽음이 역사의 우연한 사고가 아니라 처음부터 끝까지 빈틈없이 하나님의 뜻에 따른, 필연적인 죽음이자 순종을 표현한 죽음이었고, 인간에게는 꼭 필요한

바울 신학 크로키

죽음이었다는 것이다. 그러니 예수의 죽음이 인류에게 지닌 의미와 영향을 이해하기 위해서는 하나님의 뜻이 무엇인지 알아야 한다. 방금 인용한 갈라디아서 구절에 따르면 하나님의 목적은 인류를 '악이 지배하는 현세대에서 건져 내는 것'이었다. '건져 내다'라는 동사는 어떤 힘의 손아귀에 사로잡힌 인간의 곤경을 해결한다는 의미다. 바울은 인간이 복음을 접하기 전에는 죄라는 힘(세력, 권세)의 노예로 살고 있다고 진단한다. 이 점을 더 깔끔하게 파악하려면 인간이 처한 상황에 대한 바울의 분석에 귀 기울여야 한다.

복음을 받아들이기 전 인간의 처지

직관적으로 이해하기 어렵지만, 하나님의 아들이자 메시아인 예수가 죽을 수밖에 없었다는 것은 모든 인간이 죽을 수밖에 없고 죽음을 피할 길이 없음을 확증한다. 바울은 죽음을 인간에게 가장 부정적인 것으로 본다. 이는 바울이 고린도전서 15장 54-55절에서 이사야 25장 8절과 호세아 13장 14절을 인용하는 데서 볼 수 있으며, 이를 바탕으로 고린도전서 15장 26절에서는 죽음을 '사라져 없어질 마지막 원수'라고 말한다. 구약성경에서 불순종의 대가는 늘 죽음이었다.

현대인에게 직접적으로 와닿지 않지만, 바울은 죽음
이 아담 때문이라고 보는데, 이는 고대 유대인들의 이해와
일맥상통한다(아담이 아니라 하와 때문이라고 말하는 부분도 유
대 문헌에 종종 보인다). 그와 동시에 바울의 인간관은 동시
대 유대인들보다 좀 더 비관적이다.[5] 약하고 부패한 '육신
(σάρξ)' 때문에 인간은 필멸의 존재일 수밖에 없다는 시각
이다. 바울은 인간의 비극적 운명과 최초의 인간 아담 사
이의 관계를 비교적 논리적으로 설명하지만 21세기를 사
는 우리에게는 여전히 수수께끼처럼 애매하고 감질날 정
도로 설명이 짧다. 그렇기에 후대 기독교 사상가들은 이를
두고 (대개 원죄 교리와 아담 기독론이라는 이름으로) 수많은 사
변적 해석을 내놓았다.

죽음에 대한 바울의 언명은 모든 인간이 극심한 문제
상황에 있다는 진단을 압축적으로 표현한 것이다. 물론 어
떤 사람과 집단에게서 대단히 긍정적인 사랑과 소망이 언
뜻 비치는 일이 없지는 않다. 하지만, 바울은 가장 깊은 차

---

5   Timo Laato, *Paul and Judaism: An Anthropological Approach* (Atlan-
    ta: Scholars Press, 1995) 참고.

원에서 '모든' 인간이 그 자신 및 타인과의 관계에서 (그리고 창조 세계에 대해서), 또 하나님이라는 인간 존재의 기반과의 관계에서 궁극적으로 실패하여 '소외'라는 처지에 있다고 진단한다. 소외의 결과는 분열이다.[6] 자기 분열, 사회의 분열, 하나님과의 불화다.

예를 들면, 인간의 자기 분열에서 그릇된 자기 이해, 불투명한 자기 인식이 생긴다. 자기가 진정 원하는 것이 무엇인지, 자신에게 정말 필요한 것이 무엇인지, 자신과 타인과 세계의 관계망이 어떠한지, 자신이 목숨이 유지되는 바탕이 무엇인지 제대로 파악하지 못하는 것이다. 그래서 인간은 편안하고 안온한 삶을 확보하기 위해서 돈과 권력 등에 눈을 돌리면서, 그러한 편안하고 안온한 삶을 확보하면 자아를 실현하고 안정을 찾을 수 있다고 믿는다. 또 인간에게는 자기 자신을 끝없이 속이는 능력도 있다.

방향이 빗나간 개개인의 노력이 한데 뭉치면, 사람을

---

6 소외와 분열이라는 개념은 폴 틸리히에게 빚졌다. 이 개념이 한때를 풍미한 실존주의 철학에 기댄 낡은 사고방식이라고 볼 수 있지만 그래도 내 생각에는 오늘날에도 여전히 유효하다. 이 개념을 이해하기에 가장 쉬운 길은 틸리히의 설교집 *The Shaking of the Foundations* (New York: Charles Scribner's & Sons, 1948)를 읽는 것이다(특히 p. 156). 《흔들리는 터전》(뉴라이프).

억압하고 참된 자기 이해에 도달하지 못하게 하는 가치와 규범 체계가 만들어진다. 잘못된 대상(돈, 이념, 권력)을 신뢰하면 '독처럼 해로운 관계toxic relationships'가 형성되어, 결국은 그릇된 현실 감각 속에 갇힌다. 또 "우리가 신뢰할 만한 사람들을 식별하고 그들에게 반응하는 것이 더욱 어려워지고", "우리 자신과 타인을 해치는 방식으로 행동하게 되며", "우리 자신에 대한 신뢰와 자기 가치감이 훼손된다."[7] "돈 없는 게 죄다"라는 세간의 암묵적 '상식'을 보라. 가난이 도대체 어떻게 죄가 될 수 있는가? 그러나 죄가 될 수 있다고 절대 다수가 고개를 끄덕이는 세상, 이것이 바울이 '죽음'이라는 단어를 사용하여 가리키는 비참한 상태의 뿌리이자 실상이다. 지금 이 순간에도 말로 다 할 수 없는 끔찍하고 비참한 폭력을 사람이 자기 손으로 행하고 있다. 모든 사람이 죄인이라는 말이 모든 이의 죄가 그 심각성이 산술적으로 동일하다는 뜻은 아니다. 인간이 아무리 노력하더라도 인간 자신의 본질적 일그러짐을 극복할 수 없다는 뜻이다. 문제는 그러한 일그러짐이 결국은 자기 자

---

7 Teresa Morgan, *The New Testament and the Theology of Trust* (Oxford: Oxford University Press, 2022), p. 152.

바울 신학 크로키

신과 타자에게 파괴적 결과로 이어진다는 것이다.

죄: 행위가 아니라 옥죄는 권세

바울이 묘사하는 죄는 잘못된 행동을 의미하지 않는다. (특히 로마서 5-7장에서) 죄는 인간의 존재 전체를 지배하며 능동적으로 움직이는 '인격화된' '세력' 혹은 '힘'이다. 죄는 "지배하고(롬 5:21), 속이고, 죽이며(롬 7:11), 사람 안에 거한다(롬 7:17, 20)." 가벤타Beverly Roberts Gaventa는《로마서 주석》서문에서 '죄Sin'와 '사망Death'의 첫 글자를 대문자로 표기하는 해석 원칙을 제시하는데, 이는 바울이 죄와 사망을 단순히 죄를 짓는 행위나 죽어 가는 과정이 아니라 능동적으로 작용하는 세력powers으로 이해한다는 것을 전제로 한다. 로마서 3장 9절에 대한 해설에서 유대인과 그리스인 모두 이미 '죄의 권세 아래under the power of Sin'에 놓여 있다는 진술로 이러한 관점을 구체화하고, 죄가 개별 행위에 앞서 인간의 존재 전체를 규정하는 권세라는 점을 분명히 한다. 바울이 죄를 그저 잘못된 행위wrongdoing의 차원에서만 사고하지 않고, 아담의 범죄를 기회로 삼아 인간 세계를 노예 상태로 몰아넣는 초인적 세력suprahuman power으로 묘사한다는 점에 주목해야 한다.[8]

그렇다고, 인간에게 죄 또는 죄책이 없다는 말은 아니다. 비유적으로 표현하면 죄는 '억압적인 식민 권력처럼 작동'하는데, 근본적으로는 외부 점령 세력이지만, 피지배자들의 내면세계를 식민화하여 이들이 자신에 대해, 또 서로에 대해 죄가 말하는 거짓말을 믿게 한다."[9] 죄에 대한 바울의 묘사를 스톡홀름 신드롬에 비유하여 이해하는 것도 도움이 된다.[10] 스톡홀름 신드롬은 납치된 사람이 납치범에게 호의를 느끼거나 동조하는 상태를 말한다. 1970년대 미국의 극좌파 무장 단체에 납치된 부호의 딸 패티 허스트Patty Hearst가 납치한 자들과 공모하여 은행 강도 짓을 했다. 납치 피해자가 납치범과 공모해 범죄를 저지른 것이다. (패티 허스트의 진심과 의도를 진정 선명하게 파악하기는 어렵지만 일단) 원죄를 납치범으로, 개인의 죄를 납치 피해자

---

8 Beverly Roberts Gaventa, *Romans: A Commentary* (Louisville, Kentucky: Westminster John Knox Press, 2024), pp. xii, 58, 98, 162-165.

9 Susan Eastman, "Participation in Christ", in *The Oxford Handbook of Pauline Studies*, ed. Matthew V. Novenson and R. Barry Matlock (Oxford: Oxford University Press, 2022), p. 448.

10 Bruce Longenecker, "What Did Paul Think Is Going Wrong in God's World?", in *The New Cambridge Companion to St. Paul* (Cambridge: Cambridge University Press, 2020), p. 180.

이지만 납치범의 행악에 공조한 이의 행동으로 생각하면 바울의 말을 조금 더 잘 이해할 수 있을 것이다. 원죄와 자범죄 사이, 하나님에 대적하는 초월적 권세/세력으로서의 죄(이 경우 영어로는 대문자로 시작하는 Sin으로 표현)와 인간이 저지르는 죄들sins 사이를 생각만큼 깔끔하게 구별할 수 없다.

예수의 죽음과 하나님의 새로운 창조

우리는 한 분이 모두를 위해서 죽으셨고, 그래서 모두가 죽었다고 판단합니다. 곧 그리스도께서 모든 사람들을 위해서 죽으신 것입니다. 그것은 산 사람들이 더는 자신들을 위해서 살지 않고, 자신들을 위해 죽으셨다가 살아나신 분을 위해서 살게 하시려는 것입니다. 그러므로 우리는, 이제부터 어떤 사람도 사람들의 기준에 따라 알지 않습니다. 우리가 전에는 그리스도까지 사람들의 기준에 따라 알았더라도, 이제 더는 그렇게 알고 있지 않습니다. 그래서 누구라도 그리스도 안에 있으면, 그는 새로운 창조물입니다. 옛 것들은 지나갔습니다. 보십시오, 새 것들이 되었습니다!(고후 5:14-17)

위에 인용한 바울의 글은 로마서 5장과 더불어 원죄 교리에 대한 난해하기 짝이 없는 논의로 이어지곤 한다. 하지만 각 신학 전통에서 원죄 교리를 어떻게 이해하든, 아담과 그리스도의 대비를 '새 창조'라는 사실이 연결한다는 점을 놓치지 않는 것이 중요하다. 이를 좀 더 분석적으로 풀이한 학자의 글을 인용한다.

여기에 바울의 십자가 이해의 핵심이 있다. 그가 보기에 십자가는 죄를 해결하는 속죄 사건일 뿐만 아니라, 신자들이 그 안에 참여하여 자신들의 존재가 재규정되었음을 깨닫는 죽음이기도 하다. 이 죽음은 그들의 삶을 '그리스도를 위한 삶'으로 변화시키고(고후 5:15) 그들의 세계관에 근원적 전환을 낳는다(고전 5:16-17). 이제 그들은 더 이상 인간의 삶을 '육신을 따라', 즉 옛 시대의 기준에 따라 알지 않는다. 이전에는 이런 관점에서 그리스도를 어리석음과 연약함의 전형으로 이해했다면, 이제는 믿음으로 인해 구원을 주시는 하나님의 능력과 지혜의 중심으로 이해할 수 있다.…십자가에 못 박힌 그리스도를 다른 관점으로 보게 되면서, 믿음으로 온 세계를 새롭게 보기 시작하고, 이로써 그리스도 안에서 새 창조가 시작된다.[11]

믿음은 구원의 수단일 뿐 아니라 새로운 '인식의 틀'이 기도 하다. 고린도후서 5장 16절("이제부터는 어떤 사람도 육신을 따라 알지 아니하노라")에서 보듯, 믿음은 세상과 사람을 평가하는 기준을 근본적으로 바꾼다. 믿음은 현실을 그리스도의 죽음과 부활이라는 렌즈로 재해석하고 '새창조'를 알아보는 해석학적 행위이기도 하다.

예수의 죽음: 대표성과 참여

예수의 죽음이 다른 죽음과 다른 이유는, 그 죽음이 단순히 한 개인의 비극이 아니라 인류 전체를 대표하는 죽음으로 이해되기 때문이다. 대표성과 대리substitution를 엄밀하게 구분하려는 노력은 무의미하다. 둘의 의미가 서로 겹칠 뿐 아니라 그리스도의 대표성을 띤 죽음과 대리적 죽음에 대해 바울이 남긴 설명이 불완전하기 때문이다.[12] 게다가 더 중요한 점은 바울이 우리를 위한 그리스도의 죽음을

---

11 존 바클레이, "고린도후서",《IVP 성경비평주석: 신약》, 이철민 · 홍성수 옮김 (서울: IVP, 2020), pp. 750-751.

12 그리스도의 죽음에 대한 대표적 견해 차이를 비교적 알기 쉽게 제시한 책으로 톰 라이트와 사이먼 개더콜의 대담을 담은《혁명의 십자가 대속의 십자가: 예수의 죽음은 무엇을 성취했는가》, 박장훈 옮김 (서울: IVP, 2022)을 추천한다.

다양한 은유를 사용하여 설명했다는 것이다. 예를 들어 로마서 3장 25절에 나오는 '힐라스테리온(ἱλαστήριον)'이라는 그리스어 단어를 흔히 '속죄제(물)'로 번역하는데, 정확히 말하면 '언약궤의 뚜껑'이다. 그리스도가 언약궤 뚜껑인데 그 뚜껑에 다시 그리스도의 보혈을 뿌린다는 이미지는 정합적이지 않다. 그러니 '힐라스테리온'은 그리스도를 하나님의 자비가 임재한 '은혜의 장소'로 표현한 설명이라고 보는 것이 좋다.

마지막 아담(고전 15:45)으로 불리는 예수 그리스도의 죽음이 어떻게 모든 인류의 죽음이 될 수 있는가? 아담과 우리의 관계를 어떻게 이해해야 하는가? 바울은 이 질문을 다각도로 설명하는데, 유감스럽게도 설명이 지나치게 짧아서 그 내용을 충분히 이해하기 어렵다. 예수의 죽음을 '신학함theologizing'은 바울의 설명이 이처럼 충분치 않다는 사실을 인정하는 데서 시작해야 한다. 누구든 이 질문에 대한 답이 명확하다고 느낀다면, 자기가 속한 신학 전통이 내놓은 답, 곧 당대의 사회와 철학이 반영되고 바울 서신뿐 아니라 여러 신약 본문의 신학을 자기 나름으로 종합한 결과 안에서 생각하기 때문이다. 바울 서신만 따로 떼어 선이해pre-understanding를 내려놓고 보면, 바울의 말을 이해하기가 생각보다 어렵다는 사실을 깨달을 수밖에 없다. 아담의 죄 때문에 온 인류가 죄를 짓게 되었다는 말만큼이나 그리스도로 인해 온 인류가 죄에서 해방되었다는 말도 이해하기 어렵다는 것을 인정해야 한다.

먼저 그나마 말해도 무방한 것은, 그리스도 안에 속하게 된 사람은 복음 이전의 인간의 상태를 밝은 눈으로 통찰할 수 있게 되었다는 것이다. 다시 말해, 그리스도가 인간의 문제에 대해 최종적 답이라는 사실을 먼저 받아들일 때 인간은 비로소 자신에게 문제가 있었음을 깨닫게 된다. 애초에 곤경에 처하지 않았다면 곤경에서 벗어날 해결책이 필요가 없기 때문이다. 답을 보면 문제를 알 수 있다는 말이다.[13]

이러한 방식으로 접근하면, 예수 그리스도가 최종적

---

13 샌더스는 로마서 1-7장에 나타난 바울의 사고방식을 이렇게 파악한다. E. P. 샌더스, 《바울과 팔레스타인 유대교: 종교 패턴 비교》, 박규태 옮김 (서울: 알맹e, 2018), pp. 879-880. "바울은 그리스도가 만인의 구주로서 그에게 나타나신 뒤에야 비로소 유대인과 이방인을 불문하고 모든 이가 죄에 노예로 잡혀 있다고 확신하게 되었다.…바울은 인간이 비참한 곤경에 처해 있음을 경험에서, 관찰에서, 인간의 노력이 낳은 결과를 분석하여 터득하지 않고, 도리어 그리스도가 만인의 주가 되셨다는 확신에서 시작했다. 그가 이렇게 터득한 인간의 진정한 곤경은 사람들이 다른 주 아래 있다는 것이었다."

(신학적 용어를 쓰자면, 종말론적) 답이므로, 그에 상응하는 시원적 문제 요인은 아담이라고 볼 수 있다. 그리스도의 죽음을 통해 모든 이가 살게 되었다는 사실의 반대 명제로 아담(의 죄)으로 인해 모든 이가 죽게 되었다고 말한 것이다. 아담의 역사성이나 원죄라는 어려운 문제와 굳이 씨름하지 않아도, '그리스도의 최종성과 우월함'에 방점이 찍혔다는 사실만 알면 바울의 생각을 이해하기에 그다지 부족하지 않다(그리스도와 아담을 비교하는 단락에는 '훨씬 더' 혹은 '더더욱'이라는 표현이 다수 들어있음에 주목하라!).[14]

한편, 바울이 예수의 죽음을 '메시아(=그리스도)의 죽음'으로 설명한다는 점에서 이 난제를 해결할 실마리를 찾을 수 있다. 톰 라이트는 이렇게 말한다.

바울이 그리스도에 대해 말할 때는 이스라엘의 메시아로서의 예수를 가리킨다. 스스로 메시아 행세를 했다고 알려진 예수는 로마서 1장 4절에서처럼 자신의 부활로 하나님에 의해 메시아임이 입증되었다. 많은 학자의 반대 의견에도 불구하고 바울은 그리스도를 단순히 고유명사

---

14 Wolter, *Der Brief an die Römer: Teilband 1: Röm 1-8*, pp. 362-363.

로 사용하지 않았다. 엄밀히 말해 그리스도는 '존경을 나타내는 호칭', 곧 경칭이며 중요한 의미를 담고 있다. 바울이라는 인물의 배경과 유대적 맥락에서 보면, 그리스도는 예수가 이스라엘을 향한 하나님의 계획을 성취해서 이스라엘과 온 세상을 재정리하도록 보냄받은, 오랜 시간 기다려 온 다윗계 메시아라는 의미를 가지고 있다. 대개 서양 기독교는 예수를 다윗계 메시아로 본 초기 그리스도인들의 이해를 숙고하기는커녕 알려고 하지도 않았다. 서구 기독교의 눈에는 메시아의 이러한 의미가 지나치게 '정치적이고', '유대적'으로 보였다. 하지만 이러한 이해 없이는 바울의 사고를 명료하게 알 수 없다. 여기에서 파생되는 한 가지 즉각적인 결론은, (구약)성경이 왕과 백성 사이를 유동적으로 묘사한다는 것을 바울은 하나님께서 예수를 다시 살리셨을 때 그것이 예수를 한 인물로 집약된 이스라엘Israel-in-person로, 합체된incorporative 메시아로 선언하신 것이라고 이해했다는 것이다.[15]

바울은 예수를 '마지막 아담'이라 부르며, 이 한 사람의 죽음 안에서 모든 이의 죽음이 함께 처리되었다고 말한다(고전 15:45). 그렇다고 해서 "예수가 대신 죽었으니 우리는 죽지 않아도 된다"라는 식으로 단순히 대입하여 이해하면 곤란하다. 바울의 관심은, 예수의 죽음이 우리를 대신해 치른 죽음이면서 동시에 우리를 그 죽음 속으로 초청하여, 우리가 그 죽음에 '함께 참여'하게 된다는 데 있다.[16] 죽음에 함께 참여한다는 것은, 과거의 죄 목록을 일일이 정산하여 청산하는 장부 정리가 아니라, 우리가 그리스도의 죽음에 동참함으로써 '죄의 힘' 자체에 대해 죽게 되는 사건이다.[17]

예수의 죽음이 어떻게 우리의 죽음이 될 수 있는가? 그리스도에게 일어난 일이 어떻게 우리에게도 그대로 발생하고 적용되는가? 방금 인용한 톰 라이트의 견해가 이러한 질문에 부분적으로나마 답이 될 수 있다. 한데, 시선을 달리해서 이 문제에 접근할 수도 있다. 바울의 첫 편지

---

15 N. T. Wright, *Galatians: Commentaries for Christian Formation* (Grand Rapids: Eerdmans, 2021), pp. 130-131. 《N. T. 라이트 갈라디아서 주석》(복있는사람). '그리스도'라는 호칭이 '영예로운' '경칭'이었다는 견해를 자세하게 논증한 연구는 Matthew V. Novenson, *Christ Among the Messiahs: Christ Language in Paul and Messiah Language in Ancient Judaism* (New York: Oxford University Press, 2012).

16 제임스 던, 《바울 신학》, 박문재 옮김 (고양: 크리스챤 다이제스트, 2003), p. 328.

17 샌더스, 《바울과 팔레스타인 유대교》, p. 821.

이자 기독교의 가장 오래된 문서인 데살로니가전서에 이미 "그리스도께서 **우리를 위해** 죽으셨다"는 신앙고백이 나온다(살전 5:10). 바울은 예수의 죽음이 항상 **우리**와 관계가 있음을 역설한다.

이러한 관계성이 실재(사실)가 되기 위해서는, 다시 말해 구속의 효과를 발휘하기 위해서는 예수의 죽음이 우리와 직접적 관련이 있다고 받아들이는 '판단' 혹은 '받아들임'이 필요하다. 이러한 판단을 믿음이라고 한다(믿음이라는 단어에는 그 밖에도 풍성한 의미가 더 있는데 이는 3장에서 자세히 살펴보겠다). "우리는 한 분이 모두를 위해 죽으셨고, 그래서 모두가 죽었다고 **판단합니다**"(고후 5:14).[18]

바울이 그리스도의 죽음의 **효과**를 설명하는 부분에서 주목해야 할 지점이 있다. 어느 학자의 명징한 해설을 먼저 인용한다.

이처럼 우리는⋯바울이 그리스도의 죽음을 이야기할 때 말하려 했던 첫 번째 의미는 이 죽음이 과거에 사람들이

---

18 이는 미하엘 볼터(Michael Wolter)의 저작 전반에서 '믿음'에 대한 볼터 특유의 해석이다.

지은 범죄를 속하는 속죄(대속)라는 것이 아니라(그렇지만 바울은 그리스도인들이 공통으로 주장하는 견해를 따라 그리스도의 죽음이 속죄라는 점도 주장한다), 우리가 그리스도의 죽음에 **동참함**sharing으로써 죄의 힘이나 옛 세대에 대하여 죽고, 이로 말미암아 결국 우리가 하나님께 속하게 된다는 것임을 본다. 이 **옮겨 감**은 비단 우상숭배와 부도덕한 성생활이라는 더러움에서 깨끗함과 거룩함으로 옮겨 감뿐 아니라 이 주主에서 저 주로 옮겨 감을 말한다. 이런 옮겨 감은 그리스도의 죽음에 **참여함**으로써 일어난다.[19]

여기에서 주목할 단어는 위에서도 언급했듯이 '죄의 **힘**'이다. "사람은 그리스도 안에서 죄의 힘에 대하여 죽은 것이지, 단순히 그가 지었던 범죄들을 속함받은 데 그치는 것이 아니다."[20] 물론 개인이 저지른 죄들의 문제가 그리스도 안에서 처리된 것도 중요하지만 말이다.[21]

---

19 샌더스, 《바울과 팔레스타인 유대교》, p. 821.

20 샌더스, 《바울과 팔레스타인 유대교》, p. 815. 하나님에 대항하는 세력(권세)으로서의 죄는 이른바 '묵시적 바울 해석(Apocalyptic Paul)'에서 두드러지게 강조된다. 이러한 관점으로 로마서를 해석한 책 중에 쉽게 읽을 수 있는 책으로 비벌리 로버츠 가벤타, 《로마서에 가면》, 이학영 옮김 (서울: 학영, 2021)을 추천한다.

우리가 어떻게 그리스도의 죽음에 동참하여 죄의 힘에서 해방되는지는 바울이 자세히 말하지 않았기에 정확히 알 수 없지만, 하나님이 그리스도에게 신뢰를 둔 사람을 그리스도의 죽음을 통해 죄가 지배하는 영역에서 끄집어 내셨다고 말하는 것은 분명하다. 이렇게 죄의 힘에서 해방된 인간은 '그리스도 안in Christ'에 있게 된다. 이것이 그리스도를 주님으로 믿는다는 의미다. 인간에게는 그리스도의 주재권이 미치는 '그리스도 안'이라는 공간과 주재권이 미치지 않는 '그리스도 밖'이라는 공간, 이 두 가지 '거주지'만 있다. 그러면, 인간이 그리스도 안에 있다는 말이 무엇이고, 어떤 방식으로 이런 상황이 발생하게 되었는지를 자세히 따져 보자. 이에 대해서는 여러 설명이 제시되었는데 몇 가지 참신한 것을 골라 보았다.

먼저, 빌립보서의 그리스도 찬가(빌 2:6-11)에서 이해의 실마리를 얻을 수 있다.

예수님은…오히려 자신을 비우셔서,

---

21 Simon Gathercole, "'Sins' in Paul", *New Testament Studies* 64 (2018): pp. 143-161.

종의 모습을 취하셨네.
사람의 모양을 띠고 태어나시니…
자신을 낮추셔서
죽기까지 순종하셨네,
십자가에서 죽기까지(빌 2:6-8).

바클레이는 이 본문을 다음과 같이 적절히 풀이한다.

그리스도는…인간 상태를 취하시고 인간 본성의 한계와
취약성에 참여하셨다. 그리스도가 죽음에 이르실 정도로,
심지어 십자가 처형에까지 참여하신 것은, 이 참여가 그
를 가장 낮은 형태의 약함과 어리석음에 이르게 한다는
것을 의미한다(고전 1:18-25 참조).…그리스도의 자아는 인
간의 상태 **속으로 들어가** 주어지지만given *into*, 궁극적으로
주어져서 **사라져 버리는 것**given *away*은 아니다.…그리스도
가 죽음에 이르기까지 인간의 상태에 참여하신 것은, 다
른 사람들이 영원한 생명에 이르기까지 **그의** 상태에 참여
하도록 하기 위해서다.[22]

'그리스도 안'이라는 표현을 다른 식으로 이해할 수도

있다. 갈라디아서 2장 19-20절을 보면, 바울은 자기가 그리스도와 함께 십자가형을 당했다고 말한다. 신비 체험에 대한 언급인지 은유적 표현인지는 알 길이 없다. 20절도 마찬가지로 난해하다. 바울은 자신의 삶이 사실상 그리스도가 바울 안에서 영위하시는 삶이라고 말한다. 이는 앞에서 말한, 그리스도와 함께 십자가형을 당한 채로 살아가는 삶을 좀 더 풀어서 말한 것 같다. 여기에서 그리스도의 사역 서술은 1장 4절의 '그리스도-사건' 묘사와 대동소이하다. 바울은 "그리스도는 나를 위해 자신을 내주신 하나님의 아들이고 나는 그러한 분에게 신뢰를 두고 이 땅에서 살아가고 있다"라고 말하는 것이다. 좀 더 넓은 맥락에서 보면, 하나님께서 바울 '안에' 그리스도를 계시하셨고, 신자는 자기 안에 그리스도를 모시고 살기 때문에(갈 4:19), 기본적으로 그리스도인은 그리스도와 실제로 연합된 채로 살아간다고 말하는 것 같다.

그렇다면, 그리스도와 연합Union with Christ, Participation in Christ은 정확히 무슨 의미인가? 이 질문 역시 답하기 쉽지

---

22 존 M. G. 바클레이,《바울과 은혜의 능력》, 김형태 옮김 (서울: 감은사, 2021), pp. 276-277.

않고 길게 설명해야 한다. 여러 답안 중에서 헤이즈[Richard Hays]와 스타워즈[Stanley Stowers]의 글이 가장 흥미롭고 정보가 많으므로 이들의 주장을 소개하겠다. 헤이즈는 '그리스도에 참여함'을 네 개의 범주로 설명한다. 첫째는 그리스도를 '주인'으로 모신 대가족의 일원이 되는 것, 둘째는 그리스도의 주권 아래 하나님을 대적하는 세력에 맞서는 군대의 일원이 되는 것, 셋째는 그리스도의 몸인 교회(에클레시아)에 참여하고 성례전과 예배를 통해 그리스도와의 연합을 경험하는 것, 넷째는 그리스도의 사역, 죽음, 부활의 서사(내러티브)라는 상징적 세계에 참여하는 것이다. 스타워즈는 스토아 철학과 고대 의학에서 매우 중요하게 다룬 '프뉴마'(pneuma, 영, 숨)로 그리스도와의 연합을 설명한다. 스토아 철학자들과 고대 의학자들은 프뉴마가 '어떤 조밀한 물체라도 뚫고 들어갈 수 있을 만큼 밀도가 낮고 유동적인 물질의 연속체'이고, 그 안에 (신적인) 창조적 힘이 있어 사람의 지성과 도덕성까지도 변화시키는 것으로 이해했다. 이러한 프뉴마가 사람의 몸을 뚫고 들어와 섞이는 것을 그리스어로 '크라시스(κρᾶσις, mixture)'라고 하는데, 이 크라시스가 신자와 그리스도의 연합을 잘 설명하는 모델이라고 했다.[23]

소개하고 싶은 견해가 하나 더 있다. '그리스도 안에서'라는 바울의 유명한 표현을 집중적으로 연구한 최근의 책에 따르면, 고대 그리스어 용법 중에서 전치사 '엔(ἐν)'이 사람의 이름과 결합하면 대개 '-의 수중에 있다' 혹은 '-의 보호 아래 있다'가 되어 그 사람을 신뢰하게 된다는 의미를 나타낸다.[24] 이러한 용법이 바울의 표현에도 아주 매끄럽게 적용될 수 있다. 이러한 의미론적 배경에서 이해하면, '그리스도 안에서'라는 표현은 (신비주의적 뉘앙스인 '합체' 혹은 '연합'이 아니라) '그리스도의 힘/능력/권위/보호 아래in Christ's hands' 있는 상태를 가리킨다고 볼 수도 있다.

이미 언급했지만, 무엇보다도 바울이 예수의 죽음 자

---

23 Stanley K. Stowers, "What Is Pauline Participation in Christ", in *Redefining First Century Jewish and Christian Identities: Essays in Honor of Ed Parish Sanders*, eds. Fabian E. Udoh et al. (Notre Dame: University of Notre Dame Press, 2008), pp. 352-371; Richard B. Hays, "What Is 'Real Participation in Christ'? A Dialogue with E. P. Sanders on Pauline Soteriology", in *Redefining First Century Jewish and Christian Identities*, pp. 336-351. 김선용, 《갈라디아서》 (파주: 비아토르, 2020), pp. 67-68에서 재인용하며 약간 수정함.

24 Teresa Morgan, *Being 'in Christ' in the Letters of Paul: Saved Through Christ and in His Hands*, Wissenschaftliche Unter-suchungen zum Neuen Testament 449 (Tübingen: Mohr Siebeck, 2020).

체가 아니라 예수가 **죽은 방식**을 무척 끈질기게 언급한다
는 데 주목할 필요가 있다. 예수는 '십자가 처형'이라는 방
식으로 죽었다. 십자가의 심상은 신자의 신앙생활에서 '나
의' 죄를 위해 예수가 얼마나 심한 고통을 당했는지를 설
명하는 데 (그래서 우리의 죄책감을 더 선명하게 하는 데) 사용되
곤 한다. 틀린 말은 아니지만, 바울이 그다지 주목하는 지
점은 아니다. 바울의 초점은, 예수님이 극도로 수치스러운
죽임을 당했는데 하나님이 바로 그 수치의 자리가 인간을
향한 하나님의 지극한 사랑을 나타내어 세상을 바꾸는 자
리가 되게 하셨다는 데 있다. 하나님의 이러한 행동에는
굉장히 중요한 메시지가 담겨 있다. 하나님은 인간이 세
워 놓은 모든 가치 체계를 무시하신다. 필요할 때는 그 가
치 체계에 정면으로 도전하신다. 이것이 바로 십자가의 메
시지다. 십자가 아래에서 가치가 형해화하여 우리의 모든
기대, 실재관, 열망, 욕망, 상식, 당연하게 여기는 것, 신앙
의 내용, 하나님에 대한 이해, 도취감이나 패배감이 깨지
고 박살이 난다. 우리가 수치라고 여기는 곳에서 하나님의
영광이 드러나고, 가장 잔인하고 포악한 폭력에 우리가 속
수무책으로 당하는 '약함'에서 하나님의 강함이 드러나며,
허무맹랑하다고 여기는 '선포'에서 하나님의 가장 합리적

인 '바로잡음' 즉 정의^{rectification, justice}가 발생한다.

예수의 부활

바울은 예수의 죽음을 이야기할 때 예수의 부활을 거의 빼놓지 않고 함께 말한다. 예수의 부활을 언급하지 않고 죽음만 말할 때도 대체로 부활을 전제로 한다. 예수의 죽음과 부활은 분리해 생각할 수 없다. 정확히 말하면, 예수의 부활은 예수의 죽음의 의미를 하나님의 구원 행위의 관점에서 설명하고 해석해 준다.

바울의 부활 이해는 기본적으로 하나님이 "죽은 사람들을 살리시고 없는 것들을 불러내어 있는 것으로 되게 하시는"(롬 4:17) 분이라는 믿음에서 출발한다. 이 표현이 귀에 너무 익숙한 나머지 우리는 하나님에 대한 이러한 이해의 '크기와 깊이'에 그다지 충격을 받지 못한다. 우리가 살고 있는 우주의 압도적 크기에 비해 하나님에 대한 우리의 이해와 상상력은 초라할 정도로 작다. 하지만, "죽은 사람들을 살리시고 없는 것들을 불러내어 있는 것으로 되게 하시는" 하나님이라는 고백을 천천히 궁구하고 묵상하면, 이것이 감당할 수 없을 정도로 엄청난 내용을 담은 신앙 고백임을 조금이나마 실감하게 될 것이다.

예수의 부활은 하나님의 힘, 즉 죽은 몸에 생명을 불어넣으시는 대단히 불가사의한 힘이 가장 처참하고 수치스러운 죽음에서 찬란하게 드러난 사건이다. 매우 특이하고 전복적 사건이요, 창조적 사건이다. **예수를 죽은 자 가운데서 일으키신 사건은 창조 사건과 동일하다.**[25] 다시 말해 "부활자 예수를 믿는 그리스도교 신앙은 생명의 창조·보존자이신 하느님을 믿는 신앙으로만 뜻이 있다. 거꾸로 창조자 하느님을 믿는 그리스도교 신앙은 이 하나님이 예수를 죽은 이들 가운데서 일으키셨다는 것에 의하여 결정적으로 특징지어진다."[26]

예수가 부활하는 모습을 직접 본 이는 없다. 우리에게 전해진 것은 부활하신 예수를 목격한 이들의 증언뿐이다. 바울은 부활하신 예수를 보았다고 확언한다(고전 15:8; 갈 1:16). 바울을 포함하여 수많은 사람이 부활하신 예수를 목격했고 그러고 나서 부활이 실제 일어났음을 확신하게 되었다. 일견 뻔해 보이는 바울의 다음과 같은 말에는 사실

---

25 존 M. G. 바클레이, 《바울과 선물》, 송일 옮김 (서울: 새물결플러스, 2019), pp. 816-817.

26 한스 큉, 《왜 그리스도인인가》, 정한교 옮김 (왜관: 분도출판사, 1982), p. 261.

심오한 의미가 담겨 있다.

> 예수님이 죽으셨고 살아 일어나신 것을 우리가 믿으므로
> (살전 4:14).

이 구절은 형식적으로는 '에이(εi)'로 시작하는 '조건절'이지만 εi를 직설법 현재 동사와 함께 사용하면 조건이 아니라 의심의 여지가 없는 전제를 뜻하는 표현이 된다. 예수의 부활이 예수의 죽음과 동일한 정도로 현실성이 있다는 말이다. 예수가 죽었다는 것을 명확한 사실로 믿는 것과 정확히 동일하게, 예수의 부활도 명확한 사실로 믿는다는 확언이다.[27] 계몽주의 이후 인기를 얻은 표현을 쓰자면, 예수의 부활이 '역사적 사실' 혹은 '객관적 사실'이라는 주장이다(물론 바울은 이렇게 표현하지 않았지만, 의미상 그렇다는 것이다).

부활에 대한 신념이 당대 유대교 사상에 이미 있었으

---

27 BDF § 372. Michael Wolter, *The Quest for the Real Jesus: Radboud Prestige Lectures by Prof. Dr. Michael Wolter* (Leiden/Boston: Brill, 2013), p. 16, n. 48.

므로 바리새인이던 바울은 부활의 '물리적' 가능성 자체
는 의심하지 않았을 것이다(하지만 구약과 초기 유대 문헌에는
'부활'의 개념과 유사한 신념이 다양한 형태로 나타난다).[28] **예수의
부활**은 예수라는 인물이 **메시아로서 십자가에** 처형되었다
가 죽은 자들 가운데서 다시 살아났다는 점에서 특유한 사
건이다. 메시아가 죽고 부활한다는 생각을 고대 유대교에
서는 찾아볼 수 없다.[29] 바울을 비롯해 초창기 예수 추종
자들이 이렇듯 고유하고 독특한 신념을 지니게 된 데에는,
그리고 필연적으로 그렇게 생각하게끔 이끈 바탕에는, 예
수 자신의 공생애 시절 가르침이나 부활 현현이라는 충격
적 체험이 있었을 가능성이 있다.[30]

예수의 부활이 지닌 의미를 살펴보기 전에 "예수가 실
제로 부활했다"는 말은 무엇이며, 이를 어떻게 이해해야

---

28 이 유대 고대 문헌을 세밀하게 분석한 글로는 Michael Wolter,
"Die Auferstehung der Toten und die Auferstehung Jesu", in
Auferstehung, ed. Elisabeth Gräb-Schmidt and Reiner Preul,
Marburger Jahrbuch Theologie 24 (Leipzig: Evangelische Verlagsanstalt,
2012), pp. 13-54를 보라.

29 이를 반대하는 입장으로는 Israel Knohl, *The Messiah before Jesus:
The Suffering Servant of the Dead Sea Scrolls* (Berkeley: University of
California Press, 2000)를 보라.

하느냐는 문제를 다루는 것이 좋겠다. 이 글의 목표는 신자에게 바울 신학을 소개하는 것이므로 독자를 그리스도인으로 상정한다. 따라서 부활의 역사성 같은 변증적 주제를 깊이 있게 다루지는 않을 것이다. 대신 신자가 부활을 믿고 확신한다는 현상 자체를 신학적으로 분석하고 설명하는 데 초점을 맞추겠다.

신약학자가 역사학의 방법론으로 성서를 연구한다면 예수의 부활이라는 주제를 적절하게 다룰 수가 없다.[31] 예수의 수난과 죽음을 어느 정도는 납득할 만하게 설명할 수 있지만 그것도 어디까지나 가설의 수준에 머문다. 1장에서 말했던 것처럼, 실재와 현실을 확장된 시각으로 볼 수 있을 때만 예수의 부활의 확실성을 말할 수 있다. 21세기

---

30 톰 라이트는 이렇게 말한다. "예수가 십자가에 못 박히기 전에 자신이 메시아라고 한 주장이 참되다는 것을 입증해 준 부활 사건이 한편으로는 야웨의 귀환에 대한 기대, 다른 한편으로는 예수의 영의 임재와 결합되어서, '메시아에 관한' 기존의 본문들에 대한 새로운 읽기가 생겨남으로써, 온전한 기독론적 인식이 제자들 가운데서 생겨날 수 있게 되었다."《바울과 하나님의 신실하심》하권, 박문재 옮김 (파주: CH북스, 2015), p. 137.

31 물론 보수적/복음주의적 신학자 중에는 예수의 부활을 역사적으로 증명할 수 있다고 주장하는 이들이 있다. 대표적으로 마이클 리코나,《예수의 부활: 새로운 역사기술 접근법》, 김광남 옮김 (서울: 새물결플러스, 2019)이 있고, 결은 다르지만 기독교 신학에서 부활의 역사성을 강조하는 조직신학자로 볼프하르트 판넨베르크(Wolfhart Panneberg)가 있다.

를 사는 일반인들에게 '현실'은 하나님의 현실(하나님의 세상)의 부분 집합이다.

학자들은 부활이라는 '초월적' 현상을 형언할 수 있는 말로 전달하기 위해 저마다 여러 표현을 써 가며 애를 썼다. 제임스 던의 설명에 따르면 "예수의 부활은…(사실의) 기초를 이루는 사실 또는 메타-팩트(meta-fact, 사실 너머의 사실, 사실을 초월한 사실), 즉 실재를 해석하는 통찰로서 모든 사실 중에서 무엇이 상대적이고 무엇이 덜 중요한 것인지를 결정하고 분별할 수 있게 해 준다."[32] '무엇이 역사적/물리적으로 발생/존재 가능한지'를 우리의 실재관과 인식론이 아니라 하나님이 결정짓고 판단하신다. 이와 같은 맥락에서 불트만은 '전능하신 하나님'이라는 표현을 "하나님은 나머지 모든 것을 결정하는 실재/실체다(God is the reality determining all else)"라는 말로 풀이했다.[33] 볼터는 그리스도-신앙의 특성을 '현실/실재에 대한 확신

---

32 James D. G. Dunn, *Jesus Remembered: Christianity in the Making*, vol. 1 (Grand Rapids: Eerdmans, 2003), p. 878.

33 Rudolf Bultmann, "What does it mean to speak of God?", in *Faith and Understanding*, vol. 1., ed. with an introduction by R.W. Funk (London: SCM, 1969), p. 53.

assurance of reality'이라고 말하며, 기독교적 믿음이 참된 이유는 "진리의 '대응 이론correspondence theory of truth'이라는 의미에서 하나님이 규정하신 현실"과 일치하기 때문이라고 한다.[34] 쉽게 이해하기 어려운 표현이지만, 이들이 말하려는 요점을 대략적으로나마 파악할 수 있을 것이다.

다시 말하지만, 어떤 방법을 쓰더라도 우리는 빈 무덤에서 무슨 일이, 정확히, 어떤 방식으로 일어났는지 알 수 없다. 초기 빈 무덤 전승과 예수 부활 현현 전승에 대한 역사 비평적 연구의 여러 결론은 서로 크게 엇갈린다. 그나마 공통된 결론은 빈 무덤 전승의 역사적 개연성이 크다는 것이다.[35] 물론 이를테면 게르트 뤼데만Gerd Lüdemann처럼 이와 정반대의 결론을 내리는 학자도 있다.[36] 하지만, 현대의 세계관과 실재관을 근거로 하여 부활 사건을 일어날 수 없는 일로 판단하는 것은 성급한 일이다. 창조에 대한 믿

---

34 Michael Wolter, *Paul: An Outline of His Theology*, trans. Robert L. Brawley (Waco: Baylor University Press, 2015), p. 85.

35 Dale Allison, *The Resurrection of Jesus: Apologetics, Polemics, History* (New York/London: Bloomsbury, 2021).

36 Gerd Lüdemann, *The Resurrection of Jesus: History, Experience, Theology*, trans. John Bowden (Minneapolis: Fortress Press, 1995).

음이 세상 만물과 인간을 이해하는 데 근원적 차원의 통찰을 선사하듯이, 부활에 대한 믿음은 하나님의 세상 안에서 가능한 것이 무엇인지, 실재가 무엇인지, 우리의 앎이 어떻게 가능한지에 대해 새로이 눈뜨게 해 준다. 이와 동시에, 실재를 더 넓고 깊은 지평에서 이해하면 부활의 확실성을 받아들이게 된다.

예수와 아주 가까이 지내던 제자들과 군중이 예수의 부활 현현을 목격했고, 그 뒤 부활의 증인이 되었다. **부활의 증인이 부활의 증거다.** 인간에게는 자신의 체험을 '주관적'으로 편향되고 왜곡되게 해석하고 착각할 가능성이 다분하지만, 하나님의 현실 안에 사는 이에게는 "부활의 증인이 부활의 증거다"라는 명제가 힘을 잃지 않는다. 부활하신 예수의 몸의 '재질'은 인간의 육체와 달랐다(자연스러운 몸이 프뉴마적인 몸으로 완전 대체된 것인지 아니면 피와 살이 영의 힘으로 변화를 받아 새로운 생명을 가지게 된 것인지 딱 떨어지게 구분하기는 어렵다).[37] 하지만, 예수이심을 알아볼 만큼 구체

---

37 더 자세히 알고 싶다면 James Ware, "Paul's Understanding of the Resurrection in 1 Corinthians 15:36-54", *Journal of Biblical Literature* 133 (2014): pp. 809-835를 보라.

적 형상을 지닌 것으로 보인다.

부활 현현이라는 날것 그대로의 체험은 해석을 불러일으켰다. 체험과 기억과 해석은 분리해서 생각할 수 없다. 초창기 예수 추종자의 부활 현현 체험과 그에 대한 해석, 곧 하나님이 예수를 죽은 자들 가운데서 일으키셨고 만유의 주가 되게 하셨다는 것을 '사실'로 받아들이는 것이 부활 신앙이다.[38] 그러한 신앙을 통해 예수 부활의 실제 즉 사실성은 하나님의 실재와 실체를 통해 '사실'의 지위를 얻고, 그것을 믿는 이에게 구원의 효력을 발휘한다.[39]

예수의 부활에서 발생한 기쁜 소식은 논증이나 실증의 대상이 아니라 **선포**의 대상이었다. 이 점을 이해하는 것이 매우 중요하다. 바울 서신에서 뽑은 아래의 구절들을 주의 깊게 읽어 보자.

> 그리스도께서 죽은 사람들 가운데서 일으킴받아 부활하셨다는 것이 **선포**되고 있습니다(고전 15:12).

---

38 Wolter, *The Quest for the Real Jesus*, p. 15.

39 Wolter, *Paul*, pp. 73-81, 95-99.

그리스도께서 일으킴받아 부활하지 못하셨다면, 우리가 선포(*κήρυγμα*, 케뤼그마)한 것도 헛일이고 여러분이 믿는 것도 헛일입니다(고전 15:14).

하나님의 지혜에 둘러싸여 있으면서도 세상은 자기 지혜를 통해서 하나님을 알아보지 못했습니다. 그래서 하나님은 허무맹랑해 보이는 것 곧 **선포**를 통해서, 믿는 사람들을 구원하시는 것을 좋게 여기셨습니다(고전 1:21).

선포(설교)를 통해 하나님의 구원 능력이 드러난다. 선포(설교) 안에서 예수의 부활이 사실을 넘어선 사실이자 인간에게 가장 확실하고 중요한 사건이 된다. 선포(케뤼그마) 속에서 부활하신다는 것은 무슨 의미인가? 이 내용은 3장에서 '믿음'을 주제로 다루면서 상세히 살펴볼 것이기 때문에 여기에서는 간단히 말하겠다. 부활을 통한 구속이 선포(설교)될 때 우리 마음이 동하고, 부활을 통한 구속을 '사실' 혹은 '현실'로 받아들이라는 도전에 직면할 때 우리는, 어쩔 수 없이 결단해야 하는 순간을 마주한다.[40] 그렇게 선포를 받아들이는 가운데 예수의 죽음과 부활이 지닌 구원의 효력이 우리에게 고스란히 전달된다.[41] 우리는 예수

바울 신학 크로키

의 순종과 죽음과 부활에 참여하며, 예수의 죽음과 부활이 우리에게 사과나무에서 사과가 떨어지는 정도의 사실이자 실재가 되어서 그 힘 안에서, 그 힘에 휩싸여 살게 된다는 말이다. 바울의 말을 다시 들어 보자.

십자가를 전하는 말씀이, 멸망하는 사람들에게는 터무니없는 것이지만, 구원받는 우리들에게는 하나님의 능력이니까요(고전 1:18).

복음은 모든 믿는 사람을 구원에 이르게 하는 하나님의 능력입니다(롬 1:16).

바울의 이러한 선언을 불트만은 다음과 같이 설명했다. "부활하신 그리스도가 선포되는 말씀 안에 현존하시는 한(혹은 현존하시므로) 그것(예수의 부활)을 믿을 수 있다.…부활에 대한 믿음은 그리스도 자신, 곧 하나님 자신이 선포

---

40 Rudolf Bultmann, *The Theology of the New Testament*, trans. Kendrick Grobel, vol 1 (New York: Scribner, 1951), pp. 294-295.

41 Wolter, *Paul*, pp. 73-81, 95-99.

된 말씀 가운데서 말을 건네시는 것과 동일하다."[42] 즉, 부활 신앙은 "부활 사실이나 부활자를 따로 믿는 것이 아니라 근본적으로 하나님을, 이제는 부활자와 결합되어 있는 그런 하나님을 믿는 신앙이다."[43]

한편, 복음은 그냥 단순히 믿는 '지적 동의'의 대상이 아니다. 예수 그리스도의 수난, 죽음, 부활은 복음에 일종의 구조(패턴)를 부여하고, 복음을 받아들인 이는 그 패턴을 자기 삶의 틀로 받아들인다.

그대가 입으로 주 예수님을 고백하고, 하나님이 그분을 죽은 사람들 가운데서 일으켜 살리셨다고 마음으로 믿으면 구원받을 것이라는 말입니다(롬 10:9).

언제나 우리는 예수님의 죽으심을 몸에 지고 여기저기로 다닙니다. 그것은 예수님의 생명도 우리 몸에 나타나도록 하기 위해서입니다(고후 4:10).

---

42 Bultmann, *The Theology of the New Testament*, vol 1, p. 305.
43 큉, 《왜 그리스도인인가》, p. 260.

예수의 죽음과 부활을 똑같은 사실로 받아들이면 하나님과의 관계가 바로잡히고, 일그러진 인간 본성에 변화가 일어난다. 그리스도 안에 있는 사람은 예수의 죽음을 몸에 지고 다니는 동시에 자신의 몸에 예수의 생명이 드러나게 한다. 우리의 몸이 예수의 죽음과 부활의 전시장이자 매(개)체가 되는 것이다.[44] 그것이 우리 '안에' 자기 아들을 계시하신 하나님의 목적이고, 우리와 그리스도가 연합해 사는 '신비적' 합일의 실체이기도 하다.

부활은 하나님의 힘이 발현되어 죽은 몸에서 생명의 싹이 트고, 없는 것이 있는 것으로 부름받은 것이었다. 이 힘에 의해 자연에 속한 몸natural body이 '영적 몸spiritual body'으로 변한다. 부활로 입증된 하나님의 힘은 그래서 모든 믿는 이에게 구원을 가져다주는 기쁜 소식이 된다. 또 부활은 불가능 속에서 가능을 소망하도록 이끄는 힘이자 근거이기도 하다. 유대 신앙에 깃들어 있던 부활과 연결될

---

44 이 표현은 Margaret M. Mitchell에게 빚졌다. Mitchell, "Mark, the Long-Form Pauline Εὐαγγέλιον", in *Modern and Ancient Criticism of the Gospels: Continuing the Debate on Gospel Genre(s)*, eds. R. M. Calhoun, D. P. Moessner and T. Nicklas (Tübingen: Mohr Siebeck, 2020), pp. 201-217.

만한 사상을 바탕으로 보건대, 바울이 예수의 부활을 선포할 당시는 극심한 재난과 고통과 죽음으로 인해 정의가 없는 듯이 보이는 때였다. 바울은 그런 와중에도 역사에 정의라는 것이 있음을 확언한 것이다.[45]

부활하신 예수는 하나님에 의해 높이 올려져 주가 되었다. "그러니까 살든지 죽든지 우리는 주님의 것입니다! 이를 위해서 그리스도께서 죽었다가 살아나셨으니까요. 곧 죽은 사람들과 살아 있는 사람들 모두의 주님이 되려고 하신 것입니다"(롬 14:8-9). 그런데, 주님이신 예수의 특징은 놀랍게도 자기를 비우는 것, 곧 "자기 편한 대로' 하지 않으셨다는 것이다(롬 15:3). 다시 말해 예수는 "이웃의 편의를 봐주어 그에게 좋은 일을 해 주고 세워 주는" 일을 하신 분이다(롬 15:2). 하나님에게 '지식의 빛'을 받은 이는 예수 그리스도의 바로 이러한 얼굴에서 하나님의 영광을 알아본다(고후 4:6). 예수 그리스도가 삶과 죽음과 부활을 통해 투명하게 드러낸 하나님이 바로 이러한 분이다. 바울에

---

45 Jens Schröter, *Jesus of Nazareth: Jew from Galilee, Savior of the World*, trans. Wayne Coppins (Waco: Baylor University Press, 2014), p. 205.

따르면, 우리는 그리스도의 이런 모습을 닮아 가고 있으며, 닮아 가야 하며, 닮아 갈 수밖에 없다(롬 8:29). 나와 그리스도가 합체하여 그리스도가 나의 정체성을 이루게 되었기 때문이다. "이제 더는 내가 살고 있는 것이 아니라, 그리스도께서 내 안에 살고 계십니다. 이제 내가 육신 안에서 사는 삶은 믿음 안에서 살고 있는 것입니다. 하나님의 아들, 곧 나를 사랑하시고 나를 위해서 자신을 넘겨주신 분을 믿는 믿음 안에서요"(갈 2:20). 어느 신약학자는 이렇게 말한다.

그리스도와의 동일시는 체험해야 하는 과정이지 단순히 받아들이는 상태가 아니[다]. 바울이 구원을 삶의 전 과정에 걸쳐 일어나는 과정으로 이해하는 자신의 개념을 가장 효과점으로 표현해 낸 것도 바로 이러한 흐름의 신학을 통해서였다.…그 과정에서 핵심 요소는 '그리스도와 같이 되는 것', 그리스도의 형상을 본받는 것이다(롬 8:29; 고전 15:49; 고후 3:18; 빌 3:21).…요약하자면, 그 과정의 특징은 점차 육체를 정복해 가는 것, 육체로부터 분리되는 것, '겉 사람'은 부패하지만 '속 사람'은 새롭게 되는 것이라 할 수 있다. 그것은 성령에 의해 지속되는 갱신의 과정으로서, 하나님께서 그 사람 전체를 되찾으실 때, 육체도 역시 부활 속에서 성령의 매개체, 즉 *sōma pneumatikon*, '영적인 몸'으로 변화될 그날까지 진행될 것이다(롬 8:11; 고전 15:44-50; 고후 4:16-5:5; 갈 6:8). 무엇보다도 그것은 그리스도의 죽음을 함께하는 과정으로서, 그의 부활을 완전하게 함께 누릴 것을 내다보고 있다(롬 6:5, 8:18; 고후 4:17-18, 13:4; 갈 2:19).[46]

마치는 말

흔히 하는 말인 "예수를 믿는다"의 목적어에 담긴 의미는 무엇인가? 예수의 죽음과 부활이 인간과 세상에 끼친 영향과 그 의미를 하나님의 세상 안에서 사실이자 현실로 받아들인다는 말이다. 곧, 나를 포함한 모든 인간이 스스로 풀 수 없는 곤경에 처해 있다는 것, 그 곤경을 대표하는 것이 죽음이고 예수 역시 이 죽음을 겪었다는 것, 그 죽음은 가장 수치스럽고 부당한 죽음이었으나 그 죽음을 통해 영광의 하나님이 가장 투명하게 드러났다는 것, 예수의 죽음

---

46 제임스 던, 《바울에 관한 새 관점》, 최현만 옮김 (평택: 에클레시아북스, 2012), pp. 103-104.

안에서 하나님이 가장 기이한 기적, 즉 죽음의 극복을 이뤄 내셨다는 것을 사실로 받아들이고, 그 사실 안에서 소망과 희망으로 변화된 나날을 쌓아 간다는 것이다. 예수는 영 안에서 우리가 겪어 나가는 변화의 목표이자 원동력이다.

갈라디아서에서 바울은 예수의 오심을 '그 믿음의 오심'이라고 표현했고(갈 3:23), 예수를 새로운 정체성으로 삼고 있는 자기는 '하나님의 아들을 믿는 믿음' 안에 살고 있으며(갈 2:20), 의롭다는 판단을 받기 위해서 그리스도 예수를 믿는다(갈 2:16)고 말했다.

작은 길잡이

- 바울 신학의 중심, 예수: 바울에게 하나님이 예수를 계시하신 사건은 바울의 사고와 삶 전체를 뒤집는 사건이었다. 예수라는 주제는 바울 신학의 틀거리이자 중핵이다. 예수에 대한 독특한 이해와 신앙이 기독교가 나머지 아브라함 계열 종교와 구별되는 부분이다.

- 십자가의 역설: 예수는 당시 가장 수치스러운 죽음인 십자가 처형을 당했다. 그러나 바울은 하나님이 바로 그 수치의 자리를 영광스러운 구원 행위의 자리로, 세상을 바꾸는 자리로 삼으셨다고 선포했다. 십자가 아래에서 인간의 모든 가치 체계가 무너진다.

- 죄는 행위가 아니라 권세: 바울이 묘사하는 죄는 잘못된 행동이 아니라 인간 존재 전체를 지배하며 능동적으로 움직이는, '인격을 가지고 행동하는 세력'이다. 죄는 억압적인 식민 권력처럼 작동하여 인간의 내면을 식민화하고, 인간은 마치 스톡홀름 신드롬처럼 죄의 기획에 '자발적으로' 동참하게 된다.

- 새 창조: 예수의 죽음은 우리의 과거 죄를 청산하는 장부 정리가 아니라, 우리가 그리스도의 죽음에 참여함으로써 '죄의 힘' 자체에 대해 죽는 사건이다. "누구라도 그리스도님 안에 있으면, 그는 새로운 창조물입니다. 옛 것들은 지나갔습니다"(고후 5:17).

- '그리스도 안에' 있음: 그리스도 안에 있다는 것은 신비주의적 합체가 아니라 '통치권의 교체'를 의미한다. 죄(아담)의 권력 영역에 있던 우리가 그리스도(의로움/생명)의 권력 영역에 양도되는 것이다. 새 주인을 섬기는 노예는 더는 옛 주인을 섬길 필요가 없다.

- 부활의 실재: 예수의 부활은 역사 안에서 일어났지만, 역사의 범주를 초월한다. 부활의 증인이 부활의 증거다. 부활하신 예수는 선포 속에 현존하시며, 복음을 받아들이는 이에게 구원의 효력을 발휘하신다.

- 소망의 근거: 부활은 '소망하지 못함'에서 벗어나게 한다. 우리는 차갑고 무정한 우주에 팽개쳐진 존재가 아니라, 다정하고 은총을 베푸는 하나님 안에 있는 존재다. 그리스도께서 우리를 붙잡으셨고, 아무것도 하나님의 사랑에서 우리를 떼어 놓을 수 없다.

• 바울은 자기에게 예수께서 나타나신 사건을 통해 하나님, 인간, 율법, 세상, 시간 등을 철저히 재고하고 새로이 이해하게 되었다. 나에게 예수는 어떤 존재인가? 예수로 인해 나의 세계관과 가치관이 어떻게 바뀌었는가?

• 바울은 십자가라는 극도로 수치스러운 죽음에서 하나님의 영광스러운 구원 행위가 일어났다고 선포했다. 내가 수치와 실패라고 여기는 것 가운데서 하나님이 일하고 계실 가능성을 생각해 본 적이 있는가?

• 바울은 죄를 '행위'가 아니라 인간을 지배하는 '권세'로 묘사한다. 나를 지배하고 옥죄는 힘은 무엇인가? 그 힘에서 벗어나 '그리스도 안'으로 옮겨졌다는 것이 내 일상에 어떤 의미가 있는가?

• "누구라도 그리스도 안에 있으면 그는 새로운 창조물입

니다"라는 선언이 나의 자기 이해에 어떤 영향을 미치는가? 나는 "옛것이 지나가고 새것이 되었다"는 사실을 실제로 경험하는가?

• 바울은 예수의 부활이 예수의 죽음과 동일하게 현실성이 있다고 확언했다. 부활의 사실성이 내가 일상을 살아가는 태도나 모습에 변화가 있게 하는가? 아니면 부활은 내가 살아 가는 현실과 아무 관련 없는 관념에 불과한가?

• "그 무엇도 하나님의 사랑에서 우리를 떼어 낼 수 없다"(롬 8:38-39)라는 바울의 확신에서 나는 어떤 위로와 용기를 얻는가? 나를 하나님의 사랑에서 떼어 놓으려고 위협하는 듯이 느껴지는 것은 무엇인가?

참고문헌

김선용. 《갈라디아서》. 서울: 비아토르, 2020.

킹, 한스. 《왜 그리스도인인가》. 정한교 옮김. 왜관: 분도출판사, 1982.

던, 제임스. 《바울 신학》. 박문재 옮김. 고양: 크리스챤 다이제스트, 2003.

──────. 《바울에 관한 새 관점》. 최현만 옮김. 평택: 에클레시아북스, 2012.

라이트, 톰. 《바울과 하나님의 신실하심》 하권. 박문재 옮김. 파주: CH북스, 2015.

리코나, 마이클. 《예수의 부활: 새로운 역사기술 접근법》. 김광남 옮김. 서울: 새물결플러스, 2019.

바클레이, 존. "고린도후서." 《IVP 성경비평주석: 신약》. 이철민·홍성수 옮김. 서울: IVP, 2020.

──────. 《바울과 선물》. 송일 옮김. 서울: 새물결플러스, 2019.

──────. 《바울과 은혜의 능력》. 김형태 옮김. 서울: 감은사, 2021.

샌더스, E. P. 《바울과 팔레스타인 유대교: 종교 패턴 비교》. 박규태 옮김. 서울: 알맹e, 2018.

스텐달, 크리스터. 《유대인과 이방인 사이에 있는 바울》. 이영욱·김선용 옮김. 서울: 감은사, 2021.

헹엘, 마르틴. 《십자가 처형》. 이영욱 옮김. 서울: 감은사, 2020.

Allison, Dale. *The Resurrection of Jesus: Apologetics, Polemics, History*. New York: Bloomsbury, 2021.

Bultmann, Rudolf. *The Theology of the New Testament*. Translated

바울 신학 크로키

by Kendrick Grobel. New York: Scribner, 1951.

——————. "What Does It Mean to Speak of God?" In *Faith and Understanding*, vol. 1, edited with an introduction by R. W. Funk, pp. 53-65. London: SCM, 1969.

Cook, John Granger. *Crucifixion in the Mediterranean World*. Wissenschaftliche Untersuchungen zum Neuen Testament 327. Tübingen: Mohr Siebeck, 2014.

Dunn, James D. G. *Jesus Remembered: Christianity in the Making*. Vol. 1. Grand Rapids: Eerdmans, 2003.

Eastman, Susan. "Participation in Christ." In *The Oxford Handbook of Pauline Studies*, edited by Matthew V. Novenson and R. Barry Matlock, pp. 441-460. Oxford: Oxford University Press, 2022.

Gathercole, Simon. "'Sins' in Paul." *New Testament Studies* 64 (2018): pp. 143-161.

Gaventa, Beverly Roberts. *Romans: A Commentary*. Louisville: Westminster John Knox Press, 2024.

Hays, Richard B. "What Is 'Real Participation in Christ'? A Dialogue with E. P. Sanders on Pauline Soteriology." In *Redefining First Century Jewish and Christian Identities: Essays in Honor of Ed Parish Sanders*, edited by Fabian E. Udoh et al., pp. 336-351. Notre Dame: University of Notre Dame Press, 2008.

Knohl, Israel. *The Messiah before Jesus: The Suffering Servant of the Dead Sea Scrolls*. Berkeley: University of California Press, 2000.

Konradt, Matthias. "3.2. Kreuzestheologie." In *Paulus Handbuch*, edited by Friedrich W. Horn, pp. 313-321. Tübingen: Mohr Siebeck, 2013.

Laato, Timo. *Paul and Judaism: An Anthropological Approach*. Atlanta: Scholars Press, 1995.

Longenecker, Bruce. "What Did Paul Think Is Going Wrong in God's World?" In *The New Cambridge Companion to St. Paul*, edited by Bruce Longenecker, pp. 171-188. Cambridge: Cambridge University Press, 2020.

Lüdemann, Gerd. *The Resurrection of Jesus: History, Experience, Theology*. Translated by John Bowden. Minneapolis: Fortress Press, 1995.

Mitchell, Margaret M. "Mark, the Long-Form Pauline Εὐαγγέλιον." In *Modern and Ancient Criticism of the Gospels: Continuing the Debate on Gospel Genre(s)*, edited by R. M. Calhoun, D. P. Moessner, and T. Nicklas, pp. 201-217. Tübingen: Mohr Siebeck, 2020.

Morgan, Teresa. *Being 'in Christ' in the Letters of Paul: Saved Through Christ and in His Hands*. Wissenschaftliche Untersuchungen zum Neuen Testament 449. Tübingen: Mohr Siebeck, 2020.

─────── . *The New Testament and the Theology of Trust*. Oxford: Oxford University Press, 2022.

Novenson, Matthew V. *Christ Among the Messiahs: Christ Language in Paul and Messiah Language in Ancient Judaism*. New York: Oxford University Press, 2012.

Schröter, Jens. *Jesus of Nazareth: Jew from Galilee, Savior of the World*. Translated by Wayne Coppins. Waco: Baylor University Press, 2014.

Schröter, Jens, and Christine Jacobi, eds. *The Jesus Handbook*. Translated by Robert Brawley. Grand Rapids: Eerdmans, 2022.

Stowers, Stanley K. "What Is Pauline Participation in Christ." In *Redefining First Century Jewish and Christian Identities: Essays in Honor of Ed Parish Sanders*, edited by Fabian E. Udoh et al., pp. 352-371. Notre Dame: University of Notre Dame Press, 2008.

Tillich, Paul. *Dynamics of Faith*. New York: Harper & Row, 1957.

——————. *The Shaking of the Foundations*. New York: Charles Scribner's Sons, 1948.

Ware, James. "Paul's Understanding of the Resurrection in 1 Corinthians 15:36-54." *Journal of Biblical Literature* 133 (2014): pp. 809-835.

Wolter, Michael. *Der Brief an die Römer: Teilband 1: Röm 1-8*. Evangelisch-Katholischer Kommentar zum Neuen Testament VI/1. Göttingen: Vandenhoeck & Ruprecht, 2014.

——————. "Die Auferstehung der Toten und die Auferstehung Jesu." In *Auferstehung*, edited by Elisabeth Gräb-Schmidt and Reiner Preul, pp. 13-54. Marburger Jahrbuch Theologie 24. Leipzig: Evangelische Verlagsanstalt, 2012.

——————. *Paul: An Outline of His Theology*. Translated by Robert L. Brawley. Waco: Baylor University Press, 2015.

——————. *The Quest for the Real Jesus: Radboud Prestige*

Lectures by Prof. Dr. Michael Wolter. Leiden: Brill, 2013.

Wright, N. T. *Galatians: Commentaries for Christian Formation*. Grand Rapids: Eerdmans, 2021.

3장

바울에게
믿음에 대해 묻다

관계를 형성하는 행위로서의 믿음, 피스티스

개신교 신앙의 정수를 한 단어로 요약하면 단연 '이신칭의
以信稱義, Justification by faith' 혹은 '오직 믿음*sola fide*'이다. '믿음'
은 사도 바울의 신학에서 중심부를 차지하며, 바울 서신
에 매우 빈번하게 나오는 핵심 어휘다. 신약성경에서 명사
'피스티스(πίστις)', 동사 '피스튜오(πιστεύω)'는 각각 244
회 나오는데, 이는 구약성경 및 동시대 문헌과 비교할 때
'폭발적 증가'다.[1] 여기서 '증가'는 단순히 횟수가 아니라
신학적 무게를 가리킨다. 특히 바울에게서 피스티스 용례
가 두드러지게 나오므로, '피스티스'는 여러 주제 중 하나
가 아니라 바울의 신학적 사고를 형성한 핵심 축이다.

그러나 오늘날 우리가 이해하는 '개인의 종교적 신념'
으로서의 믿음과 바울이 말하는 믿음 사이에는 상당한 간

1　Friedrich W. Horn, "Glaube in sieben theologischen Disziplinen", in
　Glaube, ed. Friedrich W. Horn (Tübingen: Mohr Siebeck, 2018), p. 3.

극이 존재한다. 신약성경에서 거의 예외 없이 '믿음'으로 번역되는 그리스어 명사 피스티스는 단순히 특정 교리나 명제에 대한 지적 동의만 의미하지 않았다. 이 단어는 신실함faithfulness, 충성loyalty, 신뢰trust, 약속pledge, 보증guarantee, 신용credit, 증거proof 등 의미가 훨씬 다채롭고 풍성했으며 관계적 용어였다. 머리로 맞장구치는 동의가 아니라 '관계를 묶고 유지하는 신뢰의 약속'을 표현하는 실천적 어휘가 바로 피스티스였다.

예일대학교의 테레사 모건Teresa Morgan은 방대한 그리스-로마 문헌을 분석하여 피스티스에 기본적으로 '관계'적 의미가 있음을 강조한다. "무엇보다도 피스티스*pistis*는 신념의 총체도, 마음이나 정신의 기능도 아니라 공동체를 생성하는 관계"다.[2] 그리스-로마 세계와 초기 그 예수 추종자들에게 '피스티스를 가진다'는 것은 관계 안에서 신뢰하고 충실히 행한다는 의미였다. 이는 전인격이 관여하는 능동적이고 관계적인 범주다.[3] 이러한 결론은 '믿음'이 개

---

2 Teresa Morgan, *Roman Faith and Christian Faith: Pistis and Fides in the Early Roman Empire and Early Churches* (Oxford: Oxford University Press, 2015), p. 14.

3 Morgan, *Roman Faith and Christian Faith*, pp. 465~466.

인 내면의 심리 상태라기보다(물론 그러한 요소도 있지만) 상호 신뢰를 근거로 하는 '사회적 행동'이라는 의미다.

피터 오크스Peter Oakes도 모건Morgan의 논지에 공감하면서 구약성경의 그리스어 번역본인 칠십인역 연구를 바탕으로 피스티스를 '관계적 삶의 방식relational way of life'이라고 재정의한다. 모건이 '피스티스는 관계'라고 강조했다면, 그 말을 오크스는 '피스티스는 관계적 삶의 방식'이라고 더 정밀하게 수정하는 것이다.[4] '삶의 방식'이라는 표현은 신뢰가 단발적 결단이 아니라 반복·지속되는 습관적 실천임을 강조한다.[5]

사전은 피스티스의 의미를 두루 살피는 데 도움이 된다. BDAG은 피스티스를 예외적이라고 할 정도로 길게 다룬다. BDAG에 따르면 피스티스라는 명사에는 다음과 같은 의미가 있다. '신뢰와 믿음을 불러일으키는 것that which evokes trust and faith', '신뢰를 둘 수 있는 사람의 상태로서, 신실함, 신뢰성, 충실함, 헌신', '보증, 맹세, 서약(또는 보

---

4 Peter Oakes, "*Pistis* as Relational Way of Life in Galatians", *Journal for the Study of the New Testament* 40 (2018): p. 273.

5 Peter Oakes, "*Pistis* as Relational Way of Life in Galatians", pp. 255-257.

장, 서원, 성약)', '신뢰받는 자의 신뢰성을 근거로 하는 믿음의 상태, 신뢰, 확신, 능동적 의미에서의 믿음=믿는 것(또는 신앙, 신뢰, 확신, 능동적 믿음=믿는 행위).'[6] *The Cambridge Greek Lexicon*에서는 피스티스를 이렇게 정의한다. '(로마 맥락에서) (국가가 다른 민족에게 제공하는) 보호protection', '(누군가 또는 무언가에 대한) 신뢰나 확신의 감정, 신뢰trust', '종교적 신앙, 믿음, 신앙', '신뢰를 받을 만한 특성, 신뢰성trustworthiness, 정직, 충성', '재정적 신뢰도, 신용도, 신용', '확신을 주는 것, 선의의 보증, 확약, 서약', '믿음의 근거를 제공하거나 확신을 낳는 것; 증거, 입증, 확증', '종교적 신앙, 믿음, 신앙.'[7] 무라오카Muraoka의 칠십인역 사전은 다음과 같은 의미를 제시한다. '충성', '어떤 사람에게 두는 신뢰', '신뢰를 불러일으키는 행동이나 태도나 행위.'[8]

---

6 Walter Bauer, *A Greek-English Lexicon of the New Testament and Other Early Christian Literature*, 3rd ed., rev. and ed. Frederick William Danker (Chicago: University of Chicago Press, 2000), s.v. "πίστις", pp. 727–729.

7 James Diggle et al., eds., *The Cambridge Greek Lexicon*, 2 vols. (Cambridge: Cambridge University Press, 2021), 2: s.v. "πίστις", p. 1135.

8 Takamitsu Muraoka, *A Greek-English Lexicon of the Septuagint* (Louvain/Paris/Walpole, MA: Peeters, 2009), s.v. "πίστις", p. 559.

이렇듯, 피스티스의 의미는 스펙트럼이 대단히 넓다. 바울이 피스티스를 어떤 의미로 사용했는지 정확히 파악하려면 이토록 다양한 뜻과 뉘앙스를 염두에 두어야 하고, 바울 당시 사회 문화의 맥락을 이해해야 한다. "기존 문화 안에서 새롭게 생겨난 공동체는 일반적으로 주변 세계에서 통용되는 언어를 취하여 곧장 거기에 완전히 새로운 의미를 부여하지는 않는다. 새로운 의미는 서서히 발달하며, 이러한 점진적 발달에는 시간이 걸린다.…개종할 가능성이 있는 사람들이 이해하지 못할 방식으로 언어를 사용해서는 효과적으로 의사소통할 수 없기 때문이다."[9] 그러므로 바울은 피스티스를 당시 사람들이 듣고서 즉각적으로 이해할 수 있는 의미의 스펙트럼 안에서 사용했을 가능성이 다분하다.

바울이 사용한 피스티스 관련 연구를 먼저 개괄적으로 요약해서 눈에 익히면, 바울 신학에서 피스티스가 어떠한 의미를 지니는지에 대한 분석을 논의하고 이해하는 데 도움이 될 것이다.

---

9 Morgan, *Roman Faith and Christian Faith*, p. 4.

바울 신학 크로키

피스티스/피데스*pistis/fides*는 본질적으로 관계적 개념이자 실천이다. 그 핵심에는 신뢰, 신뢰할 만함, 신실함, 선의good faith가 있으며, 여기서부터 ⋯ '유예된deferred' 의미와 '실체화된reified' 의미로 확장된다. 기원전 1세기-서기 2세기의 문헌 자료를 보면, 이러한 관계적 의미가 압도적으로 많이 쓰이며 사회적 온갖 상호 작용과 제도적 관계를 묘사한다. ⋯ 기독교의 피스티스는 일종의 계단식 구조cascade로 작동한다. 하나님은 그리스도와 바울, 그 외 지도자들에게 피스티스를 두시고, 이들은 다시 그것을 나머지 구성원들에게 흘려 보낸다. 공동체 구성원들은 하나님과 그리스도, 그리고 자기들이 권위를 위임한 이들에게 피스튜에인*pisteuein* 한다.[10]

[믿음은] 그리스도인의 정체성을 구성하고 그들을 하나로 묶어 주는 것이 되는데, 유대인 출신인지 이방인 출신인지는 상관이 없다. 믿음은 자기 정의self-definition의 표지Signatur가 된다(Lührmann 1992: 752). 바울의 가장 초기 서신인 데살로니가전서에서 믿음은 더 상세한 설명이나 구

---

10 Morgan, *Roman Faith and Christian Faith*, pp. 503-504.

분 없이 시종일관 그리스도인의 표지로 사용된다(살전 1:3, 7, 8; 2:10, 13; 3:2, 5, 6, 7, 10). 후대 서신에서 믿음은 그리스도인이 그 안에서 살고(롬 1:17), 움직이며(고후 5:7), 성장하고(고후 10:15), 굳게 서며(고전 15:58), 약해지거나 강해질 수 있는(롬 14:1) 일종의 유동체Fluidum와 같다. 혹은 피스티스(πίστις, 믿음)와 결합한 수많은 전치사구와 속격(소유격) 연결이 보여 주듯이, [믿음은] 그리스도인이 다양하게 관계 맺고 있는 어떤 실체와도 같다. 놀랍게도 피스튜오(πιστεύω, 1인칭 단수 '나는 믿는다')는 나오지 않는다. 믿음을 인간의 자유로운 결단이나 결정으로 환원하는 것은 부적절하다. 바울은 믿음이 하나님의 선물이며, 이 선물이 개인의 결정보다 앞선다는 점을 중요하게 여긴다(롬 4:16; 빌 1:29).⋯믿음은 복음 선포와 연관되어 있으며, 따라서 본질적으로 언어, 즉 말하기와 듣기와 관련된 사건이다(롬 10:17; 고전 1:21). 믿음의 내용과 복음의 내용은 상응한다. 그 중심에 예수 그리스도가 서 있다. 이는 '그리스도 신앙'(Christusglaube, 롬 3:22, 26; 갈 2:16, 20, 3:22; 빌 3:9)이라는 표현뿐 아니라, 예수 그리스도가 목적어로 등장하는 동사 표현에도(롬 9:33, 10:11, 14; 갈 2:16; 빌 1:29) 잘 나타난다. 반면 하나님이 믿음의 목적어인 진술들은 현저히 드

바울 신학 크로키

물게 나타난다(롬 4:5, 17, 24; 살전 1:8).[11]

피스티스: 고대 그리스-로마 세계의 사회적 기반

최근 10여 년 사이에 신약학계에서는 피스티스를 개인의
내적 확신이나 지적 동의가 아니라 공동체를 창조하고 유
지하는 **관계적 실천**으로 이해하려는, 패러다임의 중요한
전환이 일어났다. 믿음을 이해하는 관점이 '안에서 느끼는
감정'에서 '밖으로 드러나는 충성'으로, 내면의 동의에서
신뢰와 의탁으로 이동한 것이다.[12] "신뢰, 충성, 신뢰성으
로서의 피스티스는 모든 적절한 관계에서 기대되는 미덕
이었다.…더 나아가 피스티스는 관계의 기본적인 미덕이
었을 뿐만 아니라, 관계의 필수적인 메커니즘이었다고 말
할 수 있다.…관계는 시간이 흐르면서 일어나는 상호 작
용이다."[13] 상업, 정치, 군사 관계는 물론이고, 후견인과 피

---

11 Friedrich W. Horn, "Glaube-Nicht Weisheit der Menschen, sondern Kraft Gottes", in *Glaube*, p. 46.

12 Zeba A. Crook, *Reconceptualising Conversion: Patronage, Loyalty, and Conversion in the Religions of the Ancient Mediterranean* (BZNW, 130; Berlin: de Gruyter, 2004), p. 244.

13 Peter Oakes, "*Pistis* as Relational Way of Life in Galatians", p. 264.

후견인, 주인과 노예, 심지어 가족 간의 관계까지 아우르는 사회의 모든 관계망이 피스티스를 바탕으로 형성되고 유지되었다.

로마인은 피데스(*fides*, 피스티스에 해당하는 라틴어 단어)를 조약·계약·맹세와 군사적 충성을 지탱하는 핵심 규범으로 이해했고, 이를 신격화한 피데스 여신*Dea Fides/Fides Publica*을 공화정 이래 공적으로 숭배하였다. 아우구스투스 시대에는 이 전통이 제정 이데올로기 속에서 새롭게 강조되어, 황제 권력과 제국 질서를 정당화하는 중요한 덕목으로 부각되었다. 이러한 종교적 숭배는 '신뢰'를 단순한 개인적 미덕을 넘어, 공적 질서를 떠받치는 종교적·정치적 인프라로 간주했음을 상징적으로 보여 준다.[14] 간단히 말해, 피데스는 약속을 지켜 공동선을 세우는 공적 덕목이기도 했다. '신뢰'는 눈에 보이지 않지만, 사회가 계속 돌아가게 하

---

14 Thomas Schumacher, "Den Römern ein Römer: Die paulinischen Glaubensaussagen vor dem Hintergrund des römisch-lateinischen fides-Begriffs", in *Glaube: Das Verständnis des Glaubens im frühen Christentum und in seiner jüdischen und hellenistisch-römischen Umwelt*, ed. Jörg Frey, Benjamin Schliesser, and Nadine Ueberschaer, WUNT 373 (Tübingen: Mohr Siebeck, 2017), pp. 311-312. Morgan, *Roman Faith and Christian Faith*, pp. 83-84, 107-108, 117-118.

바울 신학 크로키

고 유지하는 엔진과 같았다. 이 엔진이 멈추면 약속도, 거래도, 우정도 흔들린다. 바울 시대 사람들은 이 사실을 피부로 느꼈다.

군사적 충성과 피스티스: 배타성과 생명을 건 헌신

로마 군단의 힘은 단순히 무기나 전술만 근거로 하지 않았다. 그 핵심에는 황제와 군대에 대한 병사들의 절대적인 충성, 즉 피데스가 있었다. 신병들은 입대하며 '사크라멘툼*sacramentum*'이라는 군인 서약을 했는데, 이는 단순한 계약이 아니라 신성불가침의 맹세였다. 여기서 '사크라멘툼'에는 병사가 신들에게도 '바쳐졌다'는 종교적 함의가 있다. 충성이 '목숨을 건 약속'의 성격을 띤다는 것을 보여주는 표현이다. 병사에게 충성은 '선택'이 아니라 '생명을 건 약속'이었던 것이다.[15]

이 서약을 통해 병사는 죽음을 불사하는 충성을 맹세했고, 황제는 병사들의 충성을 신뢰하고 군대를 통솔했다. 장군들은 전투 전에 병사들의 피데스에 호소하며 사기를 북돋았고, 병사들은 장군의 피데스(신뢰성, 신뢰할 만함)

---

15 Morgan, *Roman Faith and Christian Faith*, pp. 77-82.

를 믿고 목숨을 걸었다. 로마의 군사 피데스는 '지휘관-군사'의 상호 신뢰를 제도화한 형식이었다. 여기에서 중요한 점은 신뢰가 한 방향으로 흐르지 않았다는 것이다. 장군의 신뢰성도 병사의 충성만큼 중요했다.[16] 여기에서 우리는 또 다시 '피스티스'의 상호 관계성을 볼 수 있다.

이러한 군사적 맥락은 초기 기독교 문헌에 깊은 흔적을 남겼다. 초기 교회 성도라면 "그리스도 예수의 좋은 병사로 나와 함께 고난을 받으라"(딤후 2:3)는 글을 읽거나 들을 때, 이렇게 목숨을 건 상호 신뢰와 충성이 자연스럽게 떠올랐을 것이다. 즉, 여기에는 그리스도라는 왕께 우리가 목숨을 걸고 충성과 신뢰를 바쳐야 한다는 강력한 메시지가 담긴 것이다. 군사적 피스티스의 핵심 특징은 '배타성'이다. 병사는 오직 한 사령관에게만 충성할 수 있으며, 이중 충성은 반역이다. 그리스도인의 피스티스도 마찬가지로 배타적 헌신을 요구한다.

사회적 관계망과 피스티스: 상호성과 지속성

로마 사회는 후견인*patronus*과 피후견인*cliens* 관계로 촘촘하

---

16 Morgan, *Roman Faith and Christian Faith*, pp. 78-82.

게 짜여 있었다. 이 관계는 단순한 경제적 교환을 넘어 피스티스/피데스를 기반으로 하는 '유사-친족적 유대 관계 quasi-kinship bonds'를 형성했다. 리차드 샐러 Richard Saller는 다음과 같이 말한다.

후견인은 전반적인 멘토 역할을 하도록 되어 있었다. 그는 피후견인의 경력을 재정적으로(필요하다면), 그리고 추천인(*suffragator*, 즉 공직 추천자)으로서의 자격을 통해 정치적으로 도왔다. 피후견인이 공직에 오르면, 후견인은 그와 동행하며 직무에 대해 조언했다. 그 대가로 젊은이는 후견인을 찬양하여 그의 평판을 높여야 했으며, 노년의 그에게 말벗이 되어 주었다. 피후견인은 원로원과 공직에 있는 동안 연장자의 정치적 조언을 따라야 했으며, 이를 통해 후견인은 공직 경력 *cursus*이 끝난 후에도 정치적 영향력을 행사할 수 있었다. 마지막으로, 후견인이 죽은 뒤 그의 가족과 평판을 지키는 것은 피후견인의 의무였다.…분명히 그 관계 전체가 상호성 윤리를 지닌 교환의 관점에서 개념화되고 있었던 것이다.[17]

유력한 후견인이 가난하지만 재능 있는 피후견인에게

법률 자문, 경제적 지원, 일자리 알선 등 다양한 호의를 베풀었다. 피후견인은 그 대가로 매일 아침 후견인의 집을 방문하여 문안 인사를 드리고, 후견인의 정치적 지지 세력이 되거나 집안의 궂은일을 돕는 등 충성을 바쳤다. 여기서 핵심은 물질 교환보다 '평판'과 '신뢰성'이라는 무형 자산의 순환이다. 다시, 상호성이다. 명예와 수치가 로마 제국 전체에서 정신세계의 틀이었던 때, 신뢰는 눈에 보이지 않지만 사람을 가장 강력하게 움직이는 것이었다. 신뢰를 잃으면 돈도, 힘도 아무 소용이 없었다.

제바 크룩Zeba Crook은 이러한 후견 관계가 초기 기독교 신앙 이해에 어떤 영향을 미쳤는지 명쾌하게 정리한다. 크룩은 피스티스를 믿음faith보다는 충성loyalty으로 이해해야 한다고 주장하면서, 예수 추종자 집단에 참여하는 것을 후견 관계의 재편을 의미하는 사회적 사건으로 본다. 이는 새로운 후견인에게 명예로운 '충성'을 맹세하는 동시에 기존 후견인에게 수치스러운 '불충'을 저지르는, 위험 부담이 큰 결단이었다.[18] 그리스어에는 한 단어로 충성을 표현

---

17 Richard P. Saller, *Personal Patronage under the Early Empire* (Cambridge: Cambridge University Press, 1982), p. 27.

　　　　　　　　　　　　　바울 신학 크로키

하는 어휘가 없었으나, 바울은 당시 후견-피후견 제도의 핵심 미덕이었던 '충성'을 표현하는 데 '피스티스'라는 용어를 사용했다. 그리고 이방인들에게 익숙했던 다신론적 충성을 거부하고, 오직 한 분 하나님을 향한 배타적인 헌신을 요구했다.[19] 피후견인은 후견인의 은혜benefaction를 받고, 그 대가로 피스티스, 즉 충성과 봉사를 제공한다. 바울에게 하나님은 궁극적인 후견인이시며, 신자의 반응은 배타적인 충성이다. 쉽게 말해 로마 시대 바울의 복음은 '후견인 바꾸기'였다. 이전의 후견인들, 이를테면 황제, 지역 권력자, 가부장 등을 향한 충성을 하나님과 그리스도께로 옮기는 것, 그것이 바로 피스티스였다.

법률과 상거래에서의 피스티스: 사회적 신용의 기반

로마법에는 '보나 피데스bona fides', 즉 '선의善意' 원칙이라는 중요한 개념이 있었다. 이 개념은 계약서의 조항을 문자 그대로 지키는 것을 넘어, 상대방을 기만하지 않고 정

---

18 Zeba A. Crook, *Reconceptualising Conversion: Patronage, Loyalty, and Conversion in the Religions of the Ancient Mediterranean* (Berlin: de Gruyter, 2004), p. 250.

19 Crook, *Reconceptualising Conversion*, pp. 213-214.

직하고 신실하게 행동해야 하는 의무를 의미했다. '보나 피데스'는 계약 당사자들 간의 신뢰 관계를 법적으로 보장하는 장치였고, 피스티스와 마찬가지로 시장 경제의 근간이었다. 예를 들어, 물건을 파는 사람에게는 그 물건을 사려는 사람에게 물건의 하자를 숨김없이 알려야 하는 피데스가 있었다. 여기에서 피스티스/피데스는 '거래의 양심'이었고,[20] 시장 경제가 원활하게 돌아가게 하는 신뢰의 인프라였다.

이처럼 피스티스는 상거래의 기반이 되는 신용의 근간이었으며, 이를 어기는 것은 법률 위반 이전에 사회적 신뢰를 깨는 비윤리적인 행위였다. 법정에서 증인의 증언이 신뢰할 만한지를 판단할 때도 그 사람의 '피스티스', 즉 평판이나 '신뢰할 만함'이 중요한 기준이 되었다. 평소에 약속을 잘 지키고 정직한 사람으로 알려진 이의 증언은 무게가 있었지만, 신뢰를 잃은 사람의 말은 아무도 믿지 않았다. 이는 피스티스가 단지 개인의 미덕이 아니라 '사회 자본'이었음을 보여 준다.[21]

---

20 Morgan, *Roman Faith and Christian Faith*, pp. 105-109.

21 Morgan, *Roman Faith and Christian Faith*, pp. 58-59, 62-64.

바울 신학 크로키

피스티스의 의미는 이렇듯 다층적이다. 피스티스는 군사적 맥락에서는 '배타적 충성', 사회적 관계에서는 '상호적이고 지속적인 신뢰', 법률과 상거래에서는 '사회적 신용의 기반'으로 작동했다. 이 모든 의미가 바울의 피스티스 신학에 녹아들어 있다.

피스티스와 그리스도인의 정체성: '계속 신뢰하는 사람들'

바울 시대에는 '그리스도인'이라는 단어가 아직 등장하지 않았다. 그래서 바울은 예수 추종자에게 다양한 호칭을 썼는데, 그중 주목할 만한 표현이 피스티스와 어근이 동일한 '호이 피스튜온테스(οἱ πιστεύοντες)'다. 이는 정관사 '호이 the'와 동사 '피스튜오'(πιστεύω, 믿다/신뢰하다)의 현재분사형으로 구성된 표현인데, 직역하면 '믿고 있는 사람들/신뢰를 보이고 있는 사람들'이다.

그리스어 용법상 현재분사는 '지속성'을 암시한다. 즉 '호이 피스튜온테스'는 과거에 한 번 믿은 사람들이 아니라, 지금도 계속 믿고 있는 사람들이다. '지금 현재 계속해서 신뢰와 충성을 보이고 행하는 사람들'이 바로 그리스도인이다. 이는 앞서 살핀 군사적 충성, 후견-피후견 관계의 지속성과 정확히 맞아떨어진다. 로마 병사가 매일 아침 황제를 향한 충성을 새롭게 하듯, 피후견인이 후견인의 집을 매일 방문하여 신뢰 관계를 유지하듯, 그리스도인은 매일 하나님과 그리스도를 향한 피스티스 안에 산다. 이는 그리스도인의 정체성이 일회적인 결단으로 완성되는 것이 아니라, 하나님 및 그리스도와의 관계 속에서 지속되는 현재 진행형의 삶의 방식에 있음을 명확히 보여 준다. 피스티스로서의 '그리스도인의 정체성'은 '일회적 행위가 아닌 지속적인 상태나 습관'으로 나타난다. 그러므로 그리스도인의 피스티스는 외부인이 알아볼 정도로 '관찰할 수 있는' 것이다.[22]

피스티스의 연쇄적 흐름: 폭포수처럼 흘러내리는 신뢰

바울의 편지를 읽을 때 마주하는 피스티스는 내면의 상태일 뿐만 아니라, 지속적으로 외부에 가시적으로 드러나는 것이다. 이 피스티스는 타자에게 '전달'되는 파급 효과를 낳는다. 마치 폭포수처럼 위에서 아래로, 한 사람에게서

22　Peter Oakes, "*Pistis* as Relational Way of Life in Galatians," *Journal for the Study of the New Testament* 40 (2018): pp. 268-269. Crook, *Reconceptualising Conversion*, pp. 214-215.

다른 사람에게로 흘러내린다. 모건은 이를 '피스티스의 연쇄적 흐름cascade of pistis'이라는 인상적인 비유로 설명한다. 이 비유는 믿음이 고립된 개인의 것이 아니라 마치 폭포수처럼 위에서 아래로 흘러내리는 역동적인 힘임을 보여 준다. '폭포수'는 근원과 방향, 확산력을 동시에 보여 주는 유비이다.

바울이 자신을 하나님께 사명을 위임받은 자로 보는 방식에 더 좁게 초점을 맞춘다면, 우리는 지난 장에서 보았던 '신뢰성trustworthiness'이라는 의미에서의 피스티스pistis를 또 볼 수 있다. 이 피스티스는 하나님으로부터 그의 사도에게로, 그의 사도에게서 그가 설교하는 자들에게로, 그리고 개종자들의 공동체에서 그들에 의해 고무된 다른 이들에게로 '계단식으로 내려오는cascading' 것이다.… 바울이 자신과 하나님 사이에, 자신과 자신의 공동체들 사이에 그리는 신뢰trust와 신뢰성trustworthiness의 관계는, 바울 서신이 인간 간의 신뢰에 대해 말하는 제한적이고 구체적인 의미를 개략적으로 보여 준다. 복음을 받아들이는 자들은 하나님께 그들의 신뢰를 둔다. 바울과 같은 누군가가 설교하도록 부름받았을 때, 그는 다른 이들에게 신뢰할 만한 사람으로 여겨져야 하며, 그 다른 이들은 그를 일정 수준으로 신뢰해야 한다. 이 생각은 후기 서신들에서 더 발전될 것인데, 거기서 우리는 바울이 자신과 동역자들을 피스토이(*pistoi*, 신실한 자들)라고 묘사하는 것을 발견한다.[23]

그렇다면 이 '피스티스의 연쇄적 흐름'에서 예수 그리스도는 어떤 위치에 있고 어떤 역할을 하는가?

그(그리스도)는 하나님의 뜻을 행하며, 이는 바울이 다른 곳에서 그(그리스도)의 순종이라고 부르는 것과 부합한다. 그러므로 그가 하나님은 피스토스(*pistos*, 신실한)하시다고 말하는 것은 적절할 것이다. 이 용어는 성서와 그 외 문헌에서 순종하는 자들에 대해 흔히 사용되기 때문이다. 동시에 그리스도는 인간을 사랑하며 구원하기 위해 행동한다. 다른 곳에서 하나님이 인간을 사랑하고 구원하기 위해 행동하시는 분으로 묘사될 때 그는 인류에게 피스토스하시다고 불리며, 여기서 그 용어는 그리스도에게 적절

---

23 Morgan, *Roman Faith and Christian Faith*, pp. 217-218.

하게 적용될 수 있다. 그러므로 그리스도는 하나님과 인간 모두에게 피스토스하시다고 말할 수 있다. 동시에 하나님은 자신의 뜻을 수행할 그리스도를 분명히 신뢰하시며, 신실한 자들은 그들이 디카이오이(*dikaioi*, 의인)가 될 수 있게 하실 그리스도를 신뢰한다. 그러므로 그리스도는 신-인 피스티스의 결절점에 있다. 동시에 그리스도의 피스티스는 하나님과 인류 모두를 향한 그의 신실함 또는 신뢰성trustworthiness이며, 하나님과 인류 모두에게 신뢰받음trustedness이다. 바울이 여기서[24] 피스티스*pistis*라는 말을 쓴 까닭은 이러하다. 그리스도는 하나님과 인류 양쪽에게 신실하고, 동시에 양쪽 모두에게 신뢰받는다. 바울은 이 양방향 호혜 관계를 표현하고 싶었다. 또 하나님과 인류를 잇는 포괄적 관계 안에서 그리스도가 차지하는 자리를 드러내고도 싶었다. 무엇보다 그리스도의 신실함, 신뢰받을 만함, 하나님과 인간 모두에게 실제로 신뢰받고 있다는 사실, 바로 이것이 그리스도의 구원 사역을 가능하게 한다는 점을 담아내고 싶었다. 그리스어에서 이 신실함과 관계의 본질, 그 복잡한 결을 이토록 온전히 담아낼 수 있

---

24 갈라디아서를 가리킨다.

는 단어는 피스티스밖에 없다.[25]

그리스도는 '신뢰의 연쇄^{nexus of trust}'의 중심에 있다. 우선, 하나님이 아브라함에게 하신 약속을 지키시고, 이스라엘과 맺은 언약을 끝까지 성실하게 이행하는 신뢰성을 보여 주신다. 이어서 그리스도가 하나님을 전적으로 신뢰하고 순종하심으로써, 죽음도 마다하지 않으셨다. 이것이 '그리스도의 피스티스'다. 다음으로 하나님이 사도 바울과 같은 이들에게 복음을 '맡기심^{entrust}'으로써 신뢰를 보이신다. 그러자 사도는 하나님의 신뢰를 바탕으로 다른 사람들에게 복음을 전하고, 사람들은 사도의 '신뢰할 만함'을 보고 그를 신뢰하게 되며, 이렇게 복음을 받아들인 공동체는 또 다른 사람들에게 믿음의 '모델'이 되어 신뢰의 관계를 넓혀 간다.

이처럼 피스티스는 고립된 점이 아니라 하나님에게서 시작되어 그리스도를 통해 사람과 사람을 연결하며 퍼져 나가는 거대한 '신뢰의 연결망'인 셈이다. 따라서 피스티스는 사랑이라는 **행위로 구체화되어야** 하는 공동체적 덕목

---

25 Morgan, *Roman Faith and Christian Faith*, pp. 272-273.

바울 신학 크로키

[도표 1] 피스티스의 연결고리: 그리스도의 이중적 상호 관계

❶ 하나님은
그리스도를 신뢰함
(**Trustedness**)
'뜻을 이룰 자로 여김'

하나님(GOD)

(상호 관계)

❷ 그리스도는
하나님께 신실함
(**Faithfulness**)
'순종'

그리스도(CHRIST)
피스티스 연결 고리의 중심
신뢰성(Trustworthiness)
신뢰받음(Trustedness)

❹ 그리스도는
인류에게 신실함
(**Faithfulness**)
'사랑/구원 행위'

❸ 신자들은
그리스도를 신뢰함
(**Trust**)
'의인(*Dikaioi*)이
되게 할 자'

인류/신자(HUMANITY)

[도표 2] 신뢰의 연쇄: 구속사의 흐름

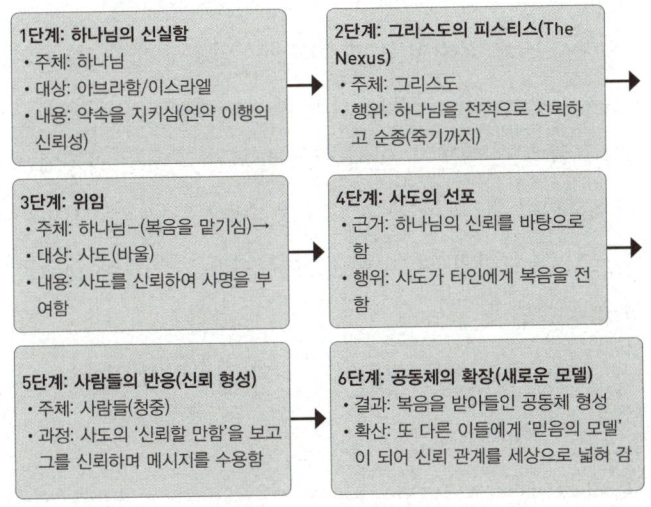

1단계: 하나님의 신실함
• 주체: 하나님
• 대상: 아브라함/이스라엘
• 내용: 약속을 지키심(언약 이행의
  신뢰성)

2단계: 그리스도의 피스티스(The Nexus)
• 주체: 그리스도
• 행위: 하나님을 전적으로 신뢰하
  고 순종(죽기까지)

3단계: 위임
• 주체: 하나님-(복음을 맡기심)→
• 대상: 사도(바울)
• 내용: 사도를 신뢰하여 사명을 부
  여함

4단계: 사도의 선포
• 근거: 하나님의 신뢰를 바탕으로
  함
• 행위: 사도가 타인에게 복음을 전
  함

5단계: 사람들의 반응(신뢰 형성)
• 주체: 사람들(청중)
• 과정: 사도의 '신뢰할 만함'을 보고
  그를 신뢰하며 메시지를 수용함

6단계: 공동체의 확장(새로운 모델)
• 결과: 복음을 받아들인 공동체 형성
• 확산: 또 다른 이들에게 '믿음의 모델'
  이 되어 신뢰 관계를 세상으로 넓혀 감

도표 해설
이 도표는 믿음이 단회적인 사건이 아니라 하나님 → 그리스도 → 사도 → 신자 → 세상으로 이어
지는 거대한 '신뢰의 흐름(Chain)'임을 보여 준다. 이 흐름 속에서 각 존재는 누군가를 신뢰하고
(Trust), 동시에 누군가에게 신뢰받는 상호적 관계를 맺는다.

이 된다. 갈라디아서 5장 6절의 '사랑으로 역사하는 믿음(πίστις δι'ἀγάπης ἐνεργουμένη)'은 이러한 피스티스의 역동적이고 행위적인 측면을 가장 잘 보여 주는 구절이다. 여기서 동사 '에네르게오(ἐνεργέω)'의 분사형은 능동적 의미를 지닌 중간태 분사로 이해하는 것이 맞다.[26] 따라서 갈라디아서 5장 6절은 '사랑으로써 자신을 표현하는 피스티스[faith working(=expressing itself) through love]'라는 의미이며,[27] 신뢰가 사랑이라는 구체적 행동을 통해 사회에서 가시화됨을 나타낸다.

다시 말해, 사랑 없는 피스티스는 멈춘 시계와 같다. 외양은 시계이지만, 시간을 알려 주지는 못한다. 사랑이 믿음을 '현재'로 만든다. 앞서 살펴본 후견-피후견 관계에서 피후견인이 후견인에게 감사와 충성을 '행동으로' 보여 주듯, 그리스도인의 피스티스도 사랑이라는 구체적 행위를 통해 증명된다.

그렇다면 이러한 신뢰의 연쇄와 사랑의 실천에서, 신

---

26 Christopher M. Tuckett, *Galatians: A Critical and Exegetical Commentary*, International Critical Commentary (London: Bloomsbury T & T Clark, 2024), p. 619

27 BDAG, s.v. "ἐνεργέω."

자의 '순종'은 어떤 의미를 갖는가? 앞에서, 피스티스가 충성 혹은 복종의 의미로 쓰일 수 있다는 점을 보았다. 피스티스를 관계적 실천으로 이해할 때, 순종은 단순히 도덕적 복종이 아니라 왕을 향한 충성의 구체적 표현이 된다. 이제 피스티스와 순종의 관계를 살펴보자.

피스티스와 순종: 왕이신 그리스도께 복종함

피스티스의 의미를 따지는 논의에서 충분한 주목을 받지 않은 구절이 있으니, 로마서 1장 5절이다. "주님을 통해 우리는 은혜를 입어 사도의 직무를 받았습니다. 모든 다른 민족들 가운데서 사람들이 믿고 순종하도록 하시려는 것이지요. 주님의 이름을 위해서 말입니다."

새한글성경이 '믿고 순종'으로 번역한 그리스어 어구는 '휘파코에 피스테오스(ὑπακοὴ πίστεως, 믿음의 순종)'이다. 나는 이 어구의 해석에 관하여 볼터^{Michael Wolter}의 견해에 동의한다. 로마서 1장 5절의 '믿음의 순종'이라는 구절에서 속격은 설명적 속격^{genitivus epexegeticus}이나 동격의 속격^{genitivus appositivus}으로 이해해야 하며, '피스티스로 이루어진 순종'이나 '피스티스, 곧 순종'으로 번역하는 것이 타당하다.[28]

이 문법적 분석이 시사하는 바는 명확하다. 피스티스와 순종은 별개의 행위가 아니라 동전의 양면이다. 앞서 살펴본 로마 군인의 사크라멘툼을 떠올려 보라. 황제에 대한 충성 서약은 황제의 명령에 대한 절대복종도 의미했다. 후견-피후견 관계에서도 마찬가지다. 피후견인이 후견인을 신뢰한다는 것은 곧 후견인의 조언과 지시를 따른다는 의미였다. 신뢰 없는 순종은 맹종이고, 순종 없는 신뢰는 감상적 동의에 불과하다. 진정한 피스티스는 이 둘을 하나로 묶는다.

초대교회가 선포한 '퀴리오스 예수스(Κύριος Ἰησοῦς)', 곧 "예수는 주님이시다"라는 고백은 단순히 종교적 신념을 표명한 것을 넘어선다. 당시 로마 황제에게만 독점적으로 부여되던 '주(κύριος)'라는 칭호를 예수께 부여함으로써, 바울의 의도와 무관하게 제국의 지배 이데올로기에 정면으로 도전하는 정치적 함의를 어느 정도 띨 수밖에 없었을 것이다. 복음은 새 왕이 즉위했다는 소식이며, 이에 대한 그리스도인의 믿음은 그 왕에게 자신의 존재 전체를 위

---

28 Michael Wolter, *Der Brief an die Römer: Teilband 1: Röm 1-8*, EKK 6/1 (Göttingen: Vandenhoeck & Ruprecht, 2014), p. 92.

바울 신학 크로키

탁하는 실천적 충성이다.[29]

베이츠[Matthew Bates]는 이러한 충성의 개념을 세 가지 차원으로 구체화한다. 먼저, 복음의 내용을 진리로 받아들이는 지적인 동의다. 둘째, 예수를 왕으로 따르겠다는 공적인 충성 맹세다. 마지막으로, 왕의 명령을 일상의 삶에서 구체적인 몸의 행위로 살아 내는 순종이다. 이는 단순히 머리로만 수긍하는 것이 아니라, 왕이신 예수께 인격 전체가 귀속되는 것을 의미한다.[30] 이를 현대적 신앙 언어로 번역하자면, 삶의 통제권을 자신에게서 예수께로 이양하는 결단이자, 스스로 왕 노릇하던 자리에서 내려오는 용기 있는 행동이라 할 수 있다.

바울은 로마서 서두에서 자신을 "그리스도 예수의 '둘로스(δοῦλος, 종/노예)'"로 소개하여, 자기가 왕이신 예수께 완전히 속해 있으며 무조건 복무해야 하는 신분임을 천명한다. 믿음과 순종을 분리할 수 없는 하나의 실체로 보고, 이를 '둘로스'라는 신분을 통해 드러낸 것이다. 로마 사회

---

29 Matthew W. Bates, *Gospel Allegiance: What Faith in Jesus Misses for Salvation in Christ* (Grand Rapids: Brazos Press, 2019), p. 25

30 Bates, *Gospel Allegiance*, p. 92.

에서 노예는 주인을 전적으로 의지하며 복종했고 주인에게는 노예를 보호하고 부양할 의무가 있었다. 바울이 스스로 그리스도의 종이라 칭할 때, 자신이 그리스도께 온전히 귀속되어 절대적으로 순종한다는 사실과 더불어, 자신의 삶을 주인이신 그리스도께서 책임지시고 보호하시리라는 확고한 신뢰를 고백하는 것이다.[31]

결국 바울이 로마서 1장 5절에서 말하는 '피스티스, 곧 순종(ὑπακοή)'은 일반적인 도덕규범 준수가 아니라, 주군과 신하의 관계에서 신하에게 당연하게 요구되는 변치 않는 충성을 뜻한다. 믿음은 '새로운 통치 질서 아래 살겠다는 결단을 지속적으로 이어가는 행위'임이 명확해진다. 그러므로 피스티스는 주관적인 감정의 문제가 아니라 소속의 문제이며, "나는 누구의 사람으로 살 것인가"를 결정하는 것이기도 하다.

지금까지 피스티스가 단순한 내적 확신이 아니라 왕에 대한 충성, 순종으로 구체화되는 관계적 실천임을 이해했다. 그렇다면 신약학계에서 오랫동안 논쟁이 되어 온 표현인 '피스티스 크리스투(πίστις Χριστοῦ)'는 어떻게 이해해

---

31   Bates, *Gospel Allegiance*, p. 49.

야 하는가? 이 복잡한 논쟁을 우리가 지금까지 살펴본 관계적 피스티스의 관점에서 재조명해 보겠다.

'피스티스 크리스투' 논쟁

피스티스가 신뢰를 통한 상호 관계성을 나타낸다는 점을 강조했고 피스티스의 능동적 의미와 수동적 의미를 짚어 보았으므로, '피스티스 크리스투' 논쟁을 새로운 시각으로 분석할 수 있다. 모건이 말한 대로, '피스티스 크리스투'라는 표현은 그리스도를 중심으로 하여 그리스도께서 하나님과 인류에게 신실함을 보이시고 하나님과 인류에게서 신뢰를 받으신 것을 가리킨다고 이해할 수 있다. 그 결과 하나님과 인류 사이의 바른 관계가 확립되었다는 것이다.

하지만 피스티스에 담긴 이런 다층적, 다의적 뉘앙스를 고려하지 않고 선명한 해석을 원하는 이들은 여전히 '피스티스 크리스투'에 대한 두 가지 해석, 즉 '그리스도를 믿음'과 '그리스도께서 보이신 신실함' 중에 하나만 옳다고 생각하는 경우가 많다. 갈라디아서 2장 16절에서 '율법의 행위들'과 대조되는 '피스티스 크리스투'를 보자.

피스티스 예수 크리스투(πίστις Ἰησοῦ Χριστοῦ)를 통해서

(διά)가 아니라면(ἐὰν μή), 율법의 행위들(ἔργα νόμου)로부터 사람이 의롭다고 여겨지지 않는다(οὐ δικαιοῦται)는 것을 [우리가] 알고서(εἰδότες), 우리가 율법의 행위들을 통해서가 아니라 피스티스 크리스투로 의롭다고 여겨지기 위해 우리 또한 그리스도 예수에게 신뢰를 두었는데, 왜냐하면 율법의 행위들로부터는 어떤 육신도 의롭다고 여겨질 수 없을 것이기 때문이다.

반복해 말하지만, 피스티스는 특정 명제나 사실에 대한 인지적 동의로서 'belief'보다는 관계성 형성의 바탕이 되는 '신뢰'와 '신실함'이라는 뜻으로 더 자주 사용된다. 물론 논리적으로 볼 때 인지적 동의와 신뢰를 칼같이 구분할 수는 없다.

'피스티스 크리스투'라는 문구에서 '그리스도의'에 해당하는 그리스어 '크리스투(Χριστοῦ)'를 영어로 하면 'of Christ'이므로, '피스티스 예수 크리스투(πίστις Ἰησοῦ Χριστοῦ)'를 직역하면 '예수 그리스도의 신실함' 혹은 '예수 그리스도에 대한 믿음'이다. 이 'of'를 어떻게 해석하느냐가 문제다. 'Love of God'이라는 표현은 하나님의 사랑, 즉 하나님이 보여 주신 사랑이라는 의미도 될 수 있고 '하나님을 사랑함'이라는 뜻이 될 수도 있다. 마찬가지로 '그리스도의 피스티스'는 '그리스도의 신실함'이라는 뜻일 수도 있고 '그리스도를 믿음'이라는 뜻일 수도 있다.

이 같은 문법적 논증에 더해, 2장 16절의 지나친 중복 표현이 부자연스럽다고 느낀 일군의 학자들은 전통적 번역인 '그리스도를 믿음faith in Christ'보다는 '예수께서 죽기까지 하나님의 뜻에 순종하며 보여 주신 신실함Christ's faithfulness'이 더 나은 번역이라고 주장한다. 하나님의 칭의가 인간의 믿음에 달려 있다고 볼 수 없다는 신학적 근거를 대기도 한다. 북미권 학자 중에 이런 주장에 동의하는 사람이 많지만, 독어권 연구자는 대체로 전통적 번역을 따른다.[32]

사소한 문법 사항에 대한 과도한 다툼 같지만 이 논쟁이 칭의론의 이해에 끼치는 영향은 어마어마하다. 우리의 '칭의'는 우리가 그리스도를 믿는 것을 기반으로 하는

---

32 하지만 영국의 영향력 있는 학자들은 'faith in Christ'라는 전통적 해석을 지지한다. 자세한 논의는 James D. G. Dunn, "Once More, ΠΙΣΤΙΣ ΧΡΙΣΤΟΥ", in *Pauline Theology IV*, ed. E. Elizabeth Johnson and David M. Hay (Atlanta: Scholars Press, 1997), pp. 73-76를 보라. 던 외에도 Francis Watson이나 John Barclay가 이러한 입장이다.

가, 아니면 우리의 인지적 동의(믿음)와는 상관없이 그리스도의 신실함을 기반으로 하는가? 이것이 신약학계에 널리 알려진 '피스티스 크리스투' 논쟁이다.

피스티스 크리스투 논쟁을 잘 요약한 글이 많이 출간되었으므로, 지금도 계속되는 이 논쟁의 전모를 여기에 상세히 정리할 필요는 없다. 다만 두 해석 다 일리가 있는 동시에 부자연스러운 측면도 있다는 것만 말하겠다. '그리스도를 믿음^faith in Christ'으로 번역할 때 문제점은 정확히 그리스도의 '무엇을' 믿는 것인지를 이 짧은 어구가 제대로 표현하지 못한다는 것이다(물론 그리스도의 죽음과 부활 사건 전체를 가리킨다고 주장하는 학자도 있다). '크리스투'를 그리스도를 통한 하나님의 구원 사역, 즉 '그리스도 사건^the Christ-event'이 사실임을 인지적으로 동의하는 것을 압축해서 표현했다고 보기에는 무리가 있다. 어쨌든 '그리스도를 믿음'이라는 표현 자체는 비어 있는 기표이며 인간의 칭의와 구원에 그리스도가 어떤 역할을 했는지를 제대로 표현하지 못한다.

한편 '그리스도의 신실함^faithfulness of Christ'으로 해석하는 학자들의 내심에는 믿음을 인간의 '행위'로 보는 것을 경계하는 지나친 신학적 염려^theological anxiety가 있어 보인다. 예를 들어 리처드 헤이스^{Richard Hays}는 이렇게 말한다.

> 개인의 믿음이 가진 구원 효력을 강조하는 인간 중심적 해석[33]에 항상 뒤따르는 위험성이 있으니, 복음을 개인의 종교적 체험에 관한 설명 정도로 전락시키거나 믿음을 기괴한 종류의 행위(그리스도인들은 올바른 영적인 마음가짐을 함양함으로써 구원의 입구를 통과한다)로 변질시키는 경향이 있다는 것이다.[34]

하지만, '행위'라는 단어에 대한 알레르기 반응이 역사적으로 견실한 주해에 개입하면 안 된다. '피스티스'는 어떤 조건을 만족시키기 위한 인간의 행위가 아니다. 하나님의 구원 행위의 선행성에서 비롯된 결과로 보아야 한다. 앞서 살펴본 것처럼, 피스티스는 하나님에게서 시작된 신뢰의 연쇄 안에서 인간이 응답하는 것이다.

사실 '피스티스 크리스투'를 '그리스도의 신실함'으로 해

---

33 목적격 속격, 즉 피스티스 크리스투스를 '그리스도를 믿음'으로 해석하는 것.

34 리처드 헤이스, 《예수 그리스도의 믿음: 갈라디아서 3:1-4:11의 내러티브 하부구조》, 제2판, 최현만 옮김 (평택: 에클레시아북스, 2013), pp. 527-528.

석해야 한다고 주장하는 대표적 학자인 리처드 헤이스^{Richard}
^{Hays}의 주장을 잘 살펴보면, 앞에서 논한 '상호 신뢰를 바
탕으로 하는 유대 관계'로서의 피스티스를 염두에 두고 있
는 것으로 보인다. 비록 모건처럼 이를 명징하게 표현하지
는 못했지만 말이다. 헤이스는 이렇게 말한다.

> 바울 신학은 한 이야기에 대한 설명이자 변호로 이해해야
> 한다.…하나님의 뜻에 순종한 그(예수)의 죽음은 하나님
> 에 대한 신실하심(πίστις)을 드러낸 자발적 행위이자, 동시
> 에 하나님께서 아브라함에게 하신 약속에 대한 그의 신실
> 하심을 결정적으로 드러낸 사건이기도 하다.[35]

이 논쟁을 복잡하게 만드는 요소가 하나 더 있다. 바울
은 갈라디아서 3장 23절에 '그 믿음이 오기 전(πρὸ τοῦ δὲ
ἐλθεῖν τὴν πίστιν)'이라는 표현을 써서 '예수=피스티스'라는
등식을 제시한다. 이러한 면을 고려하면 '예수의 피스티
스'는 일종의 동어반복이며, 피스티스를 통해 드러난 예수
자신의 정체성(신뢰할 만한 분)과 사역(하나님의 뜻에 죽기까지

---

35 헤이스, 《예수 그리스도의 믿음》, p. 496.

순종함)으로 해석할 수도 있다.

한동안 논쟁이 결론에 이르지 못하고 계속되다가 잠잠해질 즈음 새로운 해석이 하나둘 나오기 시작했다. 여기에서는 지면 관계상 요약만 하겠다.

공간과 사건으로서의 피스티스. 종말론적 독해에 주안점을 둔 제안이다. 이 해석에 따르면 '믿음이 오기 전/후'(갈 3:23)라는 표현은 시간과 사건의 분기점을 가리키며, 율법이 주도하던 시대의 종말과 그리스도 안에서 '생명을 주는 능력의 공간'이 도래했음을 의미한다. 따라서 피스티스는 '개인의 심리 상태'가 아니라 '새 창조의 질서'라는 객관적인 사건을 가리키는 언어가 된다. 이 해석은 바울의 '믿음' 개념이 개인, 교회, 우주적 차원을 모두 아우르는 통합적인 개념임을 잘 보여 준다. 바울은 피스티스와 크리스토스(Χριστός, 그리스도) 둘 다를 영향력의 영역spheres of influence이라는 측면에서 생각하며, 바울에게 이는 때가 찼을 때 하나님에 의해 창조된 '실재적 우주real cosmos'를 나타낸다.[36]

현재적 관계로서의 피스티스. 반대로, '그리스도 안에서(ἐν Χριστῷ)'라는 표현은 분명히 현재의 살아 있는 상태를 가리키므로, 피스티스 크리스투 역시 '지금-여기에서의 그리스도와 신자의 관계'를 나타낸다고 보는 견해도 있다. 이때 과거의 사건(십자가)은 관계를 여는 '근거'가 되지만, 신학의 초점은 현재의 참여와 지속성에 있다.[37] 논의의 초점을 속격의 문법적 기능(주격인가, 목적격인가)에서 벗어나 피스티스라는 개념 자체에 있는 본질적인 관계성과 현재성이라는 틀present time-frame과 행위성action-reference에 맞추어야 한다는 주장이다. 현재의 그리스도와 신자와의 관계성이 두드러지게 나타나는 삶의 방식이 피스티스라는 것이다.

여러 해석의 통합. 피스티스는 '신뢰함'(능동적)과 '신뢰받을 만함'(수동적)을 동시에 품고 있는 '동작 명사action nominal'이므로, '그리스도의 신실함'과 '그리스도에 대한 우리의 신뢰' 둘 중 하나만 선택할 것이 아니라 서로를 포함하는 관계로 이해해야 한다는 주장이다(앞서 다룬 모건의 해석을 보라). 언어학적으로도 하나의 단어에 의미의 층위가 여럿

---

36 Benjamin Schliesser, "'Christ-Faith' as an Eschatological Event (Galatians 3.23-26): A 'Third View' on Πίστις Χριστοῦ", *Journal for the Study of the New Testament* 38 (2016): pp. 277-300.

37 Oakes, "*Pistis* as Relational Way of Life", pp. 263-269.

포개지는 '의미의 다층성' 현상이 나타나므로, 문맥에 따라 양쪽 의미가 동시에 나타날 수 있다.

결국, 그리스도를 믿음과 그리스도의 신실함이라는 두 가지 선택지 중 하나만 맞다고 생각하는 경향에서 벗어나, 피스티스는 신뢰를 바탕으로 하는 관계성이라는 관점에서 '피스티스 크리스투' 논쟁을 보는 것이 좋을 것이다. 우리 중에는 복음 전도 집회에서 스스로 결신하여 그리스도인이 된 사람도 있고, 어떤 이는 의지와 상관없이 그냥 '믿어져서' 신자가 된 사람도 있다. 어떤 과정을 거쳐서 그리스도인이 되는지 우리는 사실 모른다. 그러나 꼭 하고 싶은 말이 있으니, 우리는 이신칭의 교리를 믿어서 의롭다고 여겨지는 것이 아니라 '예수 그리스도를 중심으로 하는 피스티스의 관계'로 인해 의롭다고 여겨진다는 것이다.

이제 바울 서신에 피스티스가 나오는 구절을 살펴보면서, 지금까지 논의한 내용이 실제 본문에서 어떻게 드러나는지 확인해 보자.

나는 복음을 부끄러워하지 않습니다. 이 복음은 유대 사람을 비롯하여 그리스 사람에게 이르기까지, 모든 믿는

(πίστις) 사람에게 구원을 주시는 하나님의 능력입니다. 하나님의 의가 복음 속에 나타납니다. 이 일은 믿음(πίστις)에서 시작하여 믿음(πίστις)에 이르게 합니다. 이것은 성경에 '의인은 믿음(πίστις)으로 살 것이다' 하고 기록된 것과 같습니다(롬 1:16-17).

로마서 1장 16-17절은 바울 복음의 압축본으로, 피스티스가 하나님의 구원 능력(복음)을 받아들이는 통로이자 하나님의 능력이 현실에서 표출되는 통로라는 점을 말한다. '믿음에서 믿음으로(ἐκ πίστεως εἰς πίστιν)'는 '출발도 믿음이고 도착도 믿음'이라는 수사법으로, 믿음이 단 한 번의 결단이 아니라 모든 과정을 이끄는 동력임을 암시한다.[38] 앞서 살펴본 '피스티스의 연쇄'를 떠올려 보라. 하나님의 신실하심에서 시작된 피스티스는 그리스도를 거쳐 신자에게 이르고, 신자는 다시 삶 전체로 응답한다. '믿음으로 산다'는 것은 하나님과의 신뢰 관계 안에서 매일을 살아간다는 뜻이다.

---

38 Wolter, *Der Brief an die Römer: Teilband 1: Röm 1-8*, pp. 115, 125-126.

바울 신학 크로키

주님의 말씀이 여러분에게서부터 마케도니아와 아가야에
만 울려 퍼진 것이 아니라, 하나님을 향한 여러분의 믿음
(πίστις)의 소문이 각처에 퍼졌으므로, 우리는 더 말할 필
요가 없습니다(살전 1:8).

데살로니가전서 1장 8절은 믿음이 '소문' 날 정도로 사
회적이고 눈에 보이는 실재임을 보여 준다. 우상을 버리고
하나님을 향해 돌아선 것은 충성의 대상을 바꾸는 집단적
인 행동으로 읽히며, 이는 주변 공동체에 '신뢰의 증거'로
작용한다. 말하자면, 믿음은 '공동체의 평판'이라는 사회적
지표로도 측정이 가능한 윤리적이고 관계적인 힘이다.[39]
데살로니가 교회의 피스티스는 그들 안에 갇혀 있지 않고
다른 교회들에게 '전염'되었다. 이것이 바로 '피스티스의
연쇄'가 실제로 작동하는 모습이다. 한 공동체의 신실한
삶이 다른 공동체에게 모델이 되고, 그 공동체도 피스티스
로 응답하는 선순환이 일어난다.

---

39 Morgan, *Roman Faith and Christian Faith*, pp. 215-218. 참고.
Abraham Malherbe, *The Letters to the Thessalonians*, AB 32B (New
York: Doubleday, 2000), pp. 115-117.

하나님께서는 여러분에게 그리스도를 위한 특권을 주셨습니다. 그것은 그리스도를 믿는(πίστις) 것뿐만 아니라, 그리스도를 위하여 고난을 받는 특권도 주신 것입니다(빌 1:29).

빌립보서 1장 29절은 피스티스를 인간이 성취해야 할 과업이기 전에 하나님이 주시는 '특권' 혹은 '선물(카리스마)'이라고 말한다. 놀라운 점은, 그 선물 꾸러미 안에 '고난'이 함께 들어 있다는 것이다. 이는 피스티스가 편안하고 안락한 상황에서 유지되는 신념이 아니라, 오히려 고난과 박해라는 현실 속에서 그 진가를 발휘하는 충성임을 보여 준다.[40] 로마 병사가 황제에 대한 충성을 전쟁터에서 증명하듯, 그리스도인은 그리스도에 대한 피스티스를 고난 속에서 증명한다. 이는 고난이 믿음의 부족함이 아니라 '충성의 징표'라는 뜻이며, 왕을 대적하는 세상 속에서 왕께 충성하는 데 따르는 구조적인 비용에 대한 신학적 설명이라고 할 수 있다. 즉, 고난은 참된 피스티스를 소유했다는 영광스러운 증표다.

---

40   참고. Bates, *Gospel Allegiance*, p. 169.

그러나 이제는 율법과는 상관없이 하나님의 의가 나타났습니다. 그것은 율법과 예언자들이 증언한 것입니다. 예수 그리스도를 믿는 믿음(πίστις)을 통하여 오는 하나님의 의는, 모든 믿는 사람에게 미치고, 거기에는 아무 차별도 없습니다(롬 3:21-22).

로마서 3장 21-22절은 하나님의 의가 '피스티스'를 통해 모든 믿는 자에게 차별 없이 온다고 선언하여서, 민족적 경계와 공로의 논리를 무너뜨린다. 여기서 부적절한 대상에게 주는 선물이라는, 은혜의 '비상응성incongruity'이 두드러진다.[41] 앞서 살펴본 후견-피후견 관계를 떠올려 보라. 로마 사회에서는 후견인이 피후견인의 재능이나 잠재력을 보고 투자했으니 어느 정도는 '상응하는' 관계였다. 그러나 하나님의 후견은 완전히 다르다. 선물의 가치가 받는 사람의 자격과 무관하다. 이것이 은혜의 비상응성이다. 후견인-피후견인 관계의 상호 이익이라는 당대의 규범을 뒤집는 것이다. 간단히 말해, 하나님의 선물은 '조건 없는

---

41 John M.G. Barclay, *Paul and the Gift* (Grand Rapids: Eerdmans, 2015), pp. 391-449.

신뢰의 관계'를 가능하게 하여 세상에서 상상하기 힘든 새로운 공동체 윤리를 만들어 낸다. 유대인과 이방인, 자유인과 노예, 남자와 여자가 모두 동일한 피스티스로 의롭다고 여겨진다는 선언은 당시 사회 질서와 가치 체계와 상당히 어긋나는 파격적인 말이었다(현실에서 온전히 실현되지는 못했어도 그러하다).

바울 서신의 핵심 구절들은 우리가 지금까지 살펴본 피스티스의 다양한 측면들을 생생하게 보여 준다. 그런데 여기서 한 가지 중요한 질문이 남는다. 이처럼 능동적이고 지속적인 신뢰 관계를 유지하기는 절대로 쉽지 않다. 특히 우리는 '하나님이 없는 것 같은 상황'을 너무나 자주 맞닥뜨리는데, 보이지 않는 하나님을 어떻게 신뢰할 수 있을까? 고난과 시련 속에서 피스티스는 어떻게 유지되는가?

빌립보서 1장 29절에서 본 것처럼, 바울은 피스티스를 하나님이 주시는 선물이라고 말한다. 놀랍게도 하나님은 신자에게 피스티스와 함께 고난을 선물로 주신다. 피하고 싶지만 주어진 현실이다. 피스티스는 보이지 않는 하나님을 신뢰하는 행위이기에, 하나님의 부재와 침묵을 느끼는 시간에 그 본질이 더욱 잘 드러난다. 밤이 깊을수록 별이 선명해진다. 고난 속에서 믿음이 더 또렷해진다. 그때 우리가 진짜로 '누구를' 믿는지, 무엇을 신뢰하는지, 어떤 것에서 안정을 구했는지 알게 된다.

여기서 중요한 점이 있다. 피스티스의 '크기'는 중요하지 않다. 하나님께 절망하고, 하나님을 원망해도 된다. 그 모든 것은 피스티스 안에서 이루어지는 행위이기 때문이다. 로마 병사가 전투 중에 지휘관의 명령에 의문을 제기하거나 불만을 토로할 수 있지만, 그것이 반드시 반역은 아니다. 오히려 그 불만을 '지휘관에게' 말한다는 것 자체가 여전히 그 관계 안에 있다는 증거다. 마찬가지로, 하나님께 화내고 따지는 것은 그 관계를 끊겠다는 것이 아니라 오히려 더 깊은 신뢰를 표현하는 것일 수 있다.

시편 88편의 시인은 하나님이 없는 듯한 깊은 어둠 속에서도 탄식을 멈추지 않음으로써, 그 절망의 언어 자체가 '관계를 놓지 않은 신뢰'의 역설적인 증거임을 보여 준다.

주님, 나를 구원하신 하나님, 낮이나 밤이나, 내가 주님 앞에 부르짖습니다.…아, 나는 고난에 휩싸이고… 나는 무덤으로 내려가는 사람과 다름이 없으며, 기력을 다 잃은 사람과 같이 되었습니다.…나는 주님의 기억에서 사라진

자와 같으며, 주님의 손에서 끊어진 자와도 같습니다.…
주님, 어찌하여 주님은 나를 버리시고, 주님의 얼굴을 감
추십니까?… 주님께서 내 사랑하는 사람들과 이웃을 내
게서 떼어놓으셨으니, 오직 어둠만이 나의 친구입니다(시
88편, 새번역).

'오직 어둠만이 나의 친구'라고 말하며 작은 소망조차
없는 시인의 부르짖음이 하나님과의 피스티스 관계를 잘
보여 준다는 말이 선뜻 이해되지 않을 것이다. 하지만 시
인은 삶의 고통을 솔직하게, 있는 그대로 하나님에게 아
뢴다. 이같은 한계 상황 속에서도 고통을 토로하는 대상
이 하나님이라는 사실 자체가 피스티스다. 부재하시는 것
처럼 보이는 하나님을 향해, 자기는 짙은 흑암 속에서 고
난받고 있다고 화를 내며 정직하게 말하고 기도하는 것
이 피스티스다. 하나님과의 피스티스는 항상 긍정적이고
감사하고 찬양하는 것만 요구하지는 않는다. 오히려 가장
어두운 순간에도 하나님에게 말을 거는 것, 그것이 피스
티스다.

앞서 살펴본 것처럼, 피스티스의 특징은 '지속성'이다.
피스티스는 한순간의 결단이 아니라 생애 전체에 걸친 신

바울 신학 크로키

뢰의 여정이다. 그 여정에는 찬양의 순간도 있고 침묵의 순간도 있으며, 확신의 시간도 있고 의심의 시간도 있다. 하지만 그 모든 것이 피스티스 안에서 일어난다.

바울 자신도 이것을 경험했다. 바울은 '우리가 아시아에서 당한 환난'에 대해 말하면서, "우리는 살 소망까지 끊어졌습니다"(고후 1:8)라고 고백한다. 그러나 바로 이어서 "그것은 우리로 하여금 우리 자신을 의지하지 말고, 죽은 사람을 살리시는 하나님을 의지하게 하시려는 것이었습니다"(고후 1:9)라고 말한다. 절망의 순간이 오히려 더 깊은 피스티스로 인도하는 통로가 된 것이다.

작은 길잡이

- 피스티스의 재발견: 신약성경에서 '믿음'으로 번역되는 피스티스(πίστις)는 단순한 교리적 동의가 아니라 신실함, 충성, 신뢰, 약속, 보증 등을 아우르는 관계적 용어다. 피스티스는 '관계를 묶고 유지하는 신뢰의 약속'을 표현하는 실천적 어휘였다.

- 관계적 삶의 방식: 피스티스는 관계(Morgan)이자 '관계적 삶의 방식(Oakes)'이다. 이는 신뢰가 단발적 결단이 아니라 반복·지속되는 습관적 실천임을 강조한다. 그리스-로마 세계에서 상업, 정치, 군사, 후견인-피후견인 관계 등 사회적 모든 관계망이 피스티스를 바탕으로 형성·유지되었다.

- 신뢰의 연쇄: 피스티스는 하나님에게서 시작되어 그리스도를 거쳐 사도에게로, 사도에게서 공동체에게로, 공동체에서 다른 이들에게로 '폭포수처럼' 흘러내린다. 그리스도는 이 '신뢰의 연쇄'의 결절점에 계시며, 하나님과 인류 모두를 향해 신실하시고, 하나님과 인류 모두에

바울 신학 크로키

게 신뢰받으신다.

- 충성으로서의 믿음: 로마 병사의 사크라멘툼(군인 서약)처럼, 피스티스는 목숨을 건 배타적 충성을 의미한다. 바울의 복음은 '후견인 바꾸기'였다. 이전 후견인(황제, 지역 권력자, 가부장 등)에 대한 충성을 하나님과 그리스도에 대한 충성으로 옮기는 것이 피스티스다.

- 피스티스 곧 순종: 로마서 1장 5절의 '믿음의 순종(ὑπακοὴ πίστεως)'은 '피스티스로 이루어진 순종' 혹은 '피스티스, 곧 순종'으로 이해해야 한다. 피스티스와 순종은 동전의 양면과 같다. 신뢰 없는 순종은 맹종이고, 순종 없는 신뢰는 공허한 말에 불과하다.

- 고난 속의 피스티스: 피스티스는 하나님이 주시는 선물이며, 놀랍게도 그 선물 꾸러미 안에 고난이 함께 들어 있다(빌 1:29). 고난은 믿음이 부족해서 겪는 것이 아니라 참된 피스티스를 소유했다는 영광스러운 징표다. 시편 88편처럼 깊은 어둠 속에서도 하나님께 부르짖는 것 자체가 살아 있는 피스티스다.

- 사랑으로 역사하는 믿음: 갈라디아서 5장 6절의 '사랑으로 역사하는 믿음(πίστις δι᾿ ἀγάπης ἐνεργουμένη)'은 피스티스가 사랑이라는 구체적 행동을 통해 가시화됨을 보

여 준다. 사랑 없는 피스티스는 외양은 시계지만 시간을
알려 주지 못하는 멈춘 시계와 같다.

- 나는 '믿음'을 머리로 동의하는 것으로만 이해해 왔는 가, 아니면 하나님과의 신뢰 관계를 형성하고 유지하는 삶의 방식으로 살아 왔는가? 내 일상에서 하나님을 향한 피스티스는 구체적으로 어떤 모습으로 드러나고 있는가?

- 바울 시대의 '후견인 바꾸기'처럼, 나는 진정으로 삶의 통제권을 예수께 이양했는가? 여전히 황제, 돈, 사회적 지위, 나 자신을 '후견인'으로 삼고 있지는 않은가? 나는 궁극적으로 누구에게 의지하고 충성하는가?

- '신뢰의 연쇄'를 생각해 보면, 나는 누구로부터 믿음을 전해 받았는가? 그리고 나의 피스티스는 다른 사람들에게 '소문'이 날 만큼 가시적인가? 나는 누군가에게 신뢰의 모델이 되고 있는가?

• 빌립보서 1장 29절은 믿음과 고난이 함께 가는 선물이라고 말한다. 나는 고난을 믿음이 부족해서 겪는 것으로 여겨 왔는가, 아니면 그리스도께 충성하는 자에게 따르는 영광스러운 징표로 받아들여 왔는가? 고난 속에서 나의 피스티스는 어떻게 시험받고 성장했는가?

• 시편 88편의 시인처럼 '오직 어둠만이 나의 친구'라고 느끼던 순간에도 고통을 하나님에게 솔직하게 토로해 본 적이 있는가? 하나님에게 화내고 원망하는 것이 불신앙이 아니라 오히려 관계를 놓지 않은 피스티스의 표현일 수 있음을 어떻게 이해하는가?

• 갈라디아서 5장 6절은 피스티스가 '사랑으로 역사한다'고 말한다. 나의 믿음은 구체적인 사랑의 행위로 표현되고 있는가? 이번 주에 내가 신뢰를 표현하고 사랑을 실천할 수 있는 사람은 누구인가?

헤이스, 리처드. 《예수 그리스도의 믿음: 갈라디아서 3:1-4:11의 내러티브 하부구조》. 제2판. 최현만 옮김. 평택: 에클레시아북스, 2013.

Barclay, John M. G. *Paul and the Gift*. Grand Rapids: Eerdmans, 2015.

Bates, Matthew W. *Gospel Allegiance: What Faith in Jesus Misses for Salvation in Christ*. Grand Rapids: Brazos Press, 2019.

————— . *Salvation by Allegiance Alone: Rethinking Faith, Works, and the Gospel of Jesus the King*. Grand Rapids: Baker Academic, 2017.

Bauer, Walter. *A Greek-English Lexicon of the New Testament and Other Early Christian Literature*. 3rd ed. Revised and edited by Frederick William Danker. Chicago: University of Chicago Press, 2000.

Crook, Zeba A. *Reconceptualising Conversion: Patronage, Loyalty, and Conversion in the Religions of the Ancient Mediterranean*. Beihefte zur Zeitschrift für die neutestamentliche Wissenschaft 130. Berlin: de Gruyter, 2004.

Diggle, James, et al., eds. *The Cambridge Greek Lexicon*. 2 vols. Cambridge: Cambridge University Press, 2021.

Dunn, James D. G. "Once More, ΠΙΣΤΙΣ ΧΡΙΣΤΟΥ." In *Pauline Theology IV*, edited by E. Elizabeth Johnson and David M.

Hay, pp. 61-81. Atlanta: Scholars Press, 1997.

Horn, Friedrich W. "Glaube in sieben theologischen Disziplinen."
In *Glaube*, edited by Friedrich W. Horn, pp. 1-10. Tübingen:
Mohr Siebeck, 2018.

──────── . "Glaube-Nicht Weisheit der Menschen, sondern
Kraft Gottes." In *Glaube*, edited by Friedrich W. Horn, pp. 39-
73. Tübingen: Mohr Siebeck, 2018.

Malherbe, Abraham. *The Letters to the Thessalonians*. Anchor
Bible 32B. New York: Doubleday, 2000.

Morgan, Teresa. *Roman Faith and Christian Faith: Pistis and
Fides in the Early Roman Empire and Early Churches*.
Oxford: Oxford University Press, 2015.

Muraoka, Takamitsu. *A Greek-English Lexicon of the Septuagint*.
Louvain: Peeters, 2009.

Oakes, Peter. "*Pistis* as Relational Way of Life in Galatians."
Journal for the Study of the New Testament 40, no. 3 (2018):
pp. 255-275.

Saller, Richard P. *Personal Patronage under the Early Empire*.
Cambridge: Cambridge University Press, 1982.

Schliesser, Benjamin. "'Christ-Faith' as an Eschatological
Event(Galatians 3.23-26), A 'Third View' on Πίστις Χριστοῦ."
Journal for the Study of the New Testament 38, no. 3 (2016):
pp. 277-300.

Schumacher, Thomas. "Den Römern ein Römer: Die paulinischen
Glaubensaussagen vor dem Hintergrund des römisch-
lateinischen fides-Begriffs." In *Glaube: Das Verständnis des*

Glaubens im frühen Christentum und in seiner jüdischen und hellenistisch-römischen Umwelt, edited by Jörg Frey, Benjamin Schliesser, and Nadine Ueberschaer, pp. 295–338. Wissenschaftliche Untersuchungen zum NeuenTestament 373. Tübingen: Mohr Siebeck, 2017.

Tuckett, Christopher M. *Galatians: A Critical and Exegetical Commentary*. International Critical Commentary. London: Bloomsbury T & T Clark, 2024.

Wolter, Michael. *Der Brief an die Römer: Teilband 1: Röm 1-8*. Evangelisch-Katholischer Kommentar zum Neuen Testament 6/1. Göttingen: Vandenhoeck & Ruprecht, 2014.

4장

바울에게
칭의와 구원에 대해
묻다

'의롭다'는 대체 무슨 뜻일까? 이 물음 앞에서 마치 마인드 맵처럼 수많은 질문과 대답이 머릿속에서 가지를 뻗는다. 고맙게도 어느 학자가 이 말의 의미에 관한 질문을 간결하지만 포괄적으로 정리해 두었다.

하나님은 사람들에게 인간 밖에 있는alien 무언가를 주심으로써 그들에게 의를 '전가'하시고 그 전가된 의는 인간의 생애에 걸쳐 계속 인간에게 속하지 않은 것으로 있는 것인가? 하나님은 사람들에게 의로운 지위를 주시는가? 하나님은 사람들 안에 궁극적으로 의로운 성품을 낳을 과정을 시작하심으로써 그들을 의롭게 '만드시는가'? 하나님은 사람들에게 의로운 지위와 변화시키는 능력 둘 다를 주시는가? 하나님은 사람들을 그분과의 관계로 부르시고, 그들을 계속해서 그 관계 가운데 머물게 하시는가? 하나님은 사람들에게 무죄를 선고하시고 그들을 신원하시는가? 하나님은 사람들이 현재 그분의 가족에 속해 있다고

바울 신학 크로키

선언하시고, 마지막 날 그들이 그 사이에 살아온 방식에 근거해 그것을 최종적으로 확인하실 것인가?[1]

이 질문 목록에 더 추가할 내용도 있다. 칭의는 재판장이 판결문을 읽어 주듯 법적 지위를 선언하는 것일까, 어긋났던 관계를 바로잡는다는 뜻일까, 사람 자체가 다른 존재로 바뀌는 '변신'일까? 더 나아가, '칭의'는 '구원'과 어떤 관계인가? 둘은 동의어인가? 하나님은 사람들에게 의로운 지위와 변화하는 능력을 함께 주시는가, 아니면 변화시키시는가? 법정적 선언만 강조하면 '법률적 말장난'이라는 비판이 일어나고, 인간의 도덕적 변화만 부각하면 '결국은 행위로 구원받는 것 아니냐'는 우려가 생긴다.

칭의와 구원이 기독교 신앙의 궁극적 '목적'으로 간주되기에, 이렇게 복잡한 질문과 교리적으로 첨예한 논쟁이 계속되어 온 것은 이해할 만하다. 이번 장에서는 얽히고설킨 논쟁을 살피며 그 속에서 바울이 말하는 칭의와 구원의 뜻을 최대한 되살려 명료한 이해에 이르고자 한다. 그러나

---

1   프랭크 틸만, 《강해로 푸는 로마서》, 한화룡 옮김 (존더반 신약주석 시리즈; 서울: 디모데, 2020), p. 89.

사실 이보다 더 중요한 목표가 있다. 칭의와 구원의 정확한 의미를 찾는 데 매달리기보다는 앞에서 강조했듯이 바울이 사용한 더 다채롭고 역동적인 은유를 음미하며, 그러한 은유를 오늘날 우리에게 와닿는 새로운 심상과 언어로 빚어내어 우리의 신학적 상상력을 확장하는 것이다. 바울의 글은, 좀 단순화해서 말하자면, 산문보다는 운문에 가까우므로 세분화한 분석적 범주에 끼워 맞추려는 시도 자체가 방향에 어긋난 것일 수 있다.

이번 장에서는 학자들의 견해를 다수 직접 인용한다. 단어 하나, 개념 하나에 따라 해석이 크게 달라질 수 있는 주제이므로, 내 언어로 제시하기보다는 각 학자의 말을 그대로 인용하는 게 더 낫다고 보기 때문이다.

피스티스가 신뢰와 신용, 충성과 순종 등의 관계성을 나타낸다는 사실을 근거로 우리는 칭의에도 관계적 측면이 있으리라는 합리적 추측을 할 수 있다. 신자와 그리스도와 하나님 사이에서 신뢰와 순종과 은혜와 호의로 관계가 형성되고 유지되는 상황에서, 신자는 그리스도와 '연합'하여 '그리스도 안'에 있게 되고, 자기 안에 아버지의 영/그리스도의 영이 내주하여서 그리스도를 닮아가는 길을 걷게 되는데, 이렇게 변화 중인 신자를 하나님이 알아

바울 신학 크로키

보시고recognize 구원을 받을 가치가 있다고 인정하시는 것, 바로 이것이 칭의의 핵심이다. 구원은 '마지막 날까지 보존하고 지켜 주심'으로 이해하는 것이 좋으며, 칭의-성화-구원의 복잡한 관계와 여정을 개인적 지평이 아니라 광대한 우주적 지평 위에 다시 그리는 것이 중요하다.

칭의를 둘러싼 논의를 우선 압축적으로 개괄하여 큰 그림을 본 다음 세부적인 논의로 들어가는 것이 좋겠다. 사이먼 개더콜이 이신칭의 교리에 대한 논의의 역사와 현황을 아주 적절하게 짚었다.

마르틴 루터는 칭의justification 교리에 대해 다음과 같이 유명한 말을 남겼다. "이 조항이 서면 교회가 서고, 이 조항이 무너지면 교회가 무너진다." 반면, 저명한 신학자이자 인도주의자인 알베르트 슈바이처Albert Schweitzer는 칭의가 바울의 주된 관심사인 그리스도 신비주의Christ-mysticism에서 파생된 [큰 화산 등성이에서 분화한] '측화산'에 불과하다고 단언했다. 최근의 많은 학자들도 다른 이유에서 이와 유사한 결론에 도달했는데, 그들은 칭의가 바울의 이방인 선교와 그 선교에 맞선 유대주의 경쟁자들에 대한 반작용일 뿐이라고 주장한다. 칭의의 위상에 대한 견해 차이는 그 내용에 대한 견해 차이와도 맞물려 있다. 20세기 중반의 아주 중요한 논쟁 중 하나가 불트만Bultmann과 제자 케제만Käsemann 사이에서 일어났다. 케제만은 당시 출판된 사해 사본Dead Sea Scrolls의 영향을 받아 '하나님의 의the righteousness of God'를 법정적으로 이해하기를 거부하고, 이 문구가 구원을 창조하는 하나님의 활동을 가리킨다고 보았다. 이 논쟁은 좀 더 전통적인 견해를 고수하는 이들, 초점을 언약 '회원 됨membership'에 두는 이들, 칭의를 하나님의 우주적 바로잡음rectification으로 이해해야 한다고 주장하는 '묵시적apocalyptic' 학파 사이에서 여전히 계속되고 있다.[2]

디카이오오/디카이우타이에 대한 다층적 해석

바울이 동사 '디카이오오(δικαιόω)'를 자주 수동태 '디카이우타이(δικαιοῦται)'로 사용한 것은 하나님이 칭의 사건의 유일한 주체이심을 명시한 것이다. 칭의와 관련된 모든

---

2 Simon Gathercole, "Justification by Faith", in *The Oxford Handbook of Pauline Studies*, ed. Matthew V. Novenson and R. Barry Matlock (Oxford: Oxford University Press, 2022), p. 422.

바울 신학 크로키

복잡한 논의를 떠나 바로 이 핵심을 놓치지 않는 것이 중요하다. 칭의는 하나님이 하시는 일이다. 그러므로 인간의 행위, 협력, 믿음 같은 것이 칭의와 어떤 관련이 있느냐는 사실 부차적인 질문에 불과하다.

'디카이우타이'는 수동태 동사로 하나님에 의해 '바르고 적절한 관계에 있다고 인정되다/선언되다'라는 의미다. 기본적으로 법정적이고 선언적인 의미가 담겨 있다. 학자에 따라서 '바로잡히다rectified'나 '의롭게 됨을 받다being made righteous'로 해석하기도 하지만, 이는 이 동사의 일반적 용례에서 벗어나는 것으로 보인다.

이러한 점을 염두에 두고, 현대 신약학자들이 이 단어와 관련하여 제시한 해석을 간략히 살펴보면서 상상력을 키우고 참신한 용례를 수집하는 것도 유익할 것이다.

- 의로움(칭의)은 구원/생명의 전제이자 조건이다.[3]
- '디카이우스타이(δικαιοῦσθαι)'에는 법정적이고 선언적

---

3 Rudolf Bultmann, *The Theology of the New Testament* (New York: Scribner's Son, 1951), vol. 1, p. 270. 불트만은 때로는 칭의를 구원의 정수로 간주한다(vol. 1, p. 271).

의미가 있으며('의롭다고 선포되다'), 무죄방면이라는 의미도 들어 있다.[4]

- '의롭다'는 그리스도와 연합함으로써(이미) 변화를 받은 사람을 하나님께서 알아보시고 recognize 의롭다고 간주하신다는 의미, 즉 구원받기에 적합한 상태라는 의미이다.[5]

- '디카이우스타이'는 '바로잡혔음 rectified'으로 번역하는 것이 좋다.[6]

- 칭의는 믿음이라는 명찰을 달고 있는, 새롭게 구성된 '하나님의 백성'이라는 집단에 속한다는 의미다.[7]

- 동사 '디카이오오'는 '의롭게 만들다'와 '의롭다고 여기다'라는 의미를 다 함께 내포한다. "히브리적 사고에서 '의'는 좀 더 관계적 개념"에 가깝다. 좀 더 자세히 말하

---

4   Douglas Moo, *The Epistle to the Romans* (NICNT; Grand Rapids: Eerdmans, 2018), p. 248. 《NICNT 로마서》(솔로몬).

5   John M. G. Barclay, *Paul and the Gift* (Grand Rapids: Eerdmans, 2015), p. 376.

6   J. Louis Martyn, *Galatians: A New Translation with Introduction and Commentary* (Anchor Bible; New York, Doubleday, 1997), pp. 263-277. 《앵커바이블 갈라디아서》(CLC).

7   톰 라이트, 《톰 라이트, 칭의를 말하다》 개정판, 최현만 옮김 (평택: 에클레시아북스, 2016), p. 188.

자면 "자기가 속해 있는 관계에 의해서 그 개인에게 부
과된 의무들의 충족으로서의 '의'"를 말한다.[8]

전통적 칭의 이해의 약점

전통적 칭의 교리는 의의 '전가'를 강조하며, 그 결과 칭의
의 '법정적' 측면에 집중하는 경향이 있다. 일반적으로 개
혁파 신학에서 '의의 전가'는 하나님이 그리스도께서 이루
신 의를 그 의를 믿는 사람에게 법적으로 귀속시켜 그를
의롭다고 선언하시는 것을 말한다. 이때 칭의는 사람 안에
실제로 의를 '주입'하여 도덕적 변화를 일으키는 사건이
아니라, 하나님이 사람의 죄를 사하시고 그 사람을 의롭다
고 받아들이시는 법정적forensic 선언으로 이해된다. 예를
들어, 웨인 그루뎀Wayne Grudem은 다음과 같이 말한다.

하나님께서 그리스도의 의를 우리에게 전가imputation하신
다고 할 때, 이는 하나님께서 그리스도의 의를 우리에게
속한 '것으로 생각하시거나, 혹은 그것을 우리의 소유로

8　James D. G. Dunn, *The Theology of Paul the Apostle* (Grand Rapids:
　　Eerdmans, 1998), p. 344.

간주regard하신다는 뜻입니다. 즉, 하나님께서는 그 의를 우리의 것으로 '여기시는reckon' 것입니다.[9]

그러나 '의의 전가'라는 중요한 개념이 바울 서신에 사실상 나오지 않는다는 점을 기억해 둘 필요가 있다. 종교개혁가들도 '전가'를 근현대 신학자들이 말하는 개념과는 다르게 이해했다는 점도 놓치지 말아야 한다. 종교개혁가들의 바울 해석을 깊이 연구한 스티븐 체스터Stephen Chester는 루터나 칼뱅보다 멜란히톤이 훨씬 더 법정적 관점을 견지했음을 지적한다. 체스터에 따르면 루터, 멜란히톤, 칼뱅 모두 칭의와 관련하여 '전가'라는 용어를 자유롭게 사용했지만, 이 용어에 대한 이해가 오늘날 전형적인 이해와는 달랐다.

그리스도의 의가 신자에게 '전달'되거나 '건네진다'고 이해하는 전가된 칭의imputed justification 개념은…내가 연구

---

9   Wayne A. Grudem, *Systematic Theology: An Introduction to Biblical Doctrine* (Grand Rapids, MI: Zondervan, 1994), p. 726. 《조직신학》(복있는사람)

한 종교개혁가들의 실제 설명 속에는 그런 식의 '전달' 개념이 존재하지 않는다. 멜란히톤도 마찬가지다. 그는 부활하신 그리스도께서 신자를 위해 중보하신다는 관계적 설명을 훨씬 더 강조하며, 의가 어떤 실체처럼 오가며 이동한다는 이해를 취하지 않는다. 루터와 칼뱅도 마찬가지다. 두 사람 모두 신자가 그리스도의 의를 받는다는 사실을 열정적으로 강조하지만, 그 수용을 저마다의 방식으로 그리스도와의 연합 안에서 설명하며, 의를 하늘의 법정을 가로질러 '이동'할 수 있는 실체substance로 이해하지 않는다.

물론 그리스도께서 세상의 죄를 짊어지시고, 신자는 그분의 의를 받는다는 의미에서 교환은 존재한다. 그러나 이 교환은 오직 인격적 연합 안에서만 일어날 수 있다. 만약 어떤 '이동transfer'이 있다면, 그것은 죄와 죽음의 영역에서 은혜의 통치 영역으로 옮겨지는 신자 자신에 관한 것이다. 루터와 칼뱅은 이러한 연합 안에서의 교환을 설명하기 위해 전가imputation라는 용어를 주저 없이 사용하였다. 그러나 현대적 맥락에서 '전가'라는 용어는 그리스도와의 연합이라는 핵심을 전달하기보다는, 톰 라이트가 정당하게 비판하듯 의의 '이동'에 초점을 둔 협소한 법정적 개념으로 이해되기 쉽다. 물론 이 용어를 재정의하여 사용하는 길도 열려 있지만, 그 용어의 지배적 사용 방식이 이미 깊이 고착되어 있다는 점을 고려하면, 차라리 이 전통적 신학 범주를 더 이상 사용하지 않는 것이 더 나을 지도 모른다.[10]

칭의를 지나치게 법정적 의미로만 이해하는 것은 하나님과 우리의 관계를 이해하는 데도 부족한 면이 있다. 던은 칭의가 경건치 않은 자들을 의롭다고 여기시는 하나님에 의해 받아들여지는 것을 의미한다고 하면서도, "이것은 경건하지 못한 사람을 의롭다고 하신다는 말(롬 4:5)이 함축할 수도 있는 사법 절차에 대한 오용이나 법적 허구가 아니다"라고 지적한다. 던은 로마서 1장 16절-4장 25절을 개괄하면서 이렇게 말한다. "사실 이 시점에서 법정 은유는 통하지 않는다. 왜냐하면 엄밀하게 말해서 법정에는 죄용서가 들어설 여지가 없고, 오직 적정한 사법 절차만 집

---

10 Stephen Chester, *Reading Paul with the Reformers: Reconciling Old and New Perspectives* (Grand Rapids: Eerdmans, 2017), pp. 392-393.

행되어야 하기 때문이다."[11] 안드리 두 토이트^{Andrie B. du Toit}
는 이 점을 더 상세하게 설명한다.

> 통상적인 사법 절차에 비추어 볼 때, 이는 지극히 이례적
> 인 사례다. 첫째, 로마법에 따르면 기소자가 출석하지 않
> 을 경우 형사 재판은 기각되는 것이 원칙이었다. 그러나
> 이 재판은 최종 판결이 내려질 때까지 그대로 진행된다.
> 둘째, 재판장이 편파적이다. 재판장은 노골적으로 피고인
> 의 편을 들며, 무죄 판결을 아예 기정사실로 만들어 버린
> 다. 마지막으로, 피고인들은 명백히 유죄임에도 불구하고
> (롬 3:9-20) 무죄 선고를 받고 풀려난다. 사법 체계에서 통
> 용되는 규범이 적어도 세 가지나 깨진 셈이다. 그러나 이
> 은유의 호소력을 절정으로 끌어올리는 지점은 바로 이러
> 한 예상을 뒤엎는 반전, 곧 예기치 못한 놀라움에 있다.[12]

전통적 개혁파들은 칭의를 '도덕적 변화'를 포함하여
해석하거나 하나님의 백성으로 인정받는다고 해석하는 데

---

11 James D. G. Dunn, *The Theology of Paul the Apostle* (Grand Rapids:
    Eerdmans, 1998), p. 385.

적극 반대한다. 그러나 하나님과 올바른 관계를 맺는 것
은 변화시키는 힘을 가지고 있기 때문에, 전가된 의imputed
righteousness와 부여된 의imparted righteousness 사이의 전통적 구
분은 적절하지 않다. 볼터가 바르게 지적했듯이 "믿는 자
들을 '법정적 전가'를 통해 의롭다 선언하시고 그들에게
칭의를 부여하시는 분이 다름 아닌 하나님이시기에, 이러
한 선언은 그들을 실제로(심지어 '진정으로' 그리고 '실효적으
로') 변화시키는 결과를 낳을 수밖에 없다."[13] 따라서, 칭의
를 단순한 법정적 선언이나 지위 부여로만 이해해서는 안
된다. 바울이 말하는 칭의는 본질적으로 "죽은 자를 살리
시며 없는 것을 있는 것으로 부르시는"(롬 4:17) 하나님의
창조 행위다.[14]

---

12 Andrie B. du Toit, "Forensic Metaphors in Romans and Their
    Soteriological Significance", in *Salvation in the New Testament:
    Perspectives on Soteriology*, ed. Jan G. van der Watt (Leiden: Brill,
    2005), p. 223.

13 Michael Wolter, *Paul: An Outline of His Theology*, trans. Robert L.
    Brawley (Waco, TX: Baylor University Press, 2015), p. 382.

14 Gathercole, "Justification by Faith", pp. 425-426.

칭의의 '과거'적 측면

칭의 개념에는 주목할 만한 특성이 하나 있다. 바울이 칭의를 언급할 때, 통상적으로 하나님이 이미 완료하신 과거의 사건을 가리킨다는 점이다. 이는 여러 본문에서 확인된다. 로마서 5장 1절을 보면, 바울은 믿음으로 말미암아 '의롭다 하심을 받은' 과거 사건을 근거로, 그리스도를 통해 하나님과 현재 누리는 평화를 설명한다. 5장 9절도 유사한 패턴을 보인다. 그리스도의 피로 의롭다 하심을 '받았기 때문에', 앞으로 임할 진노에서 구원을 '받을 것'이라는 과거-미래의 연결 구조가 나타난다. 물론 예외적으로 로마서 2장 13절과 갈라디아서 5장 5절처럼 장차 받을 칭의를 언급하는 본문도 있기는 하다.

이러한 시제상 특징은 바울의 다른 구원 용어와 비교하면 더욱 선명하게 보인다. '구원'이나 '영화'는 일반적으로 아직 완성되지 않은 미래적 실재를 가리키는 경우가 많은 반면에, 주로 칭의는 이미 실현된 과거의 행위로 표현된다는 점에서 시간 구조가 독특하다.[15]

한편, 로마서 5장 1절을 10-11절과 연결해서 보면 '칭

---

15 Gathercole, "Justification by Faith", p. 426.

의'와 '화해'가 거의 동의어처럼 나온다는 점을 알 수 있다.

그러므로 우리는 믿음을 기초로 해서 의롭다고 인정받아 하나님과 평화로운 관계를 누리고 있습니다. 우리 주 예수 그리스도를 통해서이지요.⋯우리가 원수일 때에도 하나님의 아들의 죽으심을 통해서 하나님과 화해하게 되었습니다. 그렇다면 더더욱 확실하게, 우리가 화해한 사람들로서 그리스도의 생명을 힘입어 구원받게 될 것이기 때문입니다. 그뿐만 아닙니다. 우리는 우리 주 예수 그리스도를 통해서 하나님을 자랑합니다. 이제 우리는 그분을 통해서 하나님과 화해를 누리게 되었습니다(롬 5:1, 10-11).

던이 정확하게 말한 것처럼, 구원은 미래에 완성될 것으로 표현되는 반면, "여기서 칭의와 화해는 똑같이 그 시작을 나타내는 역할을 한다. 여기서 다시 이 은유들은 상호 보완적이며, 서로 대립시켜서는 안 된다."[16] 결국 바울의 사고에서 칭의와 구원은 연결되어 있고, 그 연결은 오

---

16 Dunn, *The Theology of Paul the Apostle*, p. 387.

직 하나님의 변하지 않는 은혜와 신실함에 달려 있다.

칭의는 하나님의 단회적 행위가 아니다. 그것은 하나님에 의해 회복된 관계 안으로 처음 받아들여지는 것을 의미한다. 그러나 그 이후에는 최종적인 심판과 무죄 선언에 이르기까지 하나님께서 그분의 '의롭다 하시는 의'를 계속 행사하지 않으시면 그 관계는 유지될 수 없다. 달리 말해, 의롭다 하심을 받은 자들이라고 해서 그로 인해 죄가 없어지는 것은 아니다. 그들은 계속해서 죄를 짓는다. 결과적으로 하나님께서 그분의 의롭다 하시는 의를 계속 행사하지 않으시면 구원의 과정은 중단되고 말 것이다.[17]

한편, 던처럼 칭의와 구원을 과정의 시작과 끝으로 이해하지 않고 다른 관점에서 바라보는 것도 가능하다. 존 바클레이는 다음과 같이 칭의를 해석한다.

'의롭다'는 것은 '구원받았다'는 뜻이 아니라, 구원이라는 하나님의 선물을 받기에 합당하다는 의미다.…따라서

---

17 Dunn, *The Theology of Paul the Apostle*, p. 386.

'의로운'은 구원에 적합한 자들에게 일반적으로 붙는 표 label이다. … '의롭다고 인정받는 것'은 **구원의 합당한 수령자로 여겨지는 것**이지 그 자체가 구원받는 것은 아니다. … 유대인 신자들이 은혜 안에서의 '부르심'과 그리스도 안에서의 경험을 통해 깨닫게 된 것은, **구원하는 선물이 가치와 무관하게 그리스도 안에서 이미 주어졌다는 것, 그리고 믿음으로 입증되는 새 생명이 그리스도 사건에서 생성된 자들을 하나님이 '의롭다'고 여기신다는 것이다**(갈 2:19-20). 따라서 '그리스도를 믿는 믿음으로 의롭다고 여겨지는 것'은 그리스도-선물의 결과이지, 그것을 위한 조건은 아니다.[18]

짧게 말하면, 칭의는 이미 그리스도로 재형성된 사람, 이미 그리스도와 연합하여 변하고 있는 사람을 '의롭다' 혹은 '바르다'라고 하나님이 알아보시고 recognize 인정하시는 것이다.[19]

뒤에서 다시 살펴볼 기회가 있겠지만, 칭의, 성화, 구원, 구속, 화해 등은 '그리스도-사건 the Christ-event'의 효과를 다

---

18 Barclay, *Paul and the Gift*, p. 377-378.
19 Barclay, *Paul and the Gift*, p. 376, n. 66.

양하게 가리키는 표현으로 보는 것이 좋다. 바울은 의로움, 성화, 구원 등에 대해 말할 때 과거시제와 현재시제와 미래시제를 섞어 쓴다. 그래서 바울의 이러한 역동적 사고를 '구원의 여정*ordo salutis*'처럼 명확한 단계로 도식화한다면 성경을 바람직하지 않은 방식으로 해석하는 것이다. "바울은 중생이나 칭의와 같이, 단일한 틀로 규정되거나 매끄럽게 통합되지 않는 다채로운 은유들을 사용하여 자신의 사도적·복음 전도적 열망을 표현해 낼 수 있었다. 그러므로 모든 은유가 서로 딱 들어맞거나 논리적으로 통일되어야 한다고 고집하는 것은 바울 신학의 풍요로움을 훼손하는 일이며, 이는 각 은유를 구체적으로 표현하며 복음을 전해야 할 설교의 효력마저 떨어뜨리고 만다."[20]

동사 '디카이오오(δικαιόω)'와 명사 '디카이오쉬네(δικαιοσύνη)'의 정확한 의미를 알아내려는 시도를 장려해야 하겠지만, 그러한 시도는 쉬운 일이 아니고 학자마다 자신의 개인적, 신학적 배경의 영향에서 벗어나기 어렵다. 그래서, 칭의에서 나오는 복이나 효과를 말하면서 역으로

---

20 제임스 던,《칭의 논쟁: 칭의에 대한 다섯 가지 관점》, 제임스 K. 베일비, 폴 로즈 에디 편집, 문현인 옮김 (서울: 새물결플러스, 2015), p. 457.

칭의의 뜻을 헤아려 보는 방식도 좋다고 생각한다. 예를 들어 던은 다양한 방식으로 칭의의 '효과'를 짚는다. 칭의가 하나님이 죄인을 받아주신다는 의미라면(롬 5:8), 하나님이 이전에 원수였던 자들에게 평화의 복을 베푸신다는 의미도 된다(롬 5:10). 칭의는 하나님에게 거침없이 다가가는access 길을 열어 주기도 한다. 칭의 덕분에 또 우리는 '하나님의 영광을 소망하며' 즐거워할 수 있다(롬 5:2).[21]

그러므로, '칭의'라는 단어의 의미를 지나치게 특정하려고 노력하기보다는 '하나님께서 바르다고 여기시어 인간과 하나님 사이의 관계에 아무 문제도 없는 상황'이라고 유연하게 이해하고, 바울이 인간과 하나님 사이의 관계를 다양한 용어와 표현을 써서 기술했다는 점을 존중하는 것이 중요하다.

마지막으로, '이신칭의'라는 단어 자체가 말하듯이 칭의와 피스티스는 상관관계가 긴밀하다. 그렇다면 칭의와 피스티스 사이의 관련성을 말하는 갈라디아서 2장 16절을 통해 바울의 생각을 좀 더 살펴보자. 우선 바클레이는 로마서 3장 21-26절을 바탕으로 칭의와 피스티스의 관계를

---

21 Dunn, *The Theology of Paul the Apostle*, pp. 387-389.

다음과 같이 명징하게 설명한다.

> 나는 피스티스*pistis*를 하나님이 그리스도 안에서 이루신
> 일에 의존하는, 새로운 존재 방식을 가진 사람들의 믿음
> (혹은 신뢰)을 가리키는 것으로 읽는 것이 최선이라고 생
> 각한다. 신자들은 무엇을 신뢰하는가? 하나님이 그리스도
> 안에서 자신의 '의'를 나타내시고 상연enact하셨다는 것—
> 망가진 우주에 대한 그의 재조정—과 하나님이 이를 속
> 죄(*hilasterion*, 3:25) 행위 안에서 결정적으로 죄를 없애심
> 으로써 '정의롭게' 이루셨다는 것을 신뢰한다.[22]

갈라디아서 2장 15-21절을 이신칭의 교리의 전거로들
여기는데, 이 구절을 지금까지 살펴본 피스티스와 칭의의
의미를 적용해 아래와 같이 의역하면 이신칭의 교리의 윤
곽을 파악하는 데 유익할 것이다. 존 바클레이의 의역이다.

> 당신들과 나, 그리고 베드로는 유대인이고, 우리 자신들

---

22 존 M. G. 바클레이,《바울과 은혜의 능력》, 김형태 옮김 (서울: 감은사, 2021),
    p. 196.

이 '이방 죄인들'과는 다른(그리고 더 나은) 부류라고 생각하곤 했었지요. 그러나 우리는 모세 율법을 잘 지키는 것을 통해 하나님 앞에서 의롭다고(바로 서 있다고) 여겨지는 것이 아니라는 것을 압니다. 그것은 오직 그리스도를 신뢰하는 것을 통해서만 가능합니다. 그래서 우리는 그 방식으로 의롭다고 여겨지기 위해서 우리의 신뢰를 그리스도께 두었습니다. 그러나 우리가 그리스도 안에서의 신적확증을 구했음에도 불구하고 우리의 결과적 행위가 우리를(안디옥에서와 같이) '죄인들'처럼 보이게 한다면 그리스도가 우리를 죄로 이끄신 것입니까? 결코 그렇지 않습니다! 내가 율법을 의에 대한 잣대로 복귀시키는 경우에만, 비非 유대적 방식으로 살아가는 것이 나 자신을 범법자로만들 것입니다. 진리는 이것입니다. 나는 하나님 앞에 서기 위해 율법에 대해 죽었습니다(나에게 있어 율법은 더 이상의에 대한 최종적인 기준이 아닙니다). 나의 옛 자아는 그리스도와 함께 십자가에 못 박혀 죽었고, 나의 새 자아는 부활하신 그리스도에 의해 재형성되었으며, 삶은 그리스도로향한 신뢰와 자기 자신을 나에게 주신 그의 선물 위에 세워졌습니다. 이것이 바로 내가 거절할 수 없는 신적 선물인데, 만약 율법이 규범적인 표준과 의를 얻는 수단으로

바울 신학 크로키

남는다면, 그리스도의 죽음은 아무런 효력을 가져오지 않을 것이기 때문입니다.[23]

굳이 칭의의 '과정'을 시간 순으로 이해하면 다음과 같다. (1) 그리스도-사건(예수의 죽음과 부활 속에서 하나님이 약속하셨던 구원 행동을 행하심) 안에서 하나님의 부르심을 통해 그리스도와 하나님을 신뢰하고 전적인 충성을 보이게 된 사람을, (2) 하나님이 인정하고 받아들이셔서 '의롭다'고 간주하시고, (3) 그리스도 안에 계시된 하나님의 의가 피스티스 관계 속에서 사람을 그리스도의 형상으로 변화시켜, (4) 최종 심판 때 의롭다는 판단을 받고 구원을 받게 한다.

선물로서의 칭의

칭의는 그리스도-사건으로 가능케 된 현상이다. 다시 말해 칭의는 하나님이 먼저 베푸신 은혜 즉 하나님이 그리스도를 통해, 그리스도 안에서 구속을 행하시고 우리를 일방적으로 부르신 사건을 바탕으로 발생한다. 은혜에 해당하

---

23 바클레이,《바울과 은혜의 능력》, p. 126.

는 그리스어 카리스(χάρις) 자체에 선물, 호의, 혜택 등의 뜻도 있으므로, 바울이 '은혜'라는 단어를 무슨 의미로 썼는지 알려면 바울 당시의 선물 개념을 이해할 필요가 있다.[24]

고대 그리스-로마 사회에는 '보답을 바라지 않고 주는 선물' 혹은 '값없이 주는 선물', 다시 말해 '순전한 선물'이라는 개념이 흔하지 않았다. 고대인은 '받을 만한 자격이 있는 사람에게 주는 선물'이라는 개념을 당연하게 여겼다는 점이 매우 중요하다. 고대 사회에서 선물 주고받기는 사회 체계를 형성하고 작동하게 하는 매우 중요한 관습이었다. 선물 주고받기가 사회적 관계의 근간을 형성하는 결정적 행위였으므로, 선물을 주려는 이는 선물을 받을 사람이 그 선물을 받을 자격이나 가치가 있는지를 거의 예외 없이 신중하게 따져야 했다. 자신의 사회적 지위와 활동 반경과 영향력에 '선물'이 결정적 영향을 미쳤던 것이다.

따라서 고대 세계에서는 선물을 받을 만한 자격이 있는 사람에게 주는 것이 제대로 된 선물이었다. 조건과 자격을 따지지 않고 '마구 뿌리는' 선물은 선물을 주는 사람

---

24 바클레이,《바울과 은혜의 능력》, p. 47.

의 신중치 못함을 보여 주는 예로 간주되기도 했다. 선물 수여자가 복잡한 '계산' 끝에 선물을 주었다면 그 선물의 수혜자는 답례하는 것이 마땅했다. 예를 들어, 1세기의 스토아 철학자 세네카는 익명으로 주는 선물을 좋지 않은 것으로 보았다. 왜냐하면 '수혜자가 수여자에게 개인적인 감사를 표시할 수 없는' 형태의 선물이었기 때문이다. 선물을 받은 사람은 선물을 준 사람에게 어떤 형태로든 되갚을 의무가 있었던 것이다. 경제적 보답을 할 수 없을 경우 최소한 '감사'를 제대로 표현하거나 선물을 준 사람을 칭송해야 했다. 선물은 이런 식으로 '순환'되어야 했다.[25]

그런데, 하나님의 선물인 부름과 칭의는, 선물을 받을 만한 가치나 자격이 있는 사람에게 주는 당대의 선물 주기 관습을 정면으로 거스른다. 귀한 선물을 받을 만한 가치나 자격이 없는 사람에게 주었고 주기 때문이다. 그런 의미에서 하나님의 선물은 반문화counterculture적이다. 인간이 중요하고 가치 있다고 여기는 돈, 지위, 출신, 성별, 사회적 영향력, 외모 등을 하나님은 전혀 고려하지 않으신다는 말이다.

---

25 바클레이, 《바울과 은혜의 능력》, pp. 36-37.

하지만 그렇다고 해서 하나님의 선물을 받은 사람이 감사를 표하는 응답이나 반응을 하지 않아도 되는 것은 아니다. 오히려 바울은 사람이 하나님의 선물을 받으면 하나님을 향해 마땅한 반응을 보여야 한다고 기회 있을 때마다 강조했다. 이러한 말이 '오직 은혜'라는 개신교의 기둥과 어긋나는 것처럼 들리는 사람도 있을 것이다. 일부 교리와 전통이 우리의 눈을 가려서 바울이 이같이 강조한 내용을 내용을 명료하게 보지 못하게 된 상황을 탓해야 할지도 모르겠다. 하지만 그런 까닭에 우리 마음에 일어나는 불편함을 감내하고 '오직 은혜'라는 표현이 바울 당시에 실제로는 어떤 의미로 들렸을지를 차근차근 살펴보면, 바울 신학의 더욱 풍요로운 지대가 이내 눈앞에 펼쳐진다.

하나님이 '그리스도-사건the Christ-event'을 통해 가능하게 하신 칭의는 바울 시대의 통상적 관습을 정면으로 거스른다. 하나님은 선물 받을 자격이 없는 '경건하지 않은 자'와 '하나님과 원수된 자'를 부르시고 그들에게 그리스도라는 가장 값진 선물을 먼저 주시며 피스티스의 관계를 맺으신다. 여기에는 어떤 함의가 있는가? 하나님은 인간이 고안하고 만들어 낸 가치 체계를 전혀 고려하지 않으신다는 말이다. 다시 말해 인간적 기준을 철저히 무시하신다는 말

바울 신학 크로키

이다. 그리스도-사건은 인간이 만든 모든 가치를 뒤집고, 가치 체계를 전적으로 재조정한다.

선물 받기에 적합한 자격이나 요건을 전혀 고려하지 않고 하나님이 선물을 주실 때 그 선물을 받은 이는 어떤 반응을 보여야 하는가? '한번 믿고 구원받으면 끝'이라는 얕고 납작한 '신념'이 이 중요한 질문의 중요성을 간과하게 만들었다. 다시 말하지만, 바울은 신자의 반응, 즉 은혜 받은 자의 올바른 반응에 큰 관심을 보였다. 이 주제를 매우 깊게 연구한 바클레이의 말을 길게 인용해 보겠다.

> 은혜는 이전 상태에 대한 조건 없이, 가치나 능력과는 상관없이 주어진다는 의미에서 '값없이' 주어진다. 그러나 이것은 보답에 대한 기대 없이, 반응에 대한 희망 없이, '아무런 부대조건 없이' 주어진다는 의미는 결코 아니다. 선물은 한편으로는 (가치나 자격과는 상관없이 주어진다는 의미에서는) '값없이' 주어지는 것이지만, 다른 한편으로는 반응에 대한 기대 없이 주어지는 것은 결코 아니다.…그리스도-선물은 [하나님 편에서] 강한 기대를 동반하는데, 이 선물이 변혁적인 것이기 때문이다. 이것은 자아를 새롭게 빚어내고 신자들의 공동체를 재창조한다. 그러므로

인간적 실천 속에서 나타나는 이 신적 선물의 사회적 효
과는 은혜를 구성하는 필수 요소다.[26]

이러한 특질을 지닌 그리스도 사건은 '자아'의 변화를
필연적으로 동반한다. 신자 안에 그리스도가 내주하셔서
신자의 정체성을 이루는 핵심이 되시고, 신자는 유업을 받
을 아브라함의 진정한 가족의 일원이 되어 정체성이 새롭
게 재조립된다. 그리하여 신자는 인간관계에서 문화적 관
습을 역행하는 행동을 보인다. 그것이 신자 편에서 하나님
의 선물에 보응하는 '답례'다. 신자에게 기대되는 '답례'는
하나님뿐만 아니라 동료 신자도 대상이 된다.

하나님께 보답으로 드리는 선물return-gift은…은혜가 다른
사람을 향하여forward 전달되는 것이기도 하다. '보답으로
드리는 것paying it back'이 '다른 사람과 선물을 나누는 것
paying it forward'을 통해 수행되는 것이다.[27]

---

26 바클레이,《바울과 은혜의 능력》, p. 281.
27 바클레이,《바울과 은혜의 능력》, p. 282.

이러한 선물의 '순환'을 염두에 두고 갈라디아서 2장 16절을 읽으면 새로운 면이 보이기 시작한다. 갈라디아서 2장 16절에서 바울이 말하는 것은 구원론에 대한 상세한 기술이 아니다. 그보다는 칭의의 근거를 말하는 데 집중하며, 신자가 변화된 삶을 살기 시작하는 시발점을 명확히 하는 데 주력한다. 하나님의 주도적 구원 활동이 그리스도-사건 속에서 일어났고(갈 1:4, 2:20), 은혜로 하나님의 '부르심'을 받을 때 그리스도-사건은 그의 삶에 영향을 미치게 된다. 바울이 갈라디아서 2장 16절에서 거론하는 것은 완전한 구원론 체계가 아니라 하나님이 어떤 사람을 '의롭다'고 (또는 가치 있다고) 여기시는 근거다. 다시 말해 이는 그리스도께서 자기 자신을 선물로 주심으로써 시작된 삶의 방식을 의미한다. 칭의는 그리스도라는 선물을 받은 사람이 전과는 다른 삶의 태도와 판단과 행동을 보이기 시작하는 것, 즉 새롭게 시작된 삶의 방식으로 이끌리는 시작점이다.

한스 큉은 다음과 같이 말한다. "사랑의 행업은 다만 이 신뢰하는 신앙의 당연한 귀결이다. 이것은 사람에게 온갖 불가피한 실패·과오·절망도 무릅쓰고 살아갈 수 있는 굳건한 바탕을 주고 동시에 경건한 행업의 압박에서 해방

시켜 최악의 상황도 감내해 나갈 수 있는 자유·슬기·사랑·희망을 주는 비상한 위로의 복음이다."[28]

우도 슈넬레Udo Schnelle에 따르면, 바울 구원론의 근본 개념은 율법에 대한 부정적 이해나 특정한 칭의 개념에 묶여 있지 않다. 그것은 "변화와 참여의 논리로부터 적극적으로 파생된다." 아들의 지위 변화를 통해 세례받은 신자들은 새로운 지위, 곧 은혜 안에 놓이게 된다.[29] 신약 전체에서 '카리스(χάρις, 은혜)'는 155회 나오는데, 그중 63회가 바울 서신에 나온다. 바울이 '카리스'를 이렇게 광범위하게 사용한 것은 그가 새 시대를 은혜의 시대로 이해함을 보여 준다. 새롭게 빚어진 존재로 새로운 정체성을 지니고 동료 그리스도인과 공동체를 이루어 살아가면서, 칭의와 구원받음을 생각과 태도와 행동으로 드러내는 것이 복음을 붙잡는 삶이다. 슈넬레가 강조하듯, "인간은 자기중심적 삶에서 찢어져 나와 그리스도와의 관계 안에서 참된 자아를 발견한다."[30]

---

28 한스 큉,《왜 그리스도인인가》, p. 288.

29 Udo Schnelle, *Theology of the New Testament*, trans. M. Eugene Boring (Grand Rapids, MI: Baker Academic, 2009), p. 281.

30 Schnelle, *Theology of the New Testament*, p. 278.

바울 신학 크로키

하나님의 의: 선물이자 힘

그렇다면, 신자는 경건치 않고 하나님의 '원수'로 살던 과거에서 벗어나 '하나님이 주신 선물에 보답을 드리는 삶'이 하나님에 대한 '의무'라는 점을 마음으로 깨닫고 실천으로 옮기는 데로 어떻게 나아갈 수 있는가? 고대의 '선물' 개념에 답변의 실마리가 있다. 고대인은 선물에 선물 수여자의 인격 혹은 힘이 내재되었다고 여겼다. 대다수 고대인이나 원시 부족민은 선물이 선물 수여자와 분리될 수 없다고 생각했다.[31]

에른스트 케제만의 '하나님의 의Righteousness of God' 해석은 이러한 점에서 흥미로운 관찰을 선사한다. 케제만은 하나님의 선물이 지닌 '힘'이라는 성격을 강조한다. 한마디로 바울은 '은혜의 [효력을 일으키는] 능력Gnademacht, power of grace'을 말하고 있다는 것이다.[32]

신자를 완전히 재조립하는 하나님의 강력한 힘은 개인

---

31 이 주제에 관심이 있다면, 마르셀 모스(Marcel Mauss), 《증여론》, 이상률 옮김(파주: 한길사, 2002)을 보라.

32 Ernst Käsemann, "'The Righteousness of God' in Paul", in *New Testament Questions of Today* (London: SCM, 1969), pp. 168-182, 특히 p. 174.

의 칭의에 국한되지 않는다는 점을 케제만과 케제만의 후
예인 '묵시적 바울apocalyptic Paul' 주창자들은 정확히 파악
했다. 하나님의 힘은 우주적 스케일의 변화를 일으킬 정도
로 강력해서, 하나님의 힘과 주권은 우주 곳곳에 미친다.
이로써 하나님은 자신을 적대시하는 모든 초자연적이거
나 자연적인 반反 하나님 권세들을 상대로 승리를 거두시
고 우주 전체의 주님으로 재천명되신다. 칭의는 개인과 하
나님 사이의 관계 회복만 의미하는 것이 아니다. 하나님을
우주 전체의 변혁(그 안에는 신자들로 구성된 공동체도 포함된
다)을 일으키신 최종 승리자이자 주님으로 인지하고 진정
으로 예배하는 것이기도 하다.[33]

칭의와 구원

칭의와 구원은 동일한 것이 아니다. 그렇다면 구원은 정확
히 무엇인가? 이 물음에 답하려면 먼저 한 가지를 명확히
해야 한다. 구원은 너무나도 큰 개념이라 바울은 구원을
묘사할 때 단일한 용어가 아니라 무척 다양한 은유를 동원

---

33 참조. 비벌리 로버츠 가벤타,《로마서에 가면》, 이학영 옮김 (서울: 도서출판
학영, 2021).

바울 신학 크로키

한다. 구속, 해방, 화해, 자유, 성화, 변화, 새 창조 등 여러 용어를 써서 그토록 큰 구원의 전모를 조금이라도 더 전달하려고 애쓴다. 따라서 구원을 이해하려면 이 다채로운 면모를 한꺼번에 시야에 담아야 한다.

구원에 해당하는 그리스어 '소테리아(σωτηρία)'는 원래 전염병이나 전쟁이나 해상에서의 난파 같은 국가적·민족적·개인적 재앙 속에서도 안전하게 보전되고 보존되는 것을 뜻했다. 바울에게 이 단어는 정치적 함의와 종교적 함의를 동시에 품고 있다.[34] 구원의 반대말은 '지옥 가기'가 아니라 '멸망'이다. 매튜 노벤슨Matthew Novenson은 로마서 11장 26절의 미래 수동태 '소테세타이(σωθήσεται)'를 영어로 흔히 '구원받다'로 번역해 온 관행을 지적하며 바울이 말하는 '소테리아'의 뜻을 아주 잘 설명했다.

현대 독자는 이 표현(saved)에서 복음주의적 회심주의 evangelical conversionism의 어조를 불가피하게 떠올린다(예컨 대 길거리 전도자가 "당신은 구원받았습니까?"라고 묻는 장면). 그러나 바울 서신, 특히 로마서의 맥락에서는 이런 이해가

---

34 Schnelle, *Theology of the New Testament,* p. 281.

심각한 오해를 초래한다. 그렇다고 해서 문제가 그리스어 '소조(σῴζω)' 자체나 오랫동안 관습적으로 사용되어 온 '구원하다save'라는 번역어에 있는 것도 아니다. 바울은 이 단어를 사용할 때, '주의 크고 두려운 날the great and terrible day of the Lord'을 통과하며 살아남는 것surviving, 혹은 그 심판을 거쳐 보존되는 것being preserved through을 염두에 두고 있었다. … 다가올 그날에 사람은 멸망하거나['파괴되다', '아폴뤼미(ἀπόλλυμι)'의 수동태], 혹은 살아남는다['보존되다', '소조(σῴζω)'의 수동태]. 그 동일한 날을 바울이 이전 예언자들과 마찬가지로 진노의 날이자 동시에 보존의 날day of preservation이라고 부를 수 있었던 이유도 바로 이런 것이다(고후 6:2; 롬 2:5).[35]

구원 이해에서 특히 놓치지 말아야 할 두 가지가 있다. 첫째, 그리스도와 한 몸을 이루어 최종 심판 때 정죄를 면한다는 것이다. 샌더스의 말을 빌리면, "그리스도는 하나님이 믿는 모든 사람을 구원하시려 세우신 주이시요, 믿

---

35 Matthew V. Novenson, *Paul and Judaism at the End of History* (Cambridge: Cambridge University Press, 2024), p. 180.

바울 신학 크로키

는 자는 다 주께 속하며 그와 하나이며, 믿는 자들은 주와 한 몸을 이룸으로 말미암아 주의 날에 구원을 얻으리라는 것이 바로 바울이 하는 말이요 하려 했던 말이다."[36] 둘째, "바울은 구원을 신자의 변화, 즉 단순히 신자의 상태의 변화가 아닌 신자 자체의 변화의 과정으로 그리고 있다.… 진행되는 구원 과정의 특징을 가장 잘 표시하는 것은, 내주하는 성령의 능력으로 점점 더 그리스도와 같은 모습이 되며 의롭다 함을 얻는 변화하는 모습이다."[37]

로마서 연구자 대부분은 수 세기 동안 구원의 개인적 측면에만 집중해 왔다. 구원을 본질적으로 각 개인과 연관된 것으로 생각하며, 죄인이 용서를 받아 하나님과 올바른 관계로 회복되고 종말론적 진노에서 벗어나는 것으로 이해했다.[38] 틀린 말은 아니지만, 이러한 개인주의적 구원 이해는 바울의 구원론을 온전히 담아내지 못하며 최근 수십 년간 거세게 비판받았다. 특히 바울의 묵시적 사고에 주목

---

36 E. P. 샌더스, 《바울과 팔레스타인 유대교: 종교 패턴 비교》, 박규태 옮김 (서울: 알맹e, 2018), p. 922.

37 제임스 던, 《바울에 관한 새 관점》, 최현만 옮김 (평택: 에클레시아북스, 2012), pp. 104-106.

38 가벤타, 《로마서에 가면》, p. 69.

한 학자들은 '구원의 우주적 지평'을 전면에 내세웠다.

> 구원은 죄와 죽음의 권세들로부터 인간—개인이든 공동
> 체이든—을 되찾기 위해 예수 그리스도 안에서 하나님께
> 서 행하신 강력한 행위와 관련이 있다. 문제는 실제 권세
> 들, 그중에서도 특히 죄와 죽음이 인간을 통치하고 있다
> 는 점이다. 하나님께서는 그 권세를 깨부수기 위하여 예
> 수의 죽음과 부활 가운데 개입하셨지만, 하나님과 권세들
> 사이의 싸움은 최종적인 승리, 곧 피조 세계 전체의 구원
> 때까지 계속된다.[39]

이 묵시적 관점에서 결정적인 것은 '운동의 방향'이다.

> 바울의 복음은 일차적으로 인간이 그리스도 안으로 '들어
> 가는' 것에 관한 것인가, 아니면 그리스도가 우주 안으로
> '들어오시는' 것에 관한 것인가?…인간이 언약 안으로 들
> 어가는 움직임과 하나님이 우주cosmos 속으로 들어오시는
> 움직임의 차이는, 갈라디아서의 표현으로 말하면, 종교

39　가벤타,《로마서에 가면》, p. 89.

바울 신학 크로키

religion와 아포칼립시스*apokalypsis*를 가르는 일종의 분기점이다. 곧 이것이 이 서신[갈라디아서] 전체의 주제를 한마디로 요약하는 방식 중 하나다.[40]

인간은 어떻게 해서 그리스도 안에 참여할 수 있게 되는가? '그리스도 안에 참여'는 일차적으로 '인간의 곤경으로 들어오시는 그리스도의 움직임'에 기반하며, 이것이 "그리스도 안에 인간의 참여를 촉발한다."[41] 다시 말해, 인간 측 참여는 파생적이다. 하나님 측에서 그리스도를 통한 참여가 선행한다. 묵시적 관점은 어떤 인간의 행동보다 앞서는 신적 행동의 능력, 하나님이 먼저 우리에게로 오시는 운동이 바울 복음의 핵심이라고 본다. 이 우주적 구원은 하나님의 '강력한 힘(뒤나미스, δύναμις)'과 떼어 놓을 수 없다. 바울은 로마서 1장 16절에서 "복음은 모든 믿는 사람을 구원에 이르게 하는 하나님의 강력한 힘입니다"라

---

40 J. Louis Martyn, "Events in Galatia", in *Pauline Theology 1*, ed. Jouette M. Bassler (Minneapolis: Fortress, 1994), p.168.

41 Susan Grove Eastman, "Participation in Christ", in *The Oxford Handbook of Pauline Studies*, ed. Matthew V. Novenson and R. Barry Matlock (Oxford: Oxford University Press, 2022), p. 446.

고 선언하고, 고린도전서 1장 18절에서도 같은 연결고리를 유지한다. 여기서 '강력한 힘'으로 번역한 그리스어 명사가 뒤나미스다. 다이너마이트의 어원인 이 단어를 들을 때마다 핵폭탄의 이미지를 떠올려 보는 것이 도움이 된다. 다만 하나님의 뒤나미스는 파괴력이 아니라 인간과 우주 전체를 전적으로 바로잡는 변혁의 힘이라는 점에서, 핵폭탄보다 더 가공하다.

로마서의 핵심 주제인 '하나님의 의righteousness of God'는 언약에 대한 하나님의 신실함이자 약속하신 우주적 구원을 일으키는 강력한 힘을 가리킨다. '하나님의 의'와 하나님의 힘과 구원은 하나로 엮여 있다.

바울은 십자가와 부활이란 결정적 사건과 함께, 또한 이 사건이 전도자들을 통해 선포되는 순간과 함께 우주적인 공표cosmic disclosure가 일어난다고 생각한 듯하다. 이 공표를 듣는 청중은 '이 세상 속에서 진정으로 진행되고 있는 일이 무엇인지' 갑작스레 깨닫게 된다. 이것이 바로 하나님의 '의로움'이 나타나는 순간이다. '의'는 이 세상 속에 역사하셔서 어둠의 세력들을 전복하고 새로운 '구원'의 세계를 창조하실 하나님의 힘과 관련된 단어였다.[42]

바울 신학 크로키

구원의 과정적 측면

구원의 과정적 측면은 '구원받고 있는 사람들'이라는 바울의 표현에 선명하게 드러난다. 고린도전서 1장 18절에서 바울은 이렇게 말한다. "십자가에 대한 말씀은 멸망하고 있는 사람들에게는 터무니없는 것이지만, 구원받고 있는 우리들에게는 하나님의 강력한 힘입니다." 여기에서 '구원받고 있는'은 관사와 현재 수동태 분사가 결합한 표현으로, 과정의 진행을 나타낸다.

바울 시대 사람들은 구원(소테리아)을 커다란 재앙이나 불행 혹은 잔인하고 예측할 수 없는 운명에서 보호받고 보전되는 것으로 이해했지만 흥미롭게도 바울은 거기에서 한 걸음 더 나아간다. 바울에게 있어서 구원은 바로 이 시간 새로운 존재가 되어 살아가는 것이다. 그것이 현재 진행형으로서의 구원에 담긴 뜻이다. 구원 과정을 특징짓는 중요한 요소는 '인격적 변화의 과정' 곧 '그리스도를 닮는 변화'다. 바로 '하나님의 아들의 형상과 같아지는 것'(롬 8:29)이다.

구원의 다양한 측면을 바울의 언어로 압축해서 열거하

---

42 N. T. 라이트, 《바울을 논하다》, 최현만 옮김 (서울: 감은사, 2023), p. 96.

면 다음과 같다.[43]

- 죄에서 해방: 죄는 사람을 노예로 삼는 강력한 힘을 지 닌 실체이자 인간이 저지르는 잘못된 행동이다. 구원은 이러한 죄에서 놓이는 것을 뜻한다. 하지만 그리스도인 이 자발적으로 죄의 노예가 되는 경우도 있다.

- 육신에서 해방: 인간의 육신은 기본적으로 죄로 향하는 경향성을 지니고 있다. 하지만 내주하시는 영의 인도로 우리는 육신의 행위에서 벗어날 수 있는 상태가 되었다.

- 율법에서 해방: 율법은 죄의 힘으로 어그러져 인간을 정죄하는 수단이 되었으나, 인간은 복음을 통해 율법을 지킬 수 있게 되어 율법을 성취하는 존재가 되었다.

- 하나님의 진노에서 해방: "하나님은 우리가 진노를 당 하도록 정해 두신 것이 아니라, 우리 주 예수 그리스도 를 통해 구원을 얻도록 정해 두셨습니다"(살전 5:9). "이 제는 우리가 그리스도의 피로 의롭다고 여겨졌으니, 그분을 통해 진노에서 벗어나 구원받을 것입니다"(롬

---

43 John Ziesler, *Pauline Christianity*, revised edition (Oxford: Oxford University Press, 1990), p. viii에 나오는 목록을 바탕으로 내 설명을 추가했다.

바울 신학 크로키

5:9).

- 권세들에게서 해방: '현재의 이 악한 세대'(갈 1:4)는 하나님을 적대하는 권세들이 힘을 떨치며 인간을 노예로 삼는 시기이지만 하나님은 이러한 '권세들'에게서 우리를 구출하셨다.

이 모든 것을 '영적으로만' 해석해서는 안 된다. 바울은 "인간사가 우리의 통제를 벗어난 어두운 세력의 노리개처럼 보일지라도 이런 세력은 이미 십자가 위에서 타도된 것"이라는 사실을 강조한다.[44] 새롭게 빚어진 존재로 새로운 정체성을 지니고 동료 그리스도인과 공동체를 이루어 살아가면서 칭의와 구원받음을 생각과 태도와 행동으로 고스란히 드러내는 것이 복음을 붙잡는 삶이다. 내적 변화와 실천은 신자에게 그저 '부록' 같은 것이 아니다. 바울은 엄중하게 말한다.

형제자매 여러분, 내가 여러분에게 좋은 소식으로 전했던 복음을 여러분에게 환기시켜 드립니다. 그 복음을 여러분

---

44 라이트,《바울을 논하다》, p. 90.

도 전해 받았으며, 그 복음 안에 여러분도 서 계십니다. 그 복음을 통하여 여러분도 구원받습니다. 내가 여러분에게 좋은 소식으로 전한 그 말씀을 굳게 잡고 있으면 말입니다. 그렇지 않으면 여러분은 헛되이 믿은 것이 되고 말 겁니다(고전 15:1-2).

이신칭의 교리와 구원론이 지닌 실천적 함의

이신칭의 교리 출현의 역사적 배경을 살펴보면 이신칭의의 심장, 곧 중핵이 무엇인지 알게 된다. 이신칭의 본문(특히 갈 2:16)은 이방인 출신 그리스도 숭배자가 유대인의 의식인 할례를 받아야만 하느냐는 질문에 대한 응답이었다. 즉 유대적 가치를 이방인 신자도 받아들여야 한다는 주장에 대응하는 신학적 고찰을 응축하여 선언한 것이다. 바울은 할례, 음식 규정을 비롯한 인간의 그 어떤 가치 체계도 칭의와 관련 없다고 외친다.

어떻게 보면 이러한 역사적 배경은 21세기 한국의 그리스도인과 직접적으로는 관계가 없다고 볼 수도 있다. (할례와 한국 교회가 무슨 관계가 있겠는가!) 그러나 '할례'를 현재 사람들이 중요하게 여기는 부, 지위, 권력, 외모, 학력, 성별, 출신 배경, 태어난 곳, 국적 등으로 치환해 보면, 칭의 교리는 여전히 큰 울림으로 우리를 심판한다. 하나님은 성별, 부, 지위, 권력, 외모, 학력, 출신 배경, 태어난 곳, 국적, 인종 등을 구별하거나 따지지 않으시는데 신자와 교회가 그러한 사항을 근거로 차별하는 가치 체계에 여전히 얽매여 있다면 하나님의 뜻을 거스르는 것이다. 하나님의 뜻을 묻는 기도를 매일 하면서, 하나님의 이토록 명확한 뜻을 구현하지 않는다면 이 얼마나 앞뒤가 맞지 않는 삶인가.

슈넬레에 따르면 "바울은 '엔 크리스토(ἐν Χριστῷ)'라는 표현을 통해 수직적 영역과 수평적 영역을 결합한다. 즉, 그리스도와의 연합(참조. 갈 3:27)으로부터, 근본적인 성별, 인종, 사회적 구분alternatives을 초월하는 세례받은 신자들의 새로운 '코무니타스'(communitas, 공동체)가 자라나는 것이다(갈 3:28; 고전 12:13). 따라서 '엔 크리스토(ἐν Χριστῷ)'는 실재reality에 영향을 미치는 변화가 일어나고 구현되는 '영역'으로 나타난다. 세례받은 자들은 삶의 모든 측면에서 그리스도에 의해 규정되며, 그들의 공동체 안에서 새로운 존재는 가시적인 형태를 띠게 된다. 세상은 단순히 달라졌다고 선언되는 데 그치지 않고 '실제로' 변화되었다."[45]

개신교가 로마 가톨릭과의 논쟁을 거치면서 얻은 이

득과 손실을 살펴보면, 가장 막대한 손실은 '하나님의 선물을 받은 신자의 답례 반응'이라는 측면을 부당할 정도로 폄하하고 외면하게 되었다는 것이다. 고대 선물 관습에서 볼 수 있듯이, 선물 수혜자에게는 어떤 형태로든 그 선물을 되갚을 의무가 있었다. 바울의 편지들을 잘 살펴보면 하나님은 '그리스도가 우리를 위해 자기 자신을 주신' 그리스도-사건이라는 선물을 당대의 관습과는 다르게 선물 수혜자의 자격을 따지지 않고 주셨지만, 선물을 받은 사람의 되갚아야 할 의무라는 측면에서는 일반적 선물 주고받기와 다르지 않았다. 앞서 살펴본 충성과 신뢰, 즉 신자가 새로운 존재가 되어 그리스도와 하나님을 향해, 그리고 동료 그리스도인을 향해 보이는 피스티스가 바로 이러한 선물에 적절하게 답례하는 반응 중 하나다. 신자의 의무와 책임은 결국 최종 심판과 관련된다. 최종 심판은 사람의 행위를 기준으로 내려지기 때문이다.

바울이 갈라디아서 2장 20절에 "내가 그리스도와 함께 십자가에 못 박혔나니 그런즉 이제는 내가 사는 것이 아니요 오직 내 안에 그리스도께서 사시는 것이라"고 선언

---

45 Schnelle, *Theology of the New Testament*, p. 278.

한 것은, 단순한 개인 경험의 고백이 아니다. 새 창조의 우주적 현실에 참여하는 존재론적 변혁의 선언이다. 이것이 바로 현대 바울 연구가 도달한 칭의론의 새로운 지평이며, 21세기 교회가 구현해야하는 복음의 사회적·우주적 차원이다.

- 칭의는 하나님이 하시는 일: 수동태인 '디카이우타이 (δικαιοῦται)'는 하나님이 칭의 사건의 유일한 주체임을 명시한다. 칭의는 '바르고 적절한 관계에 있다고 인정되다/선언되다'라는 의미로, 법정적 선언인 동시에 관계적 회복이다. 인간의 행위나 협력은 부차적이며, 핵심은 하나님의 주권적 행위다.

- 전가가 아닌 연합: 전통적 '의의 전가' 개념은 바울 서신에 직접 나타나지 않으며, 종교개혁가들도 오늘날과 다른 의미로 사용했다. 칭의는 의가 '이동'하는 것이 아니라 그리스도와의 인격적 연합 안에서 일어나는 교환이다. 이미 그리스도로 재형성된 사람, 그리스도와 연합하여 변화되고 있는 사람을 하나님이 '의롭다'고 알아보시고[recognize] 인정하시는 것이다.

- 과거의 사건, 현재의 관계: 칭의는 주로 이미 완료된 과거의 사건으로 표현된다(롬 5:1, 9). 이는 '구원'이나 '영화'가 미래적 실재를 가리키는 것과 대조된다. 칭의와 화

해는 거의 동의어로 사용되며(롬 5:1, 10-11), 하나님과의
회복된 관계 안으로 처음 받아들여지는 것을 의미한다.

• 자격 없는 자에게 주시는 선물: 고대 세계에서 선물은
'받을 만한 자격이 있는 사람'에게 주는 것이 당연시되
었으나, 반문화적이게도 하나님의 선물은 자격 없는 '불
경건한 자'와 '원수'가 먼저 받았다. 이는 인간이 만든
모든 가치 체계(돈, 지위, 출신, 성별)를 하나님이 전혀 고려
하지 않으신다는 것이며, 여기에서 가치 체계의 전적인
재조정이 일어난다.

• 응답을 요구하는 선물: 하나님의 선물에는 아무 조건이
없지만, 반응에 대한 기대가 없는 것은 전혀 아니다. 그
리스도-선물은 자아를 새롭게 빚고 공동체를 재창조하
는 변혁적 선물이므로, 신자의 실천 속에 이 선물의 사
회적 효과가 나타나는 것이 은혜를 구성하는 필수 요소
다. 하나님의 선물에 대한 '답례'는 다른 사람에게 은혜
를 '전달'하는 것이다.

• 힘으로서의 하나님의 의: 하나님의 의(δικαιοσύνη θεοῦ)
는 언약에 대한 신실함이자 우주적 구원을 일으키는 강
력한 능력('뒤나미스')이다. 이는 개인의 칭의에 국한되지
않고 우주 전체를 변혁하는 하나님의 승리다. 십자가와

부활이라는 그리스도-사건을 통해, 어둠의 세력을 전복하고 새로운 구원의 세계를 창조하시는 하나님의 힘이 공표된다.

• 구원은 보존과 변화: 구원(소테리아)의 본래 의미는 재앙 속에서도 안전하게 '보전되고 보존되는 것'이며, '주의 크고 두려운 날'을 통과하며 살아남는 것surviving이다. 바울에게 구원은 단순히 영적 개념이 아니라 그리스도와 한 몸을 이루어 최종 심판 때 정죄를 면하는 것이자, 내주하는 성령의 능력으로 그리스도를 닮아가는 변화의 과정이다.

• 현재 진행형인 구원: '구원받고 있는 사람들'(고전 1:18)에 쓰인 현재 수동태 분사는 구원의 과정적 측면을 드러낸다. 신자는 죄·육신·율법·하나님의 진노·권세에서 해방되어 '하나님의 아들의 형상과 같아지는'(롬 8:29), 즉 인격적으로 변화하는 과정 가운데 있다. 바울은 복음을 굳게 잡지 않으면 '헛되이 믿은 것이 되고 말 것'(고전 15:2)이라고 경고하여 변화와 실천의 중요성을 강조한다.

• 우주적 지평의 구원: 구원은 단순히 개인의 죄 용서가 아니라, 하나님이 인간을 죄와 죽음의 권세들에게서 되

바울 신학 크로키

찾고자 하시는 강력한 행위다. 운동의 방향이 결정적이다. 인간이 그리스도 안으로 '들어가는' 것이 아니라 그리스도가 우주 안으로 '들어오시는' 것이 먼저다. 이 묵시적 관점은 인간의 행동에 선행하는 신적 행동의 능력, 하나님이 먼저 우리에게로 오시는 운동을 바울 복음의 핵심으로 본다.

• 실천적 함의—인간의 가치 체계 거부: 이신칭의 교리의 배경에 할례 논쟁이 있지만, 그 핵심은 인간이 중요하게 여기는 것들(성별, 부, 지위, 권력, 외모, 학력, 출신, 국적, 인종)을 하나님은 구별하지 않으신다는 선언이다. 그리스도 안에서 '근본적인 성별·민족·사회적 구분들을 초월'(갈 3:28; 고전 12:13)하는 새로운 공동체가 형성된다.

- 나는 칭의를 단순히 '의가 전가되어 법적으로 무죄 선고 받는 것'으로만 이해해 왔는가, 아니면 그리스도와의 연합 안에서 실제로 변화하고 있는 나를 하나님이 알아보시고 의롭다고 인정하시는 역동적 관계로 경험하고 있는가? 나의 정체성은 그리스도와의 연합으로 재조립되었는가?

- 하나님은 내게 '선물 받을 자격'이 전혀 없을 때 그리스도라는 가장 값진 선물을 먼저 주셨다. 이 선물을 '조건 없이' 주셨지만 '반응에 대한 기대 없이' 주신 것은 아니라는 점을 나는 어떻게 이해하는가? 나는 하나님께 어떻게 '답례'하는가? 그 답례가 다른 사람에게 은혜를 '전달'하는 모습으로 나타나는가?

- 바울이 말하는 구원은 '한번 믿고 끝'이 아니라 '구원받고 있는'(고전 1:18) 현재 진행형이다. 나는 내주하시는

성령의 능력으로 그리스도를 닮아가는 변화 과정 가운데 있는가? 아니면 과거의 어느 시점에 '구원받았다'는 확신만 붙들고 현재의 변화는 멈춰 있는가? 복음을 '굳게 잡고'(고전 15:2) 있는가?

- 하나님은 성별, 부, 지위, 권력, 외모, 학력, 출신, 국적, 인종 등 인간이 만든 가치 체계를 전혀 고려하지 않으신다. 그런데 나는, 그리고 내가 속한 교회는 여전히 이러한 인간적 기준으로 사람을 차별하고 판단하지는 않는가? 여전히 얽매여 있는 가치 체계는 구체적으로 무엇인가?

- 갈라디아서 2장 20절의 "내가 그리스도와 함께 십자가에 못 박혔나니 그런즉 이제는 내가 사는 것이 아니요 오직 내 안에 그리스도께서 사시는 것이라"는 단순한 개인적 경험의 고백인가, 아니면 새 창조의 우주적 현실에 참여하는 존재론적 변혁의 선언인가? 나는 이 선언을 삶에서 어떻게 구현하는가?

- 바울이 보기에, 구원에는 우주적 지평이 있다. 즉 구원

은 그리스도께서 우주 안으로 들어오셔서 죄와 죽음의 권세들을 타도하신 사건이다. 나는 구원을 지나치게 개인주의적으로, '나의 죄 용서'와 '나의 천국행'으로만 축소해서 이해하지는 않는가? 하나님의 구원에 사회적·우주적 차원이 있다는 점을 삶에 어떻게 나타낼 수 있을까?

- 고대인들은 선물 수여자의 인격과 힘이 선물에 내재한다고 여겼다. 하나님이 그리스도-사건을 선물로 주실 때도 단순한 '물건'이 아니라 하나님의 강력한 능력(뒤나미스)을 함께 주신 것이다. 나는 이 선물에 담긴 하나님의 변혁적 능력을 경험하고 있는가? 이 능력으로 나와 내가 속한 공동체가 어떻게 변화하고 있는가?

바울 신학 크로키

참고문헌

가벤타, 베벌리 로버츠.《로마서에 가면》. 이학영 옮김. 서울: 도서출판 학영, 2021.

던, 제임스 D. G.《바울에 관한 새 관점》. 최현만 옮김. 고양: 에클레시아 북스, 2012.

──────.《칭의 논쟁: 칭의에 대한 다섯 가지 관점》. 제임스 K. 베일비, 폴 로즈 에디 편집. 문현인 옮김. 서울: 새물결플러스, 2015.

라이트, N. T.《바울을 논하다》. 최현만 옮김. 서울: 감은사, 2023.

──────ㅤ(톰 라이트).《톰 라이트, 칭의를 말하다》 개정판. 최현만 옮김. 평택: 에클레시아북스, 2016.

모스, 마르셀.《증여론》. 이상률 옮김. 파주: 한길사, 2011.

바클레이, 존 M. G.《바울과 은혜의 능력》. 김형태 옮김. 서울: 감은사, 2021.

샌더스, E. P.《바울과 팔레스타인 유대교》(40주년 기념판). 박규태 옮김. 서울: 알맹e, 2018.

큉, 한스.《왜 그리스도인인가》. 정한교 옮김. 왜관: 분도출판사, 1982.

틸만, 프랭크.《강해로 푸는 로마서》. 한화룡 옮김. 존더반 신약주석 시리즈. 서울: 디모데, 2020.

Barclay, John M. G. *Paul and the Gift*. Grand Rapids: Eerdmans, 2015.《바울과 선물》(새물결플러스).

Bultmann, Rudolf. *The Theology of the New Testament*. New York: Scribner's Son, 1951.

Chester, Stephen. *Reading Paul with the Reformers: Reconciling Old and New Perspectives.* Grand Rapids: Eerdmans, 2017.

Dunn, James D. G. *The Theology of Paul the Apostle.* Grand Rapids: Eerdmans, 1998.

du Toit, Andrie B. "Forensic Metaphors in Romans and Their Soteriological Significance." In *Salvation in the New Testament: Perspectives on Soteriology*, edited by Jan G. van der Watt, pp. 213-246. Leiden: Brill, 2005.

Eastman, Susan Grove. "Participation in Christ." In *The Oxford Handbook of Pauline Studies*, edited by Matthew V. Novenson and R. Barry Matlock, pp. 439-455. Oxford: Oxford University Press, 2022.

Gathercole, Simon. "Justification by Faith." In *The Oxford Handbook of Pauline Studies*, edited by Matthew V. Novenson and R. Barry Matlock, pp. 422-438. Oxford: Oxford University Press, 2022.

Grudem, Wayne A. *Systematic Theology: An Introduction to Biblical Doctrine.* Grand Rapids: Zondervan, 1994.

Käsemann, Ernst. "'The Righteousness of God' in Paul." In *New Testament Questions of Today*, pp. 168-182. London: SCM, 1969.

Martyn, J. Louis. *Galatians: A New Translation with Introduction and Commentary.* Anchor Bible. New York: Doubleday, 1997.

—————. "Events in Galatia." In *Pauline Theology 1*, edited by Jouette M. Bassler, pp. 160-179. Minneapolis: Fortress, 1994.

Moo, Douglas. *The Epistle to the Romans.* NICNT. 2nd edition.

Grand Rapids: Eerdmans, 2018.

Novenson, Matthew V. *Paul and Judaism at the End of History*. Cambridge: Cambridge University Press, 2024.

Schnelle, Udo. *Theology of the New Testament*. Translated by M. Eugene Boring. Grand Rapids: Baker Academic, 2009.

Wolter, Michael. *Paul: An Outline of His Theology*. Translated by Robert L. Brawley. Waco, TX: Baylor University Press, 2015.

Ziesler, John. *Pauline Christianity*. Revised edition. Oxford: Oxford University Press, 1990.

5장

바울에게
그리스도인의 삶에
대해 묻다

끝으로, 형제자매 여러분, 무엇이든 참된 것, 무엇이든 고상한 것, 무엇이든 올바른 것, 무엇이든 순수한 것, 무엇이든 사랑스러운 것, 무엇이든 칭찬할 만한 것, 이런 것들을 마음에 두고 생각하십시오. 또 뛰어난 어떤 것이나 기릴 만한 어떤 것이 있다면, 그런 것들도 마음에 두고 생각하십시오. 여러분이 나한테서 배우고 전해 받은 것들, 그리고 듣고 본 것들, 이런 것들을 실천하십시오. 그러면 평화의 하나님이 여러분과 함께하실 것입니다(빌 4:8-9).

지금 한국 개신교는 극도로 심각한 신뢰의 위기에 직면했다. 지난 몇 년 동안 교회 내 성 추문과 재정 비리, 세습, 정치적 편향성, 코로나19 방역 지침 위반 등이 반복적으로 보도되면서 많은 시민이 교회를 사회적 책임을 회피하는 집단으로 인식하게 되었다. 예를 들어, 차별금지법 제정을 둘러싼 공론장에서 일부 개신교 단체들은 '동성애는 죄'라는 단순한 구호를 앞세워 강경하게 반대 운동을

바울 신학 크로키

전개했고, 그 과정에서 성소수자의 인권과 존엄성을 무차별적으로 무시하였다. 명망 높은 목회자나 학자조차도 이러한 취지로 공개 발언을 하는 것이 현실이다. 특히 2010년대 이후 일부 교회 지도자가 태극기 집회, 반동성애 집회, 차별금지법 반대 집회에서 혐오 발언을 일삼은 것은 국가적 규모의 사회 분열을 심화하는 데 결정적 역할을 했다.

이 같은 상황에서 한국 개신교인은 근본적 질문에 직면할 수밖에 없다. 민주사회에서 신앙에 기반한 윤리적 입장을 어떻게 공적으로 표현할 수 있는가? 성경적 가치를 고수하면서도 다양한 신념과 종교와 가치관이 공존하는 다원주의 사회의 시민으로서 책임을 다할 수 있는가? 아니, 최소한 '성경적 가치관'(이 문제적 개념에 대해서는 아래에서 자세히 다룬다)을 공유하지 않는 사람과 대화를 할 수 있을까?

이는 단순히 소통 기술의 문제가 아니라 근본적으로 기독교 신학과 윤리학의 문제다. 사도 바울은 로마서와 고린도서신을 비롯한 여러 편지에서 초창기의 그리스도 신자들에게 세상 속에서 어떻게 살아야 하는지를 가르쳤다. 바울의 가르침은 1세기 그리스-로마 사회 및 유대 사회라는 문화적 맥락에서 형성된 것으로 그 당시 상황에 적실한 것이었지만, 그중에 몇 가지 원리와 개념은 오늘날에도 기독교 윤리의 유효한 핵심 토대를 이룰 수 있다.

5장은 신자의 정체성과 교회의 본질에 대한 신학적 논의로 시작하여, 신자의 현실 사회 참여를 숙고한 현대 정치 철학과 종교 사회학의 여러 중요 이론을 살펴볼 것이다. 이어서 바울 서신의 핵심 본문들을 역사적·신학적으로 정밀하게 해석하면서 현대 한국 사회에 어떻게 적용할 수 있을지를 모색할 것이다. 마지막으로 한국 개신교인이 극우 정치와 결별해야 하는 견실한 근거와 차별금지법 논쟁에 책임 있게 참여해야 할 이유를 제시함으로써, 그리스도인과 개신교회가 민주사회에서 다시 신뢰받는 목소리가 될 수 있는 실천적 방안을 제안할 것이다.

윤리 실천의 출발점: 새로운 존재로서의 신자

한 신학자는 이렇게 말한다. "하나님께서는 십자가를 통해 인류의 절망적인 상황 가운데로 들어오셔서 '내부로부터' 변화를 일으키심으로써 관계의 단절과 분열을 기쁨에 찬 포옹으로 끌어안으신다."[1] 하나님의 사랑이 성령을 통해 사람의 마음에 부어졌으므로(롬 5:5), 그 사랑에 푹 잠긴 마음(바울이 말하는 '마음'은 지성, 감정, 의지를 다 포함한다)은 변화를 받을 수밖에 없다. 다시 말해, 하나님이 그리스도의 죽음과 부활 안에서 새 창조를 행하셨으므로, 신자는 이전과는 다른, 새로운 존재New Being일 수밖에 없다.[2]

그렇다면 새로운 존재가 되었다는 사실을 어떻게 외적으로도 알아차릴 수 있을까? 충격적으로 강력한 변화를 일으키는 하나님의 힘을 고스란히 겪은 사람이라면, 그리고 그런 사람들이 모인 공동체라면 다른 이의 눈에도 명확하게 보이기 마련인 특징이 있을 것이다. 빌립보서는 이러한 '비포 앤 애프터before and after'의 대조를 잘 드러낸다. "무엇이든 내게 이득이었던 것들, 바로 그것들을 나는 그리스도 때문에 (회계 장부상) 손실로 여기게 되었습니다"(빌 3:7, 필자의 사역). 가치관이 정반대로 바뀐 모습을 뚜렷하게 포착한 구절이다. 바울은 이어서 자기가 아직 '목표점'에

---

1 마크 매킨토시, 《신앙의 논리: 그리스도교 신학의 넓이와 깊이》, 안에스더 옮김 (서울: 비아, 2019), p. 222.

2 참고할 만한 책은 폴 틸리히, 《새로운 존재: 신적 구원에 대한 실존적 명상》, 김광남 옮김 (서울: 뉴라이프, 2008). 바울 신학에서 구원론과 윤리의 핵심을 '새로운 존재'의 탄생으로 보는 견해는 Udo Schnelle, *Apostle Paul: His Life and Theology*, trans. M. Eugene Boring (Grand Rapids: Baker Academic, 2005), pp. 479-482, 546-558.

이르지 못했음을 인정하는 가운데, 우리 눈길을 확 잡아 끄는 표현을 쓴다. "그러므로 완전한 사람(τέλειοι)인 우리는 이렇게 생각합시다"(빌 3:15). 바울은 빌립보 신자들과 자신을 묶어서 완전하고 온전한 사람이라고 말한다. 그리스도인은 새로운 존재이며 완전한 사람이다. 윤리적 사고와 실천은 바로 이러한 존재의 변화에서 자연스럽게 흘러나온다.

정신의 갱신과 분별력

바울의 말을 조금 더 깊이 분석해 보자. 로마서는 인간의 내면 전체 혹은 '자아의 중심'을 뜻하는 '마음(καρδία)'이 복음의 힘과 성령을 통해 어떻게 변하게 되는지에 많은 지면을 할애한다.[3] 복음은 우주 전체에 전적인 변화, 즉 새 창조를 가져온 하나님의 힘이다. 그 힘이 얼마나 막강한지, 금강석같이 단단하여 변화에 극도로 저항하는 인간의 '마음'마저 새롭게 만든다.[4]

---

3 Schnelle, *Paul: His Life and Theology*, p. 533.

4 존 M. G. 바클레이, 《바울과 선물: 사도 바울의 은혜 개념 연구》, 송일 옮김 (서울: 새물결플러스, 2019), pp. 771-791.

바울 신학 크로키

바울은 로마서 12장 2절에서 이를 '정신의 갱신(ἡ ἀνακαίνωσις τοῦ νοός, renewal of mind)'이라고 말한다. 정신의 갱신을 통해 마음의 변화를 받은 사람은 "하나님의 선하시고 기뻐하시고 완전하신 뜻이 무엇인지를 분별"할 수 있다(롬 12:2). 그리스도인을 '새로운 존재'라고 할 때는 이전에 없던 분별력을 가지게 된 사람이라는 의미도 들어 있다.

기존 한국 교회는 복음을 통한 **인간 정신의 갱신**을 간과한 측면이 없지 않다. 성경을 읽는 그리스도인은 바울의 윤리 지침이 '생각하라'는 권면으로 가득 차 있음을 주목해야 한다. 신자는 복음의 변혁적 힘을 통해 비로소 바르게 생각할 수 있는 사람이 되었고, 정신이 갱신된 이들이 모인 교회라는 공동체는 숙고와 숙의를 통해 분별력 있는 판단을 할 수 있게 되었다. 바로 이러한 사실을 바탕으로 바울은 '생각하라'고 권고할 수 있었다. 성경의 어떤 구절을 그냥 제시하며 그 내용을 행동 지침으로 삼기 전에, 그리스도인은 생각해야 한다. 분별력을 십분 활용해 숙고하고 판단해야 한다. 그러라고 하나님이 우리의 정신을 갱신하신 것이다.

로마서 8장 3-4절에서 바울의 말에 따르면, 복음 안에서 하나님의 힘이 인간의 '육신(죄를 향해 자동적으로 가는 성향)'의 문제를 해결했는데, 그러한 일을 하신 목적은 우리가 영을 따라 살면서 율법이 요구하는 바를 성취하게 하기 위해서다.

율법이 육신 탓에 무력해져서 할 수 없었던 그것을 하나님이 하셨습니다. 하나님은 자신의 아들을 죄가 활동하는 몸뚱이를 지닌 모습으로, 죄를 없애 주시려고 보내셨습니다. 그리하여 그 육신에서 활동하는 죄에게 유죄 판결을 내리셨던 것입니다. 육신을 따르지 않고 성령님을 따라 살아가는 우리 가운데서 율법이 규정하는 일이 이루어지도록 하시려는 것이었습니다(롬 8:3-4).

다시 말해, 마음에 하나님의 영을 부음받아 정신이 갱신된 이는 이제 율법이 요구하는 바를 제대로, '큰 어려움 없이' 이룰 수 있게 되었다는 말이다.[5] 굉장히 놀라운 선언이다. 그래서 바울은 대담하게도 그리스도인을 '완전한'

---

5 Matthew V. Novenson, *Paul and Judaism at the End of History* (Cambridge: Cambridge University Press, 2024), pp. 200, 285.

사람이라고 단언할 수 있었던 것이다. 이 '완전'은 행동을 통해서 드러난다.

한편, 바울의 끊임없는 윤리적 권면에도 주목할 필요가 있다. 다음과 같은 구절을 주의 깊게 살펴보자. (아래 인용한 두 구절은 모두 필자의 사역이다.)

그리고 당신은 누구이기에 당신의 형제를 심판합니까? 혹은, 당신이 누구이기에 당신의 형제를 업신여깁니까? 우리는 모두 하나님의 심판대 앞에 서게 될 것입니다(롬 14:10).

왜냐하면 우리 모두는 그리스도의 심판대 앞에 마땅히 나타나야만 하기 때문인데, (이는) 선하거나 나쁘거나 행한 바 대로 몸을 통해 (한 것)을 받기 위함입니다(고후 5:10).

한 번 받은 '의롭다는 신분'(혹은 구원)은 불변하는가? 바울은 늘 이 사안에 대해 약간 유보적으로 보인다. 신자가 그리스도에게서 떨어져 나갈 수 있다고 말할 때도 있고, 하나님 나라를 상속받지 못할 수도 있다고 말할 때도 있기 때문이다.

여러분들 중 누구나 율법으로 의롭게 되고자 한다면 여러분은 그리스도에게서 잘려나갔으며 은혜로부터 떨어져나갔습니다(갈 5:4).

그런데 육신의 행위들이란 명백합니다. 그것은 음행, 부정함, 방탕, 우상 숭배, 마술, 미워함, 분쟁, 질투, 화냄, 이기심, 분열, 패거리 짓기, 질투, 술취함, 폭음/폭식, 그 밖에 이와 비슷한 것들입니다. 전에도 말한 바와 같이 나는 여러분에게 또다시 말합니다. 이러한 짓을 행하는 자들은 하나님 나라를 상속받지 못할 것입니다(갈 5:19-21).[6]

칭의의 결과가 그리스도와의 합일 혹은 합체라면, 갈라디아서 5장 4절에서 말하는 '그리스도에게서 잘려 나감'은 칭의와 구원의 핵심인 그리스도와의 연합이 취소되었다는 뜻이라고 볼 수 있다. 이러한 경고와 경책의 말씀이 오늘날 한국 교회에 조금도 숨김없이 밝히 드러나기를!

게다가 주일 예배의 대표 기도에서 자주 들을 수 있는 '이 씨뻘건 죄인'이라는 신자의 자기 규정과는 달리, 바울

---

6 여기에서 인용한 갈라디아서 5:4, 19-21도 필자의 사역.

은 그리스도인을 묘사할 때 극도로 긍정적인 표현을 쓴다. 신자는 거룩한 사람, 흠 없는 사람, 완전한 사람이다. 바울이 신자의 거룩함을 얼마나 높은 수준으로 기대했는지에 주목할 필요가 있다.

그리고 평화의 하나님 당신께서 여러분을 완전히 거룩하게 해 주시기를 바라며, 우리 주 예수 그리스도께서 오실 때에 여러분의 영과 혼과 몸이 흠없이 보존되기를 바랍니다(살전 5:23).

사실 이것이 하나님의 뜻입니다―여러분의 거룩함(성스러움)(살전 4:3).

성도라는 단어 자체가 '거룩한 무리'라는 뜻이다. 거룩하지 않은 사람들을 성도라고 부르는 것은 하나님에게 불경한 행동이다. 바울의 높은 기대 수준은 바울이 최후 심판에 대해 이야기하고 있을 때 드러나는데, 여기에서 놓치지 말아야 할 굉장히 중요한 사실이 있다. 바울이 길어야 10-20년 안에 일어날 일을 염두에 두고 말하고 있다는 사실이다. 로마서 후반부에서 바울은 우리의 구원이 예전보다 더 가까워졌다고 이야기한다. 그렇다면 바울은 사람들이 예수를 믿은 지 10-30년 안에 세상의 종말이 일어나고, 각자가 하나님의 심판대에 서서 흠 없고 온전하며 거룩하다는 판결을 받아야 하리라고 생각한 것이다. 이는 본문을 읽는 우리에게 큰 부담과 도전으로 다가온다. 복음으로 변화를 받은 지 10년 이상 된 그리스도인이 무척 많을 것이다. 그런데 그들은 과연 바울이 기대했던 대로, **그토록 빠르게** 도덕적이고 영적인 변화를 겪고 성장해서 흠 없고 거룩한 사람이 되었는가?

각 사람이 감추고 있는 비밀을 최종 심판 때 하나님이 심판하신다는 것(롬 2:16)은 사실 무척 무서운 말이다. 우리는 이러한 하나님의 정의로운 눈을 '성도의 견인' 교리라는 방패 뒤에 숨어 피하려고 하지만, 바울은 아무도 하나님의 눈을 피할 수 없을 뿐만 아니라 모든 것이 '드러날 것'이라고 말한다. 이 주제에 관해 사색할 때, 《중용中庸》에서 강조하는 신독愼獨7)을 떠올리면 좋다. 아무도 보지 않을 때도 남이 보고 있을 때와 마찬가지로 행동하며 스스로 삼가는 것이 유학의 신독이라면, 그리스도인의 신독은 홀로 있을 때나 사람을 대할 때나 마음속 깊은 곳을 보시는 하나님을 의식하며 살아가는 것이다. 하나님을 감찰자로 의

바울 신학 크로키

식하며 늘 두려워 떨고 긴장하며 살라는 말이 아니다. 자
신을 하나님의 자녀이자 종으로 의식하고 마땅히 살아가
야 할 방향성을 잃지 말라는 뜻이다.

교회의 본질과 사명: 대안적 공동체

그렇다면 이렇게 '새로운 존재'들이 모여 형성한 교회는
어떠한 본질과 특색을 지닌 공동체인가? 기독교 윤리학자
인 스탠리 하우어워스$^{Stanley\ Hauerwas}$는 교회를 '대안적 공
동체'로 이해해야 한다고 주장한다.[8] 공동체가 실제로 무
엇을 이야기하고 어떤 습관을 길러 내느냐가 핵심이다. 복
음은 단순히 교리가 아니라, 하나님이 인간을 사랑하시고
끝없이 역사 속에서 활동하신 **이야기**다. 출애굽 사건이나
예수의 삶과 죽음과 부활의 이야기에 들어가 그 이야기 안
에서 살아가면서 사람들은 정서와 감정, 상상력을 재구성

---

7 '신독'은 남들이 보지 않을 때도, 즉 혼자 있을 때도 스스로 삼가 부끄러운
   일을 저지르지 않고 도리에 맞게 사는 것이다.
8 스탠리 하우어워스는 자신의 주요 주장들을 여러 글에 반복해서 말했
   기 때문에, 한 번에 찾아보기 쉽게 하우어워스의 중요한 글 모음집을 인
   용 기준으로 한다. Stanley Hauerwas, *The Hauerwas Reader*, ed. John
   Berkman and Michael Cartwright (Durham: Duke University Press, 2001),
   pp. 114-115, 373-375, 422-423, 434-435.

한다.[9] '이야기에 참여'하는 것은 성경 이야기 속 사건과 가치가 개개인의 삶에서 살아 움직이도록 하고, 그 사건과 가치를 공동체 안에서 반복적으로 실천하고 습관으로 체화하는 것이다.[10] 신자는 복음의 이야기를 통해 세상을 해석하는 '새로운 눈'을 뜬다. 그 과정에서 길러지는 덕[virtue]은 단순한 도덕적 이상이나 동양적 의미의 고결한 인격이라기보다는, 몸에 밴 습관 혹은 '제2의 천성'이라 부를 수 있는 실천적 성품이다.[11]

기독교적 '덕과 성품'을 구체적으로 어떻게 기르는가? 주요 연구자들이 공통적으로 강조하는 점을 세 가지로 추리면 다음과 같다. 먼저, 예배와 의례를 통해서 덕과 성품을 기를 수 있다. 성찬, 기도, 성경 낭독 같은 공동체 예식은 신앙의 이야기를 제2의 천성으로 몸에 새기는 역할을 한다. 의례는 지식 전달이나 전승을 반복하는 행위에 불과

---

9 Stanley Hauerwas, *The Hauerwas Reader*, pp. 122-125, 422-423, 529-530.

10 Stanley Hauerwas, *The Hauerwas Reader*, pp. 119, 140-141, 252-253, 529-530. 참고.《평화의 나라》(비아토르).

11 Stanley Hauerwas, *The Hauerwas Reader*, pp. 236-241, 252-253, 529-530. 참고.《교회의 정치학》(IVP).

바울 신학 크로키

하지 않다. 의례에는 거듭된 실행을 통해 욕망과 관심의 좌표와 방향을 바꿀 수 있는 힘이 있다.[12] 이는 많은 종교학 연구를 통해 확인된 사실이다. 그다음으로, 예배당이라는 공간을 넘어 일상적 공동체에서 공동의 생활 방식이라는 구조 속에서 살아가면서 덕을 몸으로 익힌다. 예를 들어 공동체 구성원 중에 경제적으로 어려운 사람이 있다면 여력이 있는 사람이 자기 재산을 적극적으로 나눈다거나, 노동을 같이한다거나, 공동으로 자녀 교육을 한다는 것 등을 생각해 볼 수 있다. 이렇게 개인의 이기적이고 계산적인 마음을 억제하고 상호 돌봄을 일상화하는 가운데 특정한 덕이 몸에 밴다. 마지막으로, 단순한 도덕 교육이나 윤리 강의의 한계를 극복하기 위해서 성숙한 신앙인들이 젊은 세대와 많은 시간을 함께 보내고, 고난과 갈등을 공동체 안에서 함께 견디면서 덕과 성품을 전수하고 기를 수 있다.[13]

---

12 이 같은 주장을 강하게 하는 저서는 James K. A. Smith, *Desiring the Kingdom: Worship, Worldview, and Cultural Formation* (Grand Rapids: Baker Academic, 2009). 《하나님 나라를 욕망하라》(IVP).

13 Stanley Hauerwas, *The Hauerwas Reader*, pp. 291, 372-373, 528-529.

물론 이러한 제안은 다소 이상적이며, 실제로 구현하고자 한다면 엄청난 어려움과 예상치 못한 부작용이 따를 수 있다는 점도 잘 알려져 있다. 하지만, 나는 이러한 구상이 교회 공동체의 방향 감각을 익히는 데 유익한 안내도라고 생각한다. 안내도는 없는 것보다 있는 것이 훨씬 낫다.

교회의 본질과 공동체 내의 실천에 대한 이러한 이해와 비전은 때로 바람직하지 않은 길로 흐른다. 그리스도인은 이 세상에서 구체적인 삶을 살아가되, 동시에 이 세상에 속하지 않은 신분을 지녔으므로 세상의 가치와 제도에 완전히 동화되지 않고 비판적 거리를 유지해야 한다는 쪽으로 기울기 쉽기 때문이다. 이러한 정체성 이해는 사회 및 국가와 어떤 관계 속에서 살아가야 하는지에 대한 고민을 소홀히 할 위험을 안고 있다. 사회적으로 첨예한 쟁점을 다루는 공론에 적극 참여하며 신뢰할 만한 대화 상대가 되려는 노력을 기울이지 않는다면, 교회는 특이한 문화를 지닌 고립된 '대안 공동체'로 남거나, 무분별한 정치 구호에 휘둘려 신중한 사회 참여에 실패하는 집단으로 비칠 수밖에 없다.

신뢰도가 바닥으로 떨어진 한국 개신교인은 민주 사회의 구성원으로서 중요한 정치·사회 이슈 앞에서 어떤 태도를 취해야 하는가? 자신의 가치를 기반으로 '우기지 않으면서' 다른 이들을 설득할 수 있는가? 그러기 위해서는 어떠한 언어를 사용해야 하는가?

공공 이성: 모두가 이해할 수 있는 언어로 말하기

현대 민주사회에서는 종교와 세계관이 다양한 시민이 함께 살아간다. 그리스도인은 이 점을 정확히 인식해야 한다. 다원적 사회에서 정치적 결정을 내릴 때 특정 종교나 철학 내부에서만 통하는 언어로 주장을 펼친다면, 다른 시민을 설득하기 어렵다. 이러한 문제를 다루기 위해 현대 자유주의 정치 철학, 특히 존 롤스John Rawls 이후의 논의에서는 공적 이성 혹은 공공 이성public reason이라는 개념을 정교하게 제시해 왔다.[14] 교회는 공공 이성이라는 개념을 최소한의 상식이자 시민 교양으로서 공동체 안에서 가르치고 소화해야 한다.

공공 이성이라는 개념의 핵심은 명료하다. 자유주의적 제도의 안정성이 보장되려면, 민주 사회의 시민이 헌법의

---

14 John Rawls, *Political Liberalism*, Expanded Edition (New York: Columbia University Press, 2005), pp. 212-254.《정치적 자유주의》(동명사).

본질적 요소나 기본적 정의의 문제를 논의할 때 자신과 종교 혹은 철학적 신념이 다른 사람도 받아들일 수 있는 공적 가치에 기반한 근거를 제시해야 한다는 것이다. 예컨대 어느 기독교인이 차별금지법을 반대하면서 그 근거를 "성경에서 동성애를 죄라고 하기 때문이다"라고만 말한다면, 성경을 권위로 인정하지 않는 시민은 그 주장을 공적 논의의 근거로 받아들이기 어렵다. 그보다는 "이 법안은 표현의 자유와 종교의 자유라는 헌법적 기본권을 과도하게 제한할 위험이 있다"처럼, 헌법 질서 속에서 누구나 이해하고 평가할 수 있는 정치적 근거를 함께 제시해야 한다. 낙태를 반대하는 기독교 단체 역시 '하나님의 뜻'만 내세우기보다는 '헌법이 보장하는 생명권'에 대한 해석을 공론장에 들고 나와 다른 시민과 더불어 논의해야 한다.

이 원칙이 종교인에게는 불공평하다는 지적이 있을 수 있다. 신앙인에게는 자신의 가장 깊은 신념을 공론장에서 표현하지 말라고 하면서 세속 시민에게는 그런 제한을 가하지 않기 때문이다.[15] 이러한 비판에 대응하여 '단서 조항proviso'이라는 개념을 도입하자 롤스Rawls의 공적 이성 이론이 수정·보완되었다. 단서 조항이란, 종교인이든 무신론자든 누구나 자신의 종교적 또는 철학적 신념을 정치

토론에 언제든지 가져올 수 있지만, **적절한 시점에** 그 신념이 지지하는 정책이나 법을 뒷받침하는 **정치적 근거도** 함께 제시해야 한다는 '조건'을 뜻한다.[16] 여기서 '정치적 근거'는 특정 종교나 철학을 믿지 않는 시민도 자유롭고 평등한 시민으로서 합리적으로 받아들일 수 있는 근거를 의미한다.

오늘날 서구 사회를 설명하는 개념으로 '탈세속사회 post-secular society'라는 표현이 자주 사용된다. 이 말은 이제는 국가나 사회가 특정 종교가 지배적이었던 과거와 같지는 않지만, 그렇다고 종교가 완전히 사라진 것도 아니며 오히려 공적 삶에서 여전히 중요한 역할을 한다는 인식을 담고 있다.[17] 이런 사회에서는 세속적 시민과 종교적 시민이 서로 배우고 대화해야 한다.[18] 그래서 위르겐 하버마스

15　이러한 논의의 예로는 다음의 글을 보라. Nicholas Wolterstorff, "The Role of Religion in Decision and Discussion of Political Issues", in Robert Audi and Nicholas Wolterstorff, *Religion in the Public Square* (Lanham, MD: Rowman & Littlefield, 1997), pp. 67-120.

16　John Rawls, "The Idea of Public Reason Revisited", *University of Chicago Law Review* 64, no. 3 (1997): pp. 765-807, 특히 776, 783-784.

17　Jürgen Habermas, "Religion in the Public Sphere", *European Journal of Philosophy* 14 (2006): pp. 1-25, 특히 14-15.

Jürgen Habermas는 종교를 단순히 비합리적이거나 낡은 것으로 치부하지 말고, 오히려 종교적 전통이 담고 있는 중요한 내용에 신중히 주목해야 한다고 말한다.[19]

여기에서 중요한 것이 '번역translation'이라는 개념이다. 하버마스는 시민 사회, 언론, 대학, 교회, 시민 단체 같은 비공식적 공적 영역informal public sphere을 공식 정치 기관(의회, 법원, 행정부)과 구분한다. 비공식적 공론장에서 종교인인 시민이 자신의 종교적 신념을 사회에서 일반적으로 사용되는 용어로 표현할 수 없다면 종교 언어로 표현하고 정당화할 수 있어야 한다. 반면에 의회, 법원, 행정부 등 공식 정치 기관에서는 오직 세속적 근거만 허용된다.[20] 그러므로 건설적이지만 종교적인 주장은 의회에서 법안으로 논의되기 전에, 비공식적 공론장에서 세속 언어로 번역되어야 한다. 이때의 번역은 협력적 과제cooperative task로서, 종교인인 시민뿐 아니라 비종교인인 시민도 번역에 참여해야 한다.[21] 세속 시민은 종교인의 말에 마음을 열고, 종교

---

18 Habermas, "Religion in the Public Sphere", pp. 13-16.

19 Habermas, "Religion in the Public Sphere", pp. 10-11.

20 Habermas, "Religion in the Public Sphere", pp. 9-10.

바울 신학 크로키

인의 언어에서 세속 언어로 번역이 가능한, 도덕적으로 설득력 있는 내용을 발견하려는 의향으로 토론에 임해야 한다.[22]

이와 같은 공공 이성, 단서 조항, 번역, 탈세속사회에 대한 논의는 한국 개신교가 공론장에 참여할 때 반드시 염두에 두어야 할 기본 문법을 제공한다. 현실적으로 실천하기에는 상당한 어려움이 따르지만, 그렇기에 한국 개신교가 공적 발언을 하는 방식에서 가장 시급히 교정되어야 할 지점이기도 하다.

그리스도인이 공론장에 참여하려면 첨예한 사회적 의제들에 대해 정치하고 견고한 종교적 입장을 정리해야 한다. 지금부터 몇 가지 시급한 윤리적, 실천적 사안에 대해 '바울에게 물어보자'.

바울 서신의 핵심 본문 재해석

로마서 1장 26-27절. 이 본문을 바울이 동성 간 성적 행위를 언급하는 대표적 본문으로 간주하려면 우선 1세기 지

---

21 Habermas, "Religion in the Public Sphere", p. 10.

22 Habermas, "Religion in the Public Sphere", p. 15.

중해 문화를 이해해야 한다.

이 때문에 하나님께서는 그들을 부끄러운 욕정에 내맡기셨습니다. 여자들까지도 순리적인 관계를 역리적인 것으로 바꾸었고, 같은 방식으로 남자들도 여자와의 순리적인 관계를 버리고 서로에게 욕정으로 불탔으며 남자가 남자와 부끄러운 짓을 행하다가 자기들의 그릇됨에 대한 마땅한 대가를 자기 몸에 받았습니다(롬 1:26-27).

이 본문을 제대로 이해하기 위해 바울이 살던 1세기 그리스-로마 세계의 성 문화와 성에 대한 인식을 살펴보자. 앞서 보았듯 은혜, 선물, 믿음처럼 고대인이 썼고 현대인도 쓰는 단어라도 해도 뜻은 상당히 다를 수 있기 때문이다.[23]

고대 로마 사회에서는 성을 오늘날과 매우 다른 방식으로 이해하였다. 현대 사회는 이성애자와 동성애자라는

---

23 이 본문에 대한 다양한 견해를 간결하게 요약한 글로는 Jeremy Punt, "Romans 1:18-32 Amidst the Gay-Debate: Interpretative Options", *HTS Teologiese Studies / Theological Studies* 63, no. 3 (2007): pp. 965-982이 좋다.

성적 정체성의 범주로 사람을 구분하지만, 고대에는 그런 구분이 없었다. 성적 지향성이라는 개념은 (주로 18세기와 19세기에 걸친) 근현대의 산물이다.[24] '동성애/이성애' 범주는 고대에는 존재하지 않았던 분류법이다. 당연히 라틴어에는 동성애나 이성애 같은 단어가 없고,[25] 로마 시대에 사용된 '성 관련 용어들(이를테면 *stuprum, pudicitia, cinaedus*)'은 영어나 한국어로 '번역이 거의 불가능하다.'[26] 로마인들은 성적 행위를 '삽입하는 자'와 '삽입당하는 자'라는 이분법으로 이해했다. '삽입하는 자'는 남자이지만, '삽입당하는 자'는 성별과는 아무 관련이 없었다.[27]

로마 남성에게 성행위는 파트너의 성별에 따라 본질이 달라지는 두 개의 다른 행위가 아니라, 삽입이라는 하나의 남성적 행위가 다른 대상(남성/여성)에게 표현되는 것일 뿐이었다. 자유민 로마 시민 남성에게는 **성별과 관계없이** 노

---

24 이미 수십 년 전부터 학계에 널리 받아들여진 주장이다. 예를 들어, Eve Kosofsky Sedgwick, *The Epistemology of the Closet* (Berkeley: University of California Press, 1990).

25 Craig A. Williams, *Roman Homosexuality*, 2nd ed. (Oxford: Oxford University Press, 2010), p. 5.

26 Williams, *Roman Homosexuality*, p. 6.

27 Williams, *Roman Homosexuality*, p. 180.

예, 전 노예(해방 노예), 창녀, 배우 등 여흥을 돋우는 사람이 모두 성적 파트너가 될 수 있었다(단, 자유민 남성과 아내 이외의 여성은 공식적으로는 성적 파트너로서 부적절한 것으로 간주).[28] 특히 로마인에게 자신의 노예는 성별과 관계없이 마음대로 할 수 있는 일종의 사냥감이었다.[29] 지배와 통제라는 남성적 이상을 숭상하는 로마 남성에게 성행위의 핵심은 삽입을 통한 남성성*virtus*의 구현이었으므로,[30] 그 대상이 남성이든 여성이든, 노예든 창녀든 사회적으로 용인된 범주 안에 있다면 본질적으로 동일한 행위로 간주되었다. 남성이 남성과 성관계를 하는지, 여성과 성관계를 하는지로 사람의 성적 정체성을 나누지 않았다는 말이다. 로마에서 성행위는 사회적 신분과 '명예' 및 남성성이라는 핵심 가치로 중심으로 규정되었다. 보통 '삽입을 당하는 사람'은 사회적 약자였으므로, 자발적으로 삽입당하는 역할을 원하는 성인 남성은 자신의 '남성성' 자체를 포기하는 것으로 간주되어 조롱받았다.[31]

---

28 Williams, *Roman Homosexuality*, pp. 19, 27, 43.

29 Williams, *Roman Homosexuality*, p. 67.

30 Williams, *Roman Homosexuality*, pp. 145, 180.

바울 신학 크로키

결론적으로, 자유민 로마 시민이 남자 노예를 성적 대상으로 삼는 것은 사회적으로 너무 당연하여 용인된 행위였기 때문에 '자연스러운' 행동이라고 말할 수 있다. 이러한 간략한 배경지식에서 보면, 우리가 흔히 '동성애 반대 본문'이라고 부르는 바울 서신의 몇 구절에서 말하는 내용을 현대적 의미의 동성애와는 완전히 다른 사회적, 경제적, 종교적 맥락에서 이해해야 한다. 굳이 현대적 용어를 표현해서 말하면, 바울이 살던 시대에는 이성애적 관계와 동성애적 관계가 '자연스럽게' 중첩될 수 있었다.

'자연'과 '자연을 거스름'. 바울은 동성 간 행위를 '자연을 거스르는(παρὰ φύσιν)' 것으로 묘사한다(롬 1:26). 이 표현은 당시 스토아 철학에서 널리 사용되던 개념이다. 흥미롭게도 로마서 1장에는 스토아 철학의 전문 용어가 몇 개 등장하기 때문에 스토아 영향을 받은 본문으로 보아도 큰 무리가 없다.[32] 스토아학파는 '자연에 따라(κατὰ φύσιν)' 사는 삶(자연과 일치하는/부합하는 삶)을 기반으로 하는 포괄적인 윤리 체계를 발전시켰다.[33] 인간의 고귀한 본성은 이성

---

31 Williams, *Roman Homosexuality*, p. 193.

이고, 인간의 이성은 우주를 관통하는 이성(이는 자연을 정확히 관찰하면 알아차릴 수 있는 우주의 질서로 나타난다)의 한 부분이다. 그래서 인간 자신의 이성적·사회적 본성과 우주의 이성적 질서에 합치하는 삶이 최고의 선the supreme good을 이루는 삶이다. 따라서 자연을 거스르는(παρὰ φύσιν) 행위나 상태는, 그 구조상 '목적에서 벗어난 것' 즉 도덕적 악(κακόν)이자 병적인 격정(πάθος)으로 간주된다.

그런데 주의해야 할 점이 있다. 고대인들이 '자연스러움'을 논의할 때 그들이 염두에 둔 자연(φύσις)은 오늘날의 생물학적·형이상학적 본성 개념이 아니다. 그들이 말하는 '자연'은 고대의 각 공동체가 공유하던 상식과 관습, 그리고 거기에서 추출된 규범적 질서를 가리키는 말에 가까웠다.[34] 이런 의미에서 '자연스럽다'는 판단은 보편적·

---

32 Michael Wolter, *Der Brief an die Römer, vol. 1, Röm 1-8*, Evange-lisch-Katholischer Kommentar zum Neuen Testament 6/1 (Göttingen: Vandenhoeck & Ruprecht, 2014), pp. 149-150. 참조, John W. Martens, "Romans 2.14-16: A Stoic Reading", *New Testament Studies* 40 (1994): pp. 55-67.

33 유용한 입문서로는 Tad Brennan, *The Stoic Life: Emotions, Duties, and Fate* (Oxford: Oxford University Press, 2005)와 Brad Inwood, *Ethics and Human Action in Early Stoicism* (Oxford: Clarendon Press, 1985)을 추천한다.

초역사적 기준이 아니라 특정 시대·문화가 당연시한 인간관계의 위계, 성별 역할, 사회질서에 상당히 좌우되었고, 따라서 문화권마다 다를 수 있었으며, 심지어 같은 문화 안에서도 저자와 장르에 따라 상이할 수 있었다. 예를 들어, 고대 그리스 상류 남성 시민의 세계에서는 소년애 pederasty의 특정 형태를 도덕적·교육적 가치를 지닌 관계로 격상하기도 했다. 그러나 일반적으로 로마인들은 소년을 성적 대상으로 삼는 것에 거부감을 드러냈다. 이는 **'자연'이라는 개념이 문화적으로 구성된 것**임을 잘 보여 준다. 현대 생물학이 관찰한 대다수 종의 동물에 '동성 간 성관계'를 맺는 개체가 있다는 사실을[35] 로마 사람들이 알았더라면, 동성 간의 성관계에 대해 '자연'을 기반으로 하는 그들의 판단에 변화가 생겼을 수도 있다.

이제 로마서 본문으로 돌아가자. 바울이 말하고자 하

---

34 예컨대 고대의 성·젠더 규범을 '자연'의 언어로 읽어 내며, 이러한 담론이 그리스-로마 사회 위계(hierarchy) 및 성 역할(남성 우월성, 관습적 역할 기대)에 깊이 뿌리내리고 있었다는 점을 보려면 Bernardette J. Brooten과 Dale B. Martin의 분석을 보라. Bernadette J. Brooten, *Love Between Women: Early Christian Responses to Female Homoeroticism* (Chicago: University of Chicago Press, 1996); Dale B. Martin, *Sex and the Single Savior: Gender and Sexuality in Biblical Interpretation* (Louisville: Westminster John Knox Press, 2006).

는 내용을 제대로 파악하기 위해서는 로마서의 문제 구절이 놓인 논증의 **맥락**을 주시해야 한다. 바울이 로마서 1장 18-32절을 쓴 의도는 단순히 '이방인은 타락했다'고 말하려는 것이 아니었다. 유대인도 동일하게 심판 아래 있다는 결론으로 청중을 이끌어 가려는 수사 전략이었다.[36] 즉 바울은 그의 청중(특히 유대인 독자/청자)이 '이방인의 타락(동성 간 성행위 포함)'을 격렬히 비난하도록 유도한 뒤 곧이어 로마서 1장에서 그 비난이 유대인 자기 자신에게 그대로 향하도록 논증의 흐름을 배치했다. 그러므로 로마서 1장 26-27절을 이러한 문맥에서 떼어 내 오늘날 동성애 논쟁의 결정적 증거 본문proof-text으로 사용하는 것은 바울의 논증 구조를 심하게 오독하는 것이다.

게다가 앞서 보았듯이, '자연'이라는 판단 기준이 고대

---

35 선구적 연구로는 Bruce Bagemihl, *Biological Exuberance: Animal Homosexuality and Natural Diversity* (New York: St. Martin's Press, 1999)를 보라. 영장류에서 두드러지게 나타남을 보여 주는 최신 연구로는 José M. Gómez, A. González-Megías & M. Verdú, "The evolution of same-sex sexual behaviour in mammals", *Nature Communications* 14 (2023): p. 5719를 보라.

36 이 단락은 William R. G. Loader, "Paul on Same-Sex Relations in Romans 1", *Interpretation: A Journal of Bible and Theology* 74 (2020): pp. 242-252의 내용에 바탕을 둔다.

그리스-로마 사회의 문화적 산물이며, 무척 유동적인 개념이었다는 점을 인정해야 한다. 남성 간 성교에 대한 강한 반감은 고대 유대교 문헌에서 빈번히 관찰된다.[37] 유대인인 바울이 유대적 성 윤리를 대부분 받아들였다는 것도 로마서 본문을 해석할 때 염두에 두어야 한다. 바울이 로마서 1장에서 동성끼리의 성관계를 타락한 것으로 보는 관점은 당대의 일부 철학 전통 및 유대교 견해와 대동소이하다. 다시 말해 그가 로마서 1장에서 개진한 견해는 그 시대 특정 그룹 혹은 사회 내에서 구성된 '문화적 산물'이다.

현재 가장 권위를 인정받는 로마서 주석의 저자 역시 이러한 점들을 명확히 지적하며 로마서 1장 26-27절을 놓고 고민하는 현대의 모든 그리스도인이 귀 기울일 만한, 아니 기억해야만 하는 글을 자신의 기념비적인 주석에 남겼다. 그 글은 길지만 충분히 인용할 가치가 있다.

---

37 이에 대한 자세한 연구는 William R. G. Loader, "Reading Romans 1 on Homosexuality in the Light of Biblical/Jewish and Greco-Roman Perspectives of its Time", *Zeitschrift für die neutestamentliche Wissenschaft* 108 (2017): pp. 119-149을 보라.

이 두 절은 근래에 그리스도인들이 자신의 동성애와 다른 그리스도인들의 동성애를 어떻게 다루어야 하는지를 둘러싼 논의에서 중요한 역할을 해 왔다. 그러나 남자와 여자, 남자와 남자 사이의 성적 관계(χρῆσις)에 대한 바울의 언급을 이와 같이 도구화하는 데 대해서는 중대한 반론이 제기된다. 첫째, 바울이 '자연스러운(φυσικός)' 것과 '부자연스러운(παρὰ φύσιν)' 것이라는 범주를 사용한 것은 정서에 호소하는 수사 전략에 속한다. 이 전략의 유일한 목표는 문화적 관습에 어긋나는 행위를 폄하하는 것이다.[38] 언제나 '자연스럽다'고 간주된 것은 다수가 행하는 것이었고, 규범에서 벗어나는 것은 '부자연스럽다'고 평가절하했다. 이러한 논변 방식은 언제나 사회적으로 지배적인 규범에서 벗어나는 사람들을 주변부로 밀어내는 데만 관심을 둔다. 그러므로 사람들이 '자연스러운' 행위와 '부자연스러운' 행위라고 부르는 것이 실제로는 문화적 구성물에 지나지 않는다. 둘째, 이러한 논증 방식 때문에 인간이 자기 성[sexualität]을 다루는 방식이 언제나 그 사회에서 통용되는 성문화의 필수 불가결한 일부라는 사실을 잊어

---

38 수사학은 칭찬이나 비난을 효과적으로 행하는 기술이다.

서는 안 된다. 인간의 성적 실천은 언제나 문화적으로 매개되고 학습된 인식·행동 도식 안에 깊이 뿌리내리고 있다. 따라서 인간의 성을 다루는 방식에서 '자연스러운' 것과 '부자연스러운' 것을 구분해 내는 일은 원칙적으로 불가능하다. 셋째, '동성애Homosexualität'라는 말 자체가 근대의 구성물이다.…그래서 동성애적 정체성은 그리스도인이 살아가는 구체적인 생활 세계 안에서 효력이 있는 나머지 모든 문화적 정체성과 구조적으로 동일한 유형에 속한다. 고린도전서 12장 13절에 따르면 이러한 정체성들도 그리스도의 한 몸을 구성하는 지체들 가운데 나타나는 문화적 다양성의 일부다. 서로 다른 성적 정체성들에 관해서 결정적인 본문은 갈라디아서 3장 28절이다.…바울이 "너희 모두가 그리스도 예수 안에서 하나이기 때문이다"라고 말할 때, 이는 '유대인과 헬라인', '종과 자유인', '남성과 여성'이라는 일상 세계의 차이에만 적용되는 것이 아니다. '동성애자'와 '이성애자' 사이의 차이에도 똑같이 적용된다.

동성애를 '창조 질서의 비극적 일그러짐'으로 규정하는 것은 자신의 성적 지향만 하나님이 의도하신 것으로 정당화하려는 시도이기 때문에, 심각한 신학적 오판이다.

이에 반해 동성애는 이성애와 마찬가지로 하나님의 선한 창조와 그 다양성의 일부라는 점을 분명히 지적해야 한다. 그러므로 동성애를 대하는 데에는 이성애적 지향을 대할 때와 동일한 윤리적 원칙이 적용된다. 곧 로마서 13장 10절의 사랑 계명("사랑은 이웃에게 악을 행하지 않는다")과 고린도전서 13장 5절의 사랑 계명(사랑은 "자기 것을 추구하지 않는다"), 그리고 하나님과 그리스도 안에서 모든 인간의 평등을 드러내는 평등한 상호성의 원칙이다. 바울은 이 원칙을 예컨대 고린도전서 10장 24절에 다음과 같이 간명하게 표현한다. "각 사람은 자기의 유익을 구하지 말고, 오히려 다른 이의 유익을 구하라"(롬 15:2; 빌 2:4 도 참조).[39]

로마서 앞부분에서 바울의 요점은 모든 인간이 하나님 앞에 죄인이며(롬 3:23), 따라서 모든 사람에게 그리스도의 은혜가 필요하다는 것이다. 로마서 1장 26-27절은 바울의 더 큰 논증 내에서 인간의 보편적 죄성을 확립하기 위한 예시적 기능을 하며, 주요 초점은 타인을 판단하는 행위에

---

39 Wolter, *Der Brief an die Römer*, pp. 153-154.

바울 신학 크로키

대한 경고(롬 2:1)와 은혜의 복음(롬 3:21-24)에 있다.

리처드 헤이스[Richard B. Hays]는 1996년에 출간한 《신약의 윤리적 비전[The Moral Vision of the New Testament]》[40]에서 동성애적 행위를 죄로 규정하는 전통적 해석을 분명하게 지지했으며, 이를 복음주의 진영에서는 동성애 윤리를 정당화하는 대표적 근거로 널리 인용하였다. 그런데 2024년에 아들 크리스토퍼 헤이스[Christopher B. Hays]와 함께 쓴 《하나님의 자비의 확장[The Widening of God's Mercy: Sexuality within the Biblical Story]》에서는 과거 입장을 스스로 깊이 성찰하며 성소수자를 교회 공동체에 포괄적으로 수용해야 한다는 방향으로 자신의 기존 견해를 근본적으로 수정한다. 이 책에서 헤이스 부자는 성경 전체를 '하나님의 자비가 점점 더 확장되는 이야기'라는 큰 서사로 읽어 내며, 구약과 신약 곳곳에 하나님이 인간의 행동과 응답에 따라 자신의 결정을 '번복'하고 관계의 태도를 바꾸시는 모습이 나타난다고 주장한다. 다시 말해, 성경은 하나님이 마음을 바꾸시며 심판에서 자비로, 배제에서 포용으로 나아가는 과정을 증언하는 책이므로, 오늘날 성적 지향과 젠더 정체성을 둘러싼

---

40 리처드 B. 헤이스, 《신약의 도덕적 비전》, 유승원 옮김 (서울: IVP, 2002).

논의에도 하나님의 자비가 더 넓게 적용될 수 있는 신학적·성서적 기반이 충분히 마련되어 있다는 것이다.[41] 구약과 신약을 이와 같은 서사적 틀로 신중하고 정직하게 읽어 간다면, 만년의 헤이스가 그러했듯 우리 역시 하나님의 자비가 예측 불가능할 만큼 넉넉하게 확장됨을 인정하게 되며, 성소수자를 정죄하는 것은 더 이상 복음에 합당하지 않다는 점을 분명히 깨닫게 된다고 말할 수 있을 것이다.

성경 전체에 큰 줄기로 나타난 하나님의 '확장되는 자비'에 눈을 고정하지 않고, 로마서 1장 26-27절을 마치 동성애를 반대하는 '증거 본문'인 양 사용하려는 사람은 모두 로마서 2장 1절의 경고를 기억하면서 다음과 같은 바울의 엄중한 말도 엄중하게 받아들여야 한다.

그들은 온갖 불의, 악함, 지나친 욕심, 못된 마음으로 가득 차 있습니다. 또 시샘, 살인, 다툼, 속임, 적의로 꽉 차 있습니다. 그들은 수군수군하는 사람들, 헐뜯는 사람들, 하

---

41 Christopher B. Hays and Richard B. Hays, *The Widening of God's Mercy: Sexuality within the Biblical Story* (New Haven: Yale University Press, 2024).

바울 신학 크로키

나님을 미워하는 사람들, 시건방진 사람들, 거만한 사람들, 자랑하는 사람들입니다. 나쁜 일을 꾸며 내는 사람들, 부모를 거스르는 사람들입니다. 깨닫는 능력이 없는 사람들, 계약을 지키지 않는 사람들, 인정머리 없는 사람들, 모진 사람들입니다. 이런 짓들을 저지르는 사람은 죽어 마땅하다고 하신 하나님의 규정을 그들이 압니다. 그러면서도 스스로 이런 짓들을 저지를 뿐만 아니라, 이런 짓 하는 사람들을 좋게 여겨 편들어 주기까지 합니다(롬 1:29-32).

왜 성소수자가 죄인이라는 점만 그렇게 애써 증명하려고 하는가? 그들이 '만만한' 존재인가? 바울은 부모를 거스르거나, 인정머리가 없거나, 모질거나, 시샘하거나, 수군수군하거나, 시건방지고 거만한 사람들 모두 하나님의 판단에 따르면 '죽어 마땅하다'고 말한다. 성경의 일점일획이 다 하나님의 영감으로 쓰였다고 믿는 사람들이 왜 특정 소수 집단을 정죄하는 데는 골몰하면서, "부모를 거스르거나, 인정머리가 없거나, 모질거나, 시샘하거나, 수군수군하거나, 시건방지고 거만한 사람들"에 대해서는 가혹하게 비판하려는 노력을 기울이지 않는가? 왜 로마서 1장 26-27절만 읽고 그 뒤에 이어지는 바울의 말은 읽지 않는가?

그러므로 그대가 누구든 그대는 변명할 여지가 없습니다, 오, 남을 판가름하는 사람이여! 남을 판가름하는 그 일로 그대는 그대 스스로를 죄 있다고 판가름하고 있으니까요. 판가름하는 당신이 똑같은 짓을 저지르고 있기 때문입니다. 우리가 알다시피, 하나님의 심판이 이런 짓들을 저지르는 사람들 위에 공정하게 내립니다. 그런데, 오, 그런 짓을 저지르는 사람들을 판가름하면서도 똑같은 짓을 저지르는 사람이여! 그대 자신은 하나님의 심판에서 벗어날 수 있을 것이라고 생각하시나요?(롬 2:1-3)

바울 신학의 주요 논지는 모든 인간이 하나님의 은혜가 필요함을 확립하고, 타인에 대한 무분별한 판단을 지양하며, 그리스도 안에서 유대인과 이방인을 통합하는 것이다. 이러한 복음의 핵심—무조건적 사랑, 보편적 은혜, 타자 판단에 대한 거부—은 로마서 1장 26-27절을 포함한 모든 본문을 해석할 때 참조해야 할 상위 규범이다.

고린도전서 6장 9-11절. 여기에서는 단어 번역과 관련한 문제를 생각해 보자. 고린도전서 6장 9-11절에서 바울은 하나님 나라를 유업으로 받지 못할 사람들의 목록을 제시

바울 신학 크로키

한다.

불의한 자가 하나님의 나라를 유업으로 받지 못할 줄을
알지 못하느냐. 미혹을 받지 말라 음행하는 자나 우상 숭
배하는 자나 간음하는 자나 탐색하는 자나 **남색**하는 자나
도적이나 탐욕을 부리는 자나 술 취하는 자나 모욕하는
자나 속여 빼앗는 자들은 하나님의 나라를 유업으로 받지
못하리라. 너희 중에 이와 같은 자들이 있더니 주 예수 그
리스도의 이름과 우리 하나님의 성령 안에서 씻음과 거룩
함과 의롭다 하심을 받았느니라(고전 6:9-11).

바울이 고린도 교회에 보낸 편지의 이 구절이 20세기
중반 이후 현대 '동성애' 윤리 논쟁의 중심에 놓이게 된 이
유는 이 구절에 들어 있는 그리스어 단어 μαλακοί(말라코
이)와 ἀρσενοκοῖται(아르세노코이타이)를 새한글성경을 비
롯해 수많은 번역성경이 각각 '남창effeminate'과 '동성애자
homosexuals'라는 의미로 번역하였기 때문이다. 그래서 이
구절이 동성애를 직접 언급한다고 인식한 것이다. 그런데,
먼저 알아야 할 매우 중요한 사실이 있다. homosexuality
라는 단어가 19세기 후반 독어권에서 처음 만들어진 단어

라는 것이다. 카를 마리아 케르트베니(Karl-Maria Kertbeny, 오스트리아-헝가리 제국 출신의 작가·번역가·저널리스트이자 정치 팸플릿 저자)가 동성 간 성행위에 관한 법적·의학적 논의를 전개하면서, 익명의 팸플릿과 사적인 서신에 처음으로 'Homosexualität/homosexuell' 및 'Heterosexualität/heterosexuell' 계열의 신조어를 사용하였다.[42] 이 용어들이 곧 몇몇 성의학자들을 매개로 하여 1890년대 영어 의학·심리학 담론으로 유입되었고, 1892년경부터 영어 인쇄물에 homosexual과 heterosexual이란 용어가 나란히 등장하기 시작했다. 그렇다면, '호모섹슈얼'이라는 단어가 없던 시기에 번역된 성경들은 어떤 용어를 사용했을까?

위클리프[John Wycliffe]의 번역(1382)은 최초의 완전한 영어 성경으로, 라틴어 불가타[Vulgate] 번역 성경을 바탕으로 했다. 위클리프 성경의 초기 판본은 극소수만 남아 있는 데다, 그 뒤에 다양한 사본이 나왔기 때문에 정확하게 말하기는 어려워도, 위클리프 성경(들)이 고린도전서

---

42 더 자세한 논의는 이제는 고전이 된 Manfred Herzer, "Kertbeny and the Nameless Love", *Journal of Homosexuality* 12 (1986): pp. 1-26를 보라.

6장 9절에서 두 그리스어 단어를 각각 'lechours ayens kynde'(lechers against kind, 본성을 거스르는 음탕한 자들)와 'thei that doon letcheri with men'(they that do lechery with men, 남성과 음행하는 자들)으로 번역했다고 보아도 무리가 없다.

16세기에 틴들William Tyndale은 최초로 그리스어 원문을 직접 영어로 옮긴 신약성경을 출간한다. 이 성경은 고린도전서 6장 9절의 '말라코이'를 'weaklinges'[weaklings, (도덕적으로) 나약한 자들]로, '아르세노코이타이'는 'abusars of them selves with the mankynde'(abusers of themselves with mankind, 남자와 더불어 자기 몸을 더럽히는 자들)로 번역했다. 틴들의 번역 전통은 이후 영어 성경 번역사에 압도적 영향을 미쳤다. 특히 KJV(King James Version, 흠정역, 1611)의 신약 번역은 틴들의 표현을 거의 그대로 이어받았다고 평가된다.[43] KJV는 말라코이를 'effeminate(정확히 한국어로 번역하기는 어렵지만 '여자 같은 남자' 정도의 의미)'로, 아르세노코이타이를 'abusers of

---

43 참고. David Daniell, *William Tyndale: A Biography* (New Haven: Yale University Press, 1994).

themselves with mankind'로 번역했다. 이런 맥락에서 Tyndale이 선택한 'weaklings / abusers of themselves with mankind'라는 번역이 이후 400년 가까이 이어지는 영어 번역 전통의 기본 틀을 형성한 것으로 볼 수 있다.

1380년대 위클리프 계열 번역에서 1946년 RSV (Revised Standard Version) 신약 출간에 이르기까지는 대략 564년에 해당하는 시간적 거리가 존재한다. 이 약 5세기 반 동안, 주요 인쇄본 영역 성경을 보면, 당연한 말이지만 고린도전서 6장 9절 본문에는 'homosexual(s)'라는 단어가 나오지 않으며, 대신 위에서 본 것처럼 'effeminate / abusers of themselves with mankind / liers with mankind / wantons' 등 ('성 정체성'이 아니라) 행위를 중심으로 하는 표현이 나온다.

RSV의 번역은 1928년 International Council of Religious Education(ICRE)이 소집한 학자들로 구성된 위원회를 통해 번역되기 시작해서 수십 년에 걸쳐 진행되었다. 그 결과로 RSV 신약성경이 1946년에 단행본으로 먼저 출판되었으며, 신구약 합본 성경은 1952년에 출간되었다. **1946년판 RSV 신약은 고린도전서 6장 9절에서 말라코이와 아르세노코이타이를 하나로 묶어 'homosexuals'로 번역하**

였다. (1971년 RSV 개정판에서는 homosexuals를 더 포괄적인 표현인 sexual perverts로 교체했다.) 결국 RSV의 번역은 19세기 후반부터 20세기 초에 생겨난 새로운 성적 정체성 개념을 고대 텍스트 해석에 투영한 결과로 보는 것이 적절하다. 이후 출간된 많은 영어 성경이 이런 노선을 답습한다.

역본	고린도전서 6장 9절 번역
NASB (New American Standard Bible, 1971)	nor effeminate, nor homosexuals
NIV (New International Version, 1978/1984)	male prostitutes, homosexual offenders
NKJV (New King James Version, 1982)	homosexuals, sodomites
ESV (English Standard Version, 2001)	men who practice homosexuality
CEB (Common English Bible, 2010)	both participants in same-sex intercourse
NIV (New International Version, 2011 개정)	men who have sex with men

오랫동안 학계와 많은 영어권 신학교에서 표준으로 사용한 NRSV(New Revised Standard Version, 1989)는 말라코이와 아르세노코이타이를 각각 'male prostitutes'와

'sodomites'로 분리해 번역했는데, 이 번역은 한편으로는 성적 착취와 매매춘의 뉘앙스를 강조하고 다른 한편으로는 소돔 전승과 연결된 단어인 sodomites를 계속 사용함으로써, '동성애 정죄 구절' 논쟁에서 비판을 받기도 했다. 2021년에 출간된 NRSVue(NRSV Updated Edition)은 같은 구절을 'male prostitutes'와 'men who engage in illicit sex'으로 수정하였다. 즉, 본문에서 sodomites라는 단어를 제거하고 그 단어보다 더 넓고 중립적인 표현인 'men who engage in illicit sex'로 바꾸었다. 주목할 점은 각주에서 이 그리스어 단어의 의미가 불확실하다는 점을 명시적으로 언급한다는 것이다("Meaning of Gk uncertain").

한글 번역본을 보면, 말라코이와 아르세노코이타이를 개역한글과 개역개정은 '탐색하는 자'와 '남색하는 자'로, 새번역은 '여성 노릇을 하는 사람들'과 '동성애를 하는 사람들'로, 공동번역은 '여색을 탐하는 자'와 '남색하는 자'로, 최근에 출간한 새한글성경은 '잠자리에서 여자 노릇하는 남자들'과 '남자와 잠자리하는 남자들'로 번역했다. 다음 단락에서 소개할 현대 학술 논의가 전혀 반영되지 않은 채 쳇바퀴를 돌고 있는 셈이다.

현대 신약성서학자들의 논쟁. 학계에서 고린도전서 6장 9-11절에 대한 논쟁은 그리스어 단어 말라코이(μαλακοί) 와 아르세노코이타이(ἀρσενοκοῖται)의 정확한 의미를 정하려는 노력을 추동력으로 삼아 전개되었는데, 정작 이 두 단어의 의미는 지금까지도 학계에서 격렬하게 논쟁 중이다. 다시 말해, 이 두 단어의 정확한 뜻을 여전히 잘 모른다는 말이다!

새한글성경에서 '잠자리에서 여자 노릇하는 남자들'로 번역한 단어 말라코이는 '부드러운/연한'을 뜻하는 '말라코스(μαλακός)'에서 파생된 형용사의 복수형으로, 고대 그리스 문헌에서 놀라울 정도로 다양한 맥락에서 쓰인다. 이 단어의 1차적 의미는 물리적 부드러움이다. 마태복음 11장 8절과 누가복음 7장 25절에서는 부드러운 옷(μαλακοῖς)을 가리킬 때 쓰인다. 그러나 도덕적·행동적 맥락에 쓰이는 경우에는 의미가 훨씬 복잡하다.

권위 있는 그리스어 사전인 LSJ는 이 용어가 사람에 대해 사용될 때, 긍정적 맥락에서는 '부드러운, 온화한, 나긋나긋한'이라는 의미이며, 부정적 맥락에서는 '나약한, 무른, 겁이 많은, 비겁한, (자제력이 부족하다는 의미에서) 도덕적으로 약한'이라는 의미라고 정의한다.[44] 최근 출간된 중요한 그리스어 사전 *The Cambridge Greek Lexicon*은 더 상세하게 구분해서 의미를 다음과 같이 나열한다.[45] 말라코스가 사람에 대해 쓰일 때는 먼저 신체적으로 단단하지 않고 부드럽고 허약한 체질이나 살결을 묘사하고, 성격과 태도가 온화하고 부드럽고 다정한 사람, 혹은 반대로 의지가 약하고 쉽게 꺾이며 기력이 없고 나약한 사람을 가리키는 말로 쓰인다. 더 구체적으로는, 몸이나 신체 부위가 단단하지 않고 물러 있는 상태, 전체적으로 체격이 강건하지 않은 허약함, 민감하고 감수성이 예민하여 다른 이에게 부드럽고 관대한 태도, 설득이나 회유에 쉽게 마음이 누그러지는 성향을 나타낸다. 경멸적 맥락에서는 남자답지 못하고 여성스럽게 나약하며, 결단력과 용기가 부족하고 사치와 안락함에 물들어 정신적으로 무기력한 사람이라고까지 의미가 넓어진다.

중요한 것은 이 용어에 반드시 성적 의미만 들어 있지는 않았다는 점이다. 최근 작고한 예일대학교의 데일 마틴

---

44 Liddell, Scott, Jones, and McKenzie, *Greek-English Lexicon*, s.v. "μαλακός."

45 James Diggle et al., eds., *The Cambridge Greek Lexicon*, vol. 2 (Cambridge: Cambridge University Press, 2021), 891–92, s.v. "μαλακός."

Dale Martin이 1996년에 중요한 소논문을 출판했는데, 그 글에서 이렇게 주장했다.

남성은 성관계를 남성과 맺든 여성과 맺든 상관없이 '여성스럽다effeminate'는 낙인이 찍힐 수 있었다. 여성성 effeminacy은 파트너의 성별과는 관계가 없었으며, 오히려 훨씬 더 광범위한 지시 코드reference code를 지닌 복잡한 신호 체계와 관련이 있었다. 따라서 고대인들에게 말라코스malakos나 여성성을 나타내는 여타 단어가 그 자체로 동성 성행위를 지칭한다는 생각은 전혀 떠오르지 않았을 것이다. 그 단어는 동성 간 성행위 못지않게 이성 간 성행위를 지칭하는 데도 사용될 수 있었기 때문이다.[46]

마틴은 고대 문헌에 말라코스가 사용된 다양한 예로, 화려하게 치장하는 남성, 미식을 탐닉하는 사람, 머리 모양에 집착하는 사람, 향수를 바르는 사람, 과도한 이성애

---

46 Dale B. Martin, "*Arsenokoitēs* and *Malakos*: Meanings and Consequences", in *Biblical Ethics and Homosexuality: Listening to Scripture*, ed. Robert L. Brawley (Louisville, KY: Westminster John Knox, 1996), pp. 126-127.

적 성관계를 하는 사람, 자위하는 사람, 대식가, 나태한 사람, 겁쟁이 등을 제시한다.[47] 그러고 나서 다음과 같은 결론을 내린다.

고대 세계에서 말라코스가 무엇을 지칭했는지에 대해서는 의문의 여지가 없다. 도덕적 맥락에서 이 단어는 언제나 명시적으로든 암시적으로든 여성성feminine을 지칭했다. 말라코스를 동성 성교 시 삽입을 당하는 남성penetrated man을 구체적으로 가리키는 용어로 이해할 역사적 근거는 없다. 그 의미를 더 축소하여 '남창male prostitute'을 뜻한다고 주장하는 것은 훨씬 더 설득력이 떨어진다. 비록 단일 행위나 역할만 지칭한다고 간주하기에는 그 의미가 너무 포괄적일지라도, 이 단어의 뜻은 분명하다. 말라코스는 '여성스러운effeminate'이라는 뜻이다.[48]

그러나 성적 맥락에서 이 용어가 사용될 때는 더욱 구체적인 의미일 수 있었다는 주장도 있다. 최근에 출간된

---

47   Martin, "*Arsenokoitēs* and *Malakos*," pp. 125-127.

48   Martin, "*Arsenokoitēs* and *Malakos*", p. 128.

어느 견실한 연구에서는 말라코스가 성적 맥락에서 사용될 때 '수동적 동성 파트너'를 의미하는 용례가 형성되어 있음을 보여 준다.[49]

하지만 현대 성서 번역에서 이 용어를 어떻게 옮기느냐는 여전히 논쟁 중이다. 분명한 것은 말라코이의 의미가 단일하고 고정된 것이 아니라 다층적이고 맥락 의존적이라는 사실이다. 이 용어에는 물리적 부드러움부터 도덕적 나약함, 사회적 젠더 규범의 위반, 특정한 성적 역할이나 착취 관계까지 아우르는 광범위한 의미 스펙트럼이 있다. 현대의 번역과 해석에서는 이러한 복잡성과 역사적 맥락을 충분히 고려해야 하며, 단순히 현대적 성적 범주로 환원한다면 고대 텍스트의 의미를 왜곡할 위험이 매우 높다.

신조어의 수수께끼. 아르세노코이타이의 의미를 정확하게 알기는 더욱 어렵다. 이 용어는 바울 이전 그리스 문헌에서 발견되지 않으며, 바울 이후(고전 16:9; 참고. 딤전 1:10)에

---

49 최근 연구로는 John Granger Cook, "Μαλακοί and Ἀρσενοκοῖται: In Defence of Tertullian's Translation." *New Testament Studies* 65 (2019): pp. 332-352, 특히 348-351. 또 Robert Gagnon, *The Bible and Homosexual Practice* (Nashville: Abingdon, 2001)도 보라.

도 초기 기독교 문헌을 제외하면 매우 드물게 사용되었다. 따라서 이 단어가 '아르센'(ἄρσην, 남성)과 '코이테'(κοίτη, 침대, 눕기, 성적 교제)를 합해서 만든 합성어이자 신조어라는 견해가 학계에서 널리 받아들여진다. 그러면, 우리는 다음 과 같은 문제에 직면한다. 용례가 거의 없는 단어의 의미를 어떻게 결정할 것인가? 위에서 본 여러 성경 번역처럼 '동성애자' 또는 '남색하는 자'라고 번역하는 것이 정말 타당한가?

학계의 지배적 견해는 바울이 유대교 경전인 레위기 18장 22절, 20장 13절의 그리스어 역본(칠십인역, LXX)을 바탕으로 이 용어를 만들었다는 것이다(바울 이전에 만들어 진 단어일 수도 있으나 증거는 없다).

레위기 18장 22절[LXX]: καὶ μετὰ ἄρσενος οὐ κοιμηθήσῃ κοίτην γυναικός (직역: 너는 남성과 함께 여자의 잠자리를 누워서는 안 된다).

레위기 20장 13절[LXX]: καὶ ὃς ἂν κοιμηθῇ μετὰ ἄρσενος κοίτην γυναικός βδέλυγμα ἐποίησαν ἀμφότεροι (직역: 누구든지 남성과 함께 여자의 잠자리를 누우면, 둘 다 가증한 것

을 행한 것이다).

레위기 20장 13절의 그리스어역에 '아르세노스 (ἄρσενος)'와 '코이텐(κοίτην)'이 나란히 나온다는 것은 분명 주목할 만한 사실이다. 에딘버러 대학의 데이비드 라이트David F. Wright는 1984년에 출간한 영향력 있는 논문에서 신조어 '아르세노코이테스(ἀρσενοκοίτης)'가 칠십인역 레위기 18장 22절, 20장 13절에 나오는 그리스어에서 영감을 받아 만들어졌다고 주장했다.[50]

그러나 데일 마틴은 이런 방식의 논증에서 어원의 오류etymological fallacy가 생기기 쉽다고 경고한다.[51] 마틴은 (영어의 understand가 '아래에 서다'를 의미하지 않듯이) 합성어가 항상 그 구성 요소의 합을 의미하지는 않는다는 점을 예리하게 지적한다. 마틴은 특히 디모데전서 1장 10절에서 아르세노코이타이(ἀρσενοκοίται)를 '안드라포디스타

---

50 David F. Wright, "Homosexuals or Prostitutes? The Meaning of *Arsenokoitai* (1 Cor. 6:9, 1 Tim. 1:10)", *Vigiliae Christianae* 38 (1984): pp. 125-153, 특히 126-129. 그러나 라이트는 아르세노코이타이를 homosexuals로 번역해야 한다고 주장해 비판을 받았다.

51 Martin, "*Arsenokoités* and *Malakos*", p. 119.

이'(ἀνδραποδισταί, 사람을 팔아먹는 사람들, 노예 상인들)와 나란히 언급한다는 점에 주목하면서, 아마도 '성을 도구로 다른 사람들을 착취'하는 특정 역할을 지칭했을 가능성이 있으며, 그래서 '동성애를 가리키지 않을 가능성'이 있다고 주장한다.[52] 그러면서도 마틴은 이 단어의 정확한 뜻을 "**아무도 모른다**"고 단언한다.[53] 하지만 로버트 개그논Robert A. J. Gagnon은 이 단어가 남성과 성관계를 맺는 모든 남성을 지칭한다고 확신한다.[54] 누구 말이 옳은가?

존 그레인저 쿡John Granger Cook은 마틴이 비판한 '어원적 오류'가 이 단어의 의미를 알 수 없다는 결정적 이유가 될 수 없다고 주장하며, '-코이테스(-κοίτης)'로 끝나는 다양한 합성어를 예시로 들어 아르세노코이테스도 '남자에게 삽입하는 남성'을 가리킨다고 보는 것이 타당하다고 결론을 내린다.[56]

하지만, 아직도 학계의 합의는 도출되지 않았다. 최근의 어느 소논문[55]이 보여 주듯 아르세노코이테스를 다룬

---

52 Martin, "*Arsenokoités* and *Malakos*", p. 120.

53 Martin, "*Arsenokoités* and *Malakos*", p. 123.

54 Robert A. J. Gagnon, *The Bible and Homosexual Practice: Texts and Hermeneutics* (Nashville: Abingdon Press, 2001), p. 330.

연구서는 계속 출간되고 있다. 이유는 명백하다. 고린도전서 이전에 기록된 현존 그리스 문헌에 아르세노코이테스/아르세노코이타이(ἀρσενοκοίτης/ἀρσενοκοῖται)라는 단어가 나온 적이 없기 때문이다.

결론적으로 명확한 것은 다음의 몇 가지 사실이다. 첫째, 1946년 RSV에 'homosexual'이라는 용어를 도입한 것은 20세기 중반 성적 정체성 개념의 변화를 반영한 의도적 번역이었다. 둘째, 1세기 그리스-로마 세계에서 동성 성관계는 주로 권력 불균형, 노예제, 남색, 성적 착취의 맥락에서 발생했으며, 이는 상호 합의하에 평등적으로 하는 현대의 동성 성관계와 근본적으로 다르다. 셋째, 로마서와 고린도전서의 소위 '동성애 본문'을 정말 동성애 정죄의 의미로 해석하는 측이나 그러한 해석에 반대하는 측 모두 때때로 과도한 확신을 보인다. 보수적 학자들은 문화적 거리를 과소평가할 수 있고, 진보적 학자들은 해석적 모호성을

---

55 Cook, "Μαλακοί and Ἀρσενοκοῖται: In Defence of Tertullian's Translation", pp. 337, 343.

56 François Doyon, "Bilan des études sur le sens du mot arsenokoitai, de 1980 à aujourd'hui", *Studies in Religion/Sciences Religieuses* 53 (2024): pp. 612-625.

과장할 수 있다. 다만 한 가지 분명한 것은 정확히 모를 때는 신중을 기해 말하고 판단해야 한다는 것이다.

로마서 13장 1-7절. 이 본문은 국가 권위에 대한 조건적 복종으로 읽히기도 하므로, 한국 교회에서는 특히 논쟁적인 본문이다.

> 사람은 모두, 위에서 다스리는 통치 권력들의 지위를 인정해야 합니다. 통치 권력치고 하나님이 세우시지 않은 것이 없고, 지금 있는 통치 권력들도 하나님이 세우신 것이기 때문입니다. 따라서 통치 권력의 지위를 인정하지 않는 사람은 하나님의 명령에 맞서는 것입니다. 그리고 맞서는 사람들은 스스로에게 심판을 불러들이게 될 것입니다(롬 13:1-2).

로마서 13장은 오랫동안 세계 각국의 권력자에게 유혹적인 본문이었다.[57] 특히 한국 현대사에서도 군사 독재기에 개신교와 가톨릭의 일부 지도자들이 로마서 13장을 근거로 군사 정권을 '하나님이 허락하신 질서'로 미화하며 민주화 운동을 '무질서와 반역'으로 규정했다. 그러나 이는 본문을 역사적·문학적 맥락에서 떼어서 읽은 결과다. 로마서 13장은 로마서 12장과의 연속선상에서 읽어야 한다. 12장 2절은 "이 세대를 본받지 말고 오직 마음을 새롭게 함으로 변화를 받아 하나님의 선하시고 기뻐하시고 온전하신 뜻이 무엇인지 분별하십시오"라고 말한다. 바울은 신자들에게 세상의 가치관을 비판적으로 평가하라고 요구한다.[58] 최근 발간된 로마서 주석에 나온 견해를 고려하는 것도 좋겠다.

---

57 Beverly Roberts Gaventa, *Romans: A Commentary*, New Testament Library (Louisville: Westminster John Knox, 2024), p. 356: "어떤 이들은 이 구절의 적용 범위를 제한하려 노력했으나, 반대로 절대주의적 해석을 무기화하는 이들도 있었다. 흔히 히틀러 치하의 독일이나 아파르트헤이트 시대의 남아프리카공화국을 떠올리기 쉽지만, 그보다 2세기 앞서 교육자이자 활동가였던 엘리자베스 도번(Elizabeth Dawbarn)은 로마서 13장에 명시된 통치자에 대한 충성을 근거로 클라라 네빌(Clara Neville)에게 미국 이주 대신 영국 잔류를 강력히 권고했다. 더 최근의 사례로는 도널드 트럼프(Donald Trump) 대통령의 멕시코 국경 정책에 대한 비판을 잠재우기 위해 미국 법무장관 제프 세션스(Jeff Sessions)가 로마서 13장을 인용한 사건을 꼽을 수 있다. 특히 동일한 개인이나 집단이 맥락에 따라 이 구절을 인용하거나 암묵적으로 무시한다는 사실은 시사하는 바가 크다. 일례로 로버트 제프리스(Robert Jeffress) 목사는 버락 오바마(Barack Obama) 대통령을 적그리스도와 공개적으로 결부시켰던 인물이지만, 훗날 트럼프 대통령에게 북한을 폭격할 권한이 있다고 강변할 때는 바로 이 구절을 인용했다."

58 참고. Robert Jewett, *Romans: A Commentary*, Hermeneia (Minneapolis: Fortress, 2007), p. 788.

12장은 이 본문에 접근하기 위한 하나의 방향성을 제시한다. 12장 전반에 걸친 바울의 목표는 취약한 로마 신앙 공동체들을 굳건하게 하는 데 있는 것으로 보인다. 이는 서신 전체에도 어느 정도 적용되는 사실이지만, 신자들이 서로 교류하고 격려하는 방식에 바울이 깊이 몰두하고 있는 12장(그리고 14장)에서 특히 명확하게 드러난다. 만약 앞뒤 단락에서 바울의 주된 관심사가 공동체의 강화와 보호에 있다면, 13장 1-7절 또한 로마의 청중이 통치자들(지역 통치자이든 아니든)에게 저항함으로써 자신들과 서로를 위험에 빠뜨릴까 염려하는 바울의 마음을 반영한다고 볼 수 있다.[59]

로마서 13장 1-7절은 "각 사람은 위에 있는 권세들에게 복종하라"는 선언으로 시작하지만, 이는 국가 권력에 대한 무조건적 복종을 정당화하는 보편 규범이 아니라, 하나님이 한시적으로 허용하신 정치 권위의 **기능적 정당성을 전제로**, 매우 제한적이고 맥락 의존적인 **조건부 순종**을 권면하는 글이다. 권위의 정당성은 바울이 말하듯 선을 증진

59　Gaventa, *Romans: A Commentary*, p. 357.

　　　　　　　　　　　　바울 신학 크로키

하고 악을 억제하는 공적 기능 수행에 달려 있다.[60]

바울은 구체적으로 어떤 정치 권력과 지위에 대해 말하고 있는가? '위에 있는 권세들', 권세(ἐξουσία), 통치자(ἄρχων) 같은 모호한 표현은 어떤 특정한 관직을 가리키지 않는다. 가벤타가 정확히 지적한 것처럼, "이 용어들은 주민의 삶의 주요 측면을 규제하는 포괄적인 지배 체제라는 현대적 의미의 '정부'와 동의어가 아니므로, 바울이 여기서 로마라는 더 큰 현상 자체를 염두에 두었을 가능성은 낮다. 6-7절이 시사하는 바는 바울이 염두에 둔 권세들이 구체적으로 조세와 관세와 관련된 이들, 아마도 특히 지역 수준의 관리들이라는 점이다."[61]

바울은 권세를 하나님 자체와 동일시하지 않고, 하나님이 정의를 집행하기 위해 사용하시는 '종(διάκονος)'과

---

60 Douglas J. Moo, *The Epistle to the Romans*, 2nd ed. NICNT (Grand Rapids: Eerdmans, 2018), p. 825.

61 Gaventa, *Romans: A Commentary*, p. 361. 볼터는 "ἄρχοντες는 여기서 ἐξουσία를 소유하고 행사하는 모든 사람, 즉 지역 행정 관리부터 카이사르까지, 민간 관료뿐 아니라 군인까지 모두 지칭한다"고 말한다. Michael Wolter, *Der Brief an die Römer: Teilband 2: Röm. 9-16*, EKK 6/2 (Ostfildern: Patmos Verlag; Göttingen: Vandenhoeck & Ruprecht, 2019), p. 313.

'봉사자(λειτουργός)'로 규정하여 권위의 절대화를 차단한다.[62] 간단히 말해, 바울은 정치 권위를 신성화하지 않고 도구화하며,[63] 권위의 존립 이유를 공공선 수행으로 한정한다. 정치 권력은 "임의로 교체 가능한 기능인에 불과하다."[64] 복종은 '정치적 자리'에 대한 것이 아니라 '정의 수행'에 대한 것이므로, 선을 억압하고 악을 조장하는 권력에는 이 본문을 적용할 수 없다.

이 본문에서 바울이 정치적 권위를 부여하시는 분으로 묘사한 하나님은 '로마 시민 제의에서처럼 마르스나 유피테르'가 아니며, '아우구스투스 시대 이래 시민 제의에 동화된 그레코로만 신들의 판테온으로 대표'되는 신이 아니라는 점에 주목해야 한다.[65] 이 세상의 창조주인 야웨 하나님이 모든 권력 위에 계신 분이다. 이것은 무엇을 의미하는가? 쥬엣Jewett의 예리한 논평처럼, "로마 당국이 (바울의) 이 논증을 이해했다면, 철저히 전복적인 것으로 간주

---

62 Gaventa, *Romans: A Commentary*, p. 365.

63 Wolter, *Der Brief an die Römer: Teilband 2: Röm. 9-16*, pp. 316, 322.

64 Wolter, *Der Brief an die Römer: Teilband 2: Röm. 9-16*, p. 327.

65 Jewett, *Romans: A Commentary*, p. 789.

했을 것이다. 로마 당국을 예수 그리스도의 하나님 아버지가 정하셨다는 말은 전체 로마 시민 제의를 뒤집어엎어서, 그 제의가 진리를 억압하고 있음을 폭로하는 것이다."[66]

바울이 언급하는 '두려움(φοβεῖσθαι)'은 무조건적 공포가 아니라 '정의로운 권위'에 대한 합리적 경외를 뜻하며, 권세가 선악을 공정하게 판별한다는 것을 전제로 한다.[67] 이 전제 조건이 무너지면 복종의 근거도 함께 무너진다.

또 하나 잊지 말아야 할 점이 있다. 바울이 로마서 13장 11-14절에서 현 질서가 곧 끝날 것이라고 상기시킨다는 점을 볼 때 13장 1-7절을 어느 시대에나 적용할 수 있는 원리로 보는 것은 무리한 해석이다.

로마서 13장 1-7장을 두고 고민하는 우리에게 거의 30년에 걸쳐 로마서 주석을 완성한 어느 주석가가 이렇게 말한다.

결국 남는 것은 신적 임명이라는 단순한 사실이다. 이는

---

66 Jewett, *Romans: A Commentary*, p. 790.
67 참고. Frank Thielman, *Romans*, BECNT (Grand Rapids: Zondervan, 2018), p. 608.

임명된 자의 미덕이 아니라, 자신의 목적을 이룰 대리자로 원하는 이를 택하시는 하나님의 신비로운 뜻에 의해 정당화되는 사안이다(롬 9:14-33, 11:17-32). 그러므로 정부 당국에 대한 복종은 당국 그 자체가 아니라, 그들 배후에서 계신 십자가에 달리신 신에 대한 존중의 표현이다.[68]

지금까지 바울 서신의 중요 본문을 상세히 고찰했다. 이제 다시 한국의 극우적 개신교 문제로 돌아가자.

한국 극우 기독교의 문제

지금 한국 사회에서 일부 보수 개신교 지도자와 단체가 극우 정치 세력과 긴밀하게 결탁하여, 헌법 질서와 민주주의 문화에 실질적 부담을 주는 정치 행위의 거점 역할을 하고 있다. 해방 이후 한국 보수 개신교는 국가주의와 반공주의, 친미 담론과 결합해 권위주의 독재 정권을 지지해 왔다. 노무현 정부 시기에는 뉴라이트 운동과 결합했다. 그리하여 친미주의, 반공산주의, 자유시장경제, 이른바 '친북 좌파' 반대 등을 축으로 하는 이념적 정체성을 재구성하고

---

68 Jewett, *Romans: A Commentary*, p. 790.

정치에 전면적으로 개입했다. 6·25 전후 공산주의 박해를 피해 남하한 북한 출신 목사들이 세운 일부 대형 교회들은 정치적인 설교를 하고 교인 네트워크를 촘촘하게 엮었다. 이를 통해 반공 정체성이 교회의 신앙 정체성과 겹치게 했고, 반공주의를 공적인 신앙의 표현으로 굳혀 갔다.

2024년 12월 3일, 윤석열 대통령의 비상계엄 선포는 국회의 권능을 사실상 무력화하고 군을 정치 갈등의 중심에 소환함으로써, 대한민국 헌정사에서 중대한 위기를 불러온 사건으로 평가된다. 이 사태에 대해 전광훈 목사가 이끄는 단체를 축으로 하는 극우 개신교 세력은 계엄의 정당성을 적극 옹호하며 탄핵 정국 내내 대규모 집회를 연속적으로 조직했고, 손현보 목사와 세이브코리아 국가비상기도회 역시 윤석열 탄핵 반대를 내건 대형 집회의 한 축을 이루면서 유사한 극우 정치적 에너지를 분출하였다. 이 과정에서 이들은 반공주의와 반중 정서, 선거 부정 음모론을 결합해 국회와 선관위를 향한 공격을 '부정 선거 척결'과 '자유 민주주의 수호'라는 의무의 언어로 포장했다. 비록 손현보가 공식 설교에서 노골적인 부정 선거 주장을 일정 부분 유보하는 발언을 하기도 했지만, 그가 주도한 집회 공간 자체는 이러한 음모론과 극우 정서를 확산하는 장으로 작동했다. 그렇다고 한국 교회 전체가 극우화되었다고 단정할 수는 없다. 여론 조사와 교단 내부 보고서를 보면 신자 다수는 중도·보수 스펙트럼에 분포하므로, 소수의 극우적 목회자와 정치 목소리가 언론과 광장 공간을 과도하게 점유함으로써, 한국 개신교 전체가 극우화된 것처럼 보이는것은 '극우화 착시' 현상일 가능성이 있다.

극우화 문제는 이미 앞서 바울 서신 본문을 상세히 분석한 내용(특히 롬 13:1-7 해석)으로 상당 부분 답변이 충족되었다고 생각한다.

차별 금지법 논쟁: 오해와 이해

차별금지법(또는 평등법)은 성별, 장애, 나이, 인종, 성적 지향, 성별 정체성, 종교 등 다양한 사유를 이유로 고용·교육·재화와 용역 제공 등에서 부당한 차별을 금지하는 포괄적 인권 입법을 가리키는 이름으로 통용된다. 한국 국가 인권 위원회가 2006년 정부에 제정을 권고한 차별금지법(평등법) 역시 헌법상 평등권을 구체화하고, 개별 법령에 흩어져 있는 차별 금지 규정을 하나의 일반법으로 통합·보완하는 것이 핵심 취지다. 이와 유사한 종류의 포괄적 차별 금지·평등 입법은 유럽 다수 국가와 캐나다, 호주

등 여러 자유 민주주의 국가에서 이미 다양한 방식으로 시행 중이며, 유엔 인권 메커니즘과 국제 인권 단체들은 한국에서도 이에 상응하는 법을 제정할 것을 꾸준히 권고해 왔다.

한국에서는 2007년 법무부가 처음으로 포괄적 차별 금지 법안을 입법 예고한 이후, 21대 국회까지 10여 차례에 걸쳐 유사한 법안이 발의되었으나 회기 만료와 철회 등을 거듭하며 아직 제정 단계에 이르지 못하고 있다. 입법이 반복해 실패한 배경에는 선거 국면에서의 정치적 부담, 경제·경영계의 규제 우려, 보수 언론과 시민단체의 반대 여론 등 여러 요인이 복합적으로 작용했다. 그 가운데 보수 개신교 단체들이 조직적인 반대 운동과 정치권을 향한 로비를 통해 상당한 영향력을 행사해 왔다고 다수의 뉴스 보도와 인권 단체 보고서에서 지적한다.

여론 조사 결과만 놓고 보면 법 제정에 대한 국민적 지지는 상당히 높은 수준으로 나타난다. 국가 인권 위원회가 2020년 성인 1,003명을 대상으로 실시한 조사에서는 응답자의 88.5%가 평등법(포괄적 차별금지법) 제정이 필요하다고 답해, 차별 금지 일반에 대해서는 공감대가 광범위하게 형성되어 있음을 보여 준다. 이어 2021년 6월에 〈시사

저널〉이 시사리서치에 의뢰하여 실시한 조사 결과를 보면, 차별 금지법 제정에 대해 찬성 66.5%, 반대 33.5%가 나왔고, 2022년에 한국갤럽이 발표한 여론조사에서도 성적 지향을 포함한 포괄적 차별 금지법에 대한 찬성 응답이 대략 57% 수준으로 집계되었다.

그럼에도 이러한 여론이 국회 내 입법으로 연결되지 못하는 현실은, 보수 정치 세력과 조직화된 종교계의 반대가 제도화의 마지막 관문에서 강력한 저지선으로 작동하고 있음을 시사한다는 평가가 거듭 제기된다. 2024년 10월 서울 도심에서는 이른바 '한국교회 200만 연합 예배 및 큰 기도회'라는 이름 아래 동성혼과 포괄적 차별 금지법 제정에 반대하는 대규모 개신교 집회가 열렸다. 주최 측은 약 110만 명이 모였다고 주장한 반면 경찰은 약 23만 명 안팎으로 모였다고 추산해, 집회 규모를 둘러싸고서도 적지 않은 격차가 있었다. 언론과 주최 측은 이 집회가 한국 개신교 역사에서 손꼽히는 초대형 연합 예배·집회라고 보도했다.

한국 보수 개신교 진영이 차별 금지법에 반대하는 논리는 대체로 두 축으로 요약될 수 있다.

하나는 법 제정이 동성애를 사회적으로 정당화하고 조

장하는 효과를 낳을 것이라는 우려이며, 다른 하나는 설교·전도·교육 과정에서 동성애를 죄악 또는 부도덕으로 규정하는 표현이 규제·제재 대상이 되어 종교의 자유와 표현의 자유가 침해될 수 있다는 주장이다. 이러한 우려는 수년간 각종 성명과 집회, 국회 공청회 발언 등에서 반복적으로 제기되었고, 실제로 정치권이 입법 논의에 소극적으로 대응하는 중요한 배경 가운데 하나로 작용해 왔다.

반면 국가 인권 위원회와 다수의 인권·법학 연구자들이 제시해 온 차별 금지법·평등법 초안과 입법 권고안은, 특정 성적 지향이나 생활 양식을 장려하려는 것이 아니라 성적 지향·성별 정체성·장애·나이·종교 등 다양한 사유를 이유로 고용, 교육, 의료, 주거, 재화·용역 제공 등에서 부당한 불이익을 주는 행위를 금지하는 데 초점을 둔다고 분명히 밝힌다. 종교 기관 내부의 교리 형성, 예배와 설교, 신학 교육 및 목회자 등 종교 직분자의 선발과 같은 내적 종교 활동은 대체로 법의 직접적인 규율 대상에서 제외하거나, 종교의 자유 보장을 위해 일정한 예외·특례를 두는 방향으로 설계되었다. 다만 종교 기관이 운영하더라도 학교·병원·사회 복지 시설 등 일반 대중에게 서비스를 제공하고 공적 재원을 활용하는 영역에 대해서는, 다른 민간

사업자와 마찬가지로 성적 지향·성별 정체성 등을 이유로 하는 차별을 금지하는 것이 국제 인권 규범과 국내 입법 논의의 공통된 방향으로 제시되고 있다.

요컨대 포괄적 차별 금지법은 국가기관과 공공기관은 물론 일정 규모 이상의 민간 영역까지 포함하여 헌법상 평등권과 인간의 존엄을 보다 실질적으로 구현하려는 평등 입법의 한 형태로 기획되었다. 종교의 자유와 표현의 자유와의 조화를 둘러싼 해석상의 쟁점과 사회적 갈등이 여전히 지속되고 있음에도, 유엔 인권 기구와 국제·국내 인권 단체는 한국이 국제 인권 기준에 부합하는 수준의 일반 차별 금지법을 조속히 입법하라고 반복해 권고하고 있다. 따라서 이 법을 종교의 자유를 전면적으로 억압하거나 특정 생활 양식을 적극적으로 '조장'하는 시도로 규정하기보다는, 이미 헌법에 명시된 평등과 인간 존엄의 원칙을 한국 사회라는 구체적 현실 속에서 실효적으로 구현하는 제도적 장치로 이해하는 편이 현재의 국내외 논의 지형에 더 부합하는 해석이라 할 수 있다.

바울 신학의 관점에서 본 차별 금지법 반대의 문제. 이른바 '동성애 반대 본문'에 대해서는 이미 자세히 살펴보았다.

적어도 바울 서신에서 직접 '동성애'를 정죄하는 규범적 근거를 도출하려는 시도에는 여러 문제가 있다는 점을 지적했다. 무엇보다도 극우적 개신교의 차별 금지법 반대는 바울 신학의 핵심 원리들과 정면으로 충돌한다. 로마서 13장 8-10절은 명확히 말한다. "피차 사랑의 빚 외에는 아무에게든지 아무 빚도 지지 말라. 남을 사랑하는 자는 율법을 다 이루었느니라.…그러므로 사랑은 율법의 완성이니라." 바울은 여기서 구약의 모든 계명을 "네 이웃을 너 자신처럼 사랑하라"는 하나의 명령으로 요약한다. 로마서 13장 10절의 "사랑은 이웃에게 악을 행하지 아니하나니"라는 가르침은 사랑이 타인에게 해악을 끼치는 일을 하지 않는 행위라는 점을 명확히 한다. 이는 차별 금지법의 핵심과 정확히 조응한다. 특정 집단에 대한 차별과 혐오를 금지하는 것, 즉 이웃에게 악을 행하지 않는 것의 제도화다.

이러한 측면에서 사랑은 타자에 대한 배려라고 할 수 있다. 바울은 고린도전서 8-10장에서 우상에 바친 제물 논쟁을 다루면서 중요한 윤리적 원리를 제시하는데, '강한 자'는 자신의 자유를 행사할 권리가 있지만, 그 자유가 '약한 자'에게 해가 된다면 스스로 그 자유를 제한해야 한다는 것이다. 바울 윤리를 다룬 설득력 있는 어느 연구에 따르면, 고린도전서 8장 11-13절과 로마서 14장 10-21절에서 바울은 이른바 '형제자매 호칭'을 반복적으로 구사함으로써 타자-배려적^other-regarding^ 사랑을 자신의 윤리 사유의 중심에 놓는다.[69] 바울은 약자를 '그리스도께서 그를 위하여 죽으신 형제자매'로 규정함으로써, 그들에게 상처와 실족을 초래하는 행위를 단순한 의견 차이나 자유의 행사가 아니라 '그리스도께 대한 죄'로 규정한다.[70] 바울에게 가장 핵심적이며 근본적인 도덕적 가치는 '타자-배려적 사랑, 즉 타자의 유익과 안녕을 향해 자기희생적으로 시선을 돌리는 것'이다.[71]

현대 한국 사회에서 이성애자 기독교인은 명백히 '강한 자'의 위치에 있다. 성소수자들은 차별과 혐오에 노출되어 있으며 높은 자살률과 우울증을 경험한다. 바울의 논리를 따르자면, '강한 자'인 기독교인은 동성애를 비판할 자유를 주장하기 전에, 자기가 그러한 자유를 행사할 때

---

69 David G. Horrell, *Solidarity and Difference: A Contemporary Reading of Paul's Ethics*, 2nd ed. (London: T&T Clark, 2016), pp. 125-126, 190, 205-206.

70 Horrell, *Solidarity and Difference*, p. 125-126, 193.

71 Horrell, *Solidarity and Difference*, p. 206.

바울 신학 크로키

'약한 자'인 성소수자가 어떤 해를 입는지를 먼저 고려해야 한다. 이러한 행동은 그야말로 메타-규범, 즉 바울의 윤리를 형성한 틀이기 때문에 소위 동성애 반대 본문을 근거로 하는 행동을 제어하는 우선권을 갖는다.

이러한 기본적 이해를 숙지한 후, 개신교인은 자신의 신념을 공론장에서 주체적이고도 책임 있게 표현해야 한다. 앞서 보았듯이, 공론장에서 대화를 수행하기 위해서는 신앙 언어를 세속적·보편적 언어로 옮기는 일종의 '번역' 작업이 필수적이다. 그렇다면 우리는 어떤 개념과 어떤 논리 구조를 사용해 우리가 믿고 고백하는 내용을 공적 담론의 언어로 번역할 수 있을까? 하버마스와 롤스의 관점을 함께 적용해 보면, 로마서 13장 8-10절은 종교 공동체 내부의 언어에 머무르지 않고 공론장에서 시민 누구나 이성적으로 검토할 수 있는 언어로 재구성될 수 있다. 하버마스의 틀로 보면 이렇게 '번역'할 수 있을 것이다. "타인에게 정당화할 수 없는 불이익과 배제를 가하는 규범은 받아들일 수 없으며 모든 관련 당사자가 수용 가능한 이유에 근거해 비강제적 합의를 추구해야 한다." 롤스의 틀로 보면 이것은 특정 신학적 교리에 기대지 않고 모든 시민이 공유할 수 있는 정치적 가치, 곧 기본적 자유, 평등한 시민 자격, 기회의 공정한 평등이라는 공적 이성의 언어로 옮겨진 사랑의 원리라 할 수 있다. 이렇게 번역된 사랑은 서로 다른 종교·철학 전통이 공통의 정의 원칙에 도달하도록 돕는 도덕적 자원이 되고, 차별 금지법은 바로 이러한 원칙을 제도화하여 서로의 기본적 자유와 평등한 시민 자격을 침해하지 않을 것, 다시 말해 서로에게 악을 행하지 않을 것이라는 약속을 헌법적·법적 틀 안에 담아내려는 시도로 이해될 수 있다. 결국 사랑은 타인의 자유와 평등을 침해하지 않는 시민적 배려의 원리, 곧 다원주의 사회에서 정의로운 공존을 가능하게 하는 공적 덕목으로 '번역'할 수 있다.

마지막으로, 한국 교회는 성소수자들의 이야기를 직접 들어본 적이 거의 없다는 점을 처절히 반성해야 한다. 추상적인 '동성애'에 대해서는 많이 말하지만, 개개인의 실제 목소리에는 귀를 기울이지 않았다. 진정한 대화는 일방적 선언이 아니라 상호 경청에서 시작된다. 꽤 보수적 입장을 견지했던 리처드 헤이스가 만년에 동성애에 대한 생각을 바꾸고 하나님의 자비의 확장에 주목한 결정적 계기 중 하나는 성소수자를 직접 만나고 그의 삶을 제대로 관찰한 것이었다.

작은 길잡이

- 윤리의 출발점: 윤리는 '무엇을 더 해야 구원받느냐'가 아니라, 그리스도의 죽음과 부활 안에서 새 창조를 겪어 **새로운 존재**New Being가 된 신자에게서 자연히 흘러나오는 삶의 방식이다.

- 정신의 갱신과 분별: 바울 윤리의 핵심 어휘는 '생각하라'이며, 이는 복음이 인간의 마음(지성·감정·의지)과 정신을 갱신하여 하나님의 뜻을 분별하게 한다는 전제 위에 서 있다(롬 12:2).

- '완전한 사람'의 윤리: 바울은 신자를 죄책감의 언어로만 규정하기보다 '거룩함'과 '온전함(τέλειοι)'을 과감히 말하며, 그 높은 기대는 종말(심판)의 긴장 속에서 윤리적 실천을 촉구한다.

- 최종 심판의 현실성: 바울은 '행한 대로 몸으로 받는' 심판(고후 5:10)과 '은혜로부터 떨어져 나갈' 경고(갈 5:4), '하나님 나라를 상속받지 못할' 경고(갈 5:19-21)를 함께 말하며, 윤리를 신앙의 부록이 아니라 복음의 현실로 다

른다.

- 교회는 대안적 공동체: 교회는 단지 개인의 도덕훈련장이 아니라, 복음의 '이야기'에 참여하여 욕망과 상상력과 습관을 재구성하고 덕^{virtue}을 길러 내는 공동체적 장場이다.

- 공론장 문법(공공 이성·번역): 다원주의 사회에서 그리스도인은 신앙 언어를 공적 언어로 '번역'하며(롤스의 공공 이성/단서 조항, 하버마스의 번역·탈세속 사회), 타 종교·비종교 시민도 평가 가능한 근거를 제시하며 대화해야 한다.

- 본문은 맥락에서 읽기: 로마서 1장 26-27절과 고린도전서 6장 9-11절 같은 '성 윤리' 본문은 1세기 성 문화/언어(자연·자연을 거스름, 말라코이와 아르세노코이타이의 의미 불확실성)를 고려해 신중히 읽어야 하며, 특히 이러한 구절을 '증거 본문$^{proof-text}$'으로 도구화하면 바울의 논증(롬 2:1-3의 판단 금지)을 오독하기 쉽다.

- 국가 권위(로마서 13장)의 조건부 성격: 로마서 13장 1-7절은 국가 권력을 신성화하는 일반 규범이라기보다, 로마서 12장(분별, 비동화)과 13장 후반(임박한 종말)의 흐름 속에서 공공선의 기능을 전제로 하는 제한적·상황적 권면으로 읽어야 한다.

바울 신학 크로키

• 사랑은 공적 윤리의 중심: "사랑은 이웃에게 악을 행하지 않는다"(롬 13:10)는 원리는 약자에게 해를 주지 않는 방식으로 자유를 제한하는 바울 윤리('강한 자'가 '약한 자'를 배려)의 핵심 문법이며, 현대의 차별·혐오 문제를 다룰 때도 상위 규범으로 작동한다.

• 나는 윤리를 '새로운 존재가 된 결과로 자연히 흘러나오
는 삶'으로 체감하는가?

• 나는 성경의 지침을 곧바로 구호/명령으로 소비하지 않
고, 바울이 말하는 '정신의 갱신'과 '분별'의 과정을 실
제로 거쳐서 행동하는가(롬 12:2)?

• '완전한 사람'이라는 바울의 자기 규정이 내 신앙의 자
기 이해(자기혐오/자기방임/자기기만)를 어디에서 흔들고,
어디에서 새로 세우는가?

• '최종 심판에서 드러남'(롬 2:16; 고후 5:10)의 관점에서,
내가 남몰래 반복하는 습관(말·돈·성·권력·관계)은 무엇
이며 나는 그것을 어떻게 다루고 있는가?

• 교회가 '대안적 공동체'라면, 우리 공동체의 예배·성

찬·기도·성경 낭독·공동생활은 실제로 어떤 덕(습관)을 길러 내는가(또는 길러 내지 못하는가)?

• 나는 공론장에서 '성경에 그렇게 나오니까'만 반복하는 방식으로 말하고 있지는 않은가, 나의 신앙적 판단을 공공 이성의 언어로 번역해 타인과 협력적으로 논의할 준비가 되어 있는가?

• 로마서 1장 26-27절을 읽을 때, 나는 그 본문을 '특정 집단 정죄'의 도구로 쓰는가, 아니면 바울의 수사 전략과 문맥(롬 2:1-3)을 따라 '판단하는 나 자신'의 문제를 먼저 듣는가?

• 고린도전서 6장 9-11절의 번역(말라코이/아르세노코이타이)을 대할 때, 나는 '확실히 안다'는 태도로 쉽게 단정해 버리는가, 아니면 의미 불확실성과 역사적 거리를 감안하여 더 신중히 말하는가?

• '강한 자'의 자유가 '약한 자'에게 실제 해를 끼칠 수 있다는 바울의 원리를(고전 8-10; 롬 14장의 논리) 오늘 한국

사회의 갈등 이슈에 어떻게 적용할 수 있는가?

• 그동안 로마서 13장 1-7절을 읽을 때, 국가 권위를 '절대화'(신성화)하는 구절로 이해했는가 아니면 공공선이라는 기능을 기준으로 '조건부 순종/비판적 거리'라는 바울의 큰 흐름(로마서 12-13장) 안에서 이해했는가?

• 내 정치적 발언/참여는 복음의 언어(사랑·평화·자기 절제·타자 배려)를 닮았는가, 아니면 '우리-그들'의 동원 구호와 혐오의 문법을 닮았는가?

• 내가 실제로 '이야기를 들어본 적 없는 타자'(예: 성소수자, 이주민, 장애인, 빈곤층 등)는 누구인가? 그런 타자들의 구체적 삶을 경청하는 자리에 자신을 의도적으로 두어 본 적이 있는가?

참고문헌

매킨토시, 마크. 《신앙의 논리: 그리스도교 신학의 넓이와 깊이》. 안에스 더 옮김. 서울: 비아, 2019.

바클레이, 존 M. G. 《바울과 선물: 사도 바울의 은혜 개념 연구》. 송일 옮김. 서울: 새물결플러스, 2019.

틸리히, 폴. 《새로운 존재: 신적 구원에 대한 실존적 명상》. 김광남 옮김. 서울: 뉴라이프, 2008.

헤이스, 리처드 B. 《신약의 윤리적 비전》. 유승원 옮김. 서울: IVP, 2002.

Audi, Robert, and Nicholas Wolterstorff. *Religion in the Public Square*. Lanham, MD: Rowman & Littlefield, 1997.

Bagemihl, Bruce. *Biological Exuberance: Animal Homosexuality and Natural Diversity*. New York: St. Martin's Press, 1999.

Brennan, Tad. *The Stoic Life: Emotions, Duties, and Fate*. Oxford: Oxford University Press, 2005.

Brooten, Bernadette J. *Love Between Women: Early Christian Responses to Female Homoeroticism*. Chicago: University of Chicago Press, 1996.

Cook, John Granger. "Μαλακοί and Ἀρσενοκοῖται: In Defence of Tertullian's Translation." *New Testament Studies* 65 (2019): pp. 332-352.

Daniell, David. *William Tyndale: A Biography*. New Haven: Yale University Press, 1994.

Diggle, James, et al., eds. *The Cambridge Greek Lexicon*. 2 vols. Cambridge: Cambridge University Press, 2021.

Doyon, François. "Bilan des études sur le sens du mot arsenokoitai, de 1980 à aujourd'hui." *Studies in Religion/Sciences Religieuses* 53 (2024): pp. 612-625.

Gagnon, Robert A. J. *The Bible and Homosexual Practice: Texts and Hermeneutics*. Nashville: Abingdon Press, 2001.

Gaventa, Beverly Roberts. *Romans. New Testament Library*. Louisville: Westminster John Knox, 2024.

Gómez, José M., A. González-Megías, and M. Verdú. "The Evolution of Same-Sex Sexual Behaviour in Mammals." *Nature Communications* 14 (2023): p. 5719.

Habermas, Jürgen. "Religion in the Public Sphere." *European Journal of Philosophy* 14, no. 1 (2006): pp. 1-25.

Halperin, David M. *How to Do the History of Homosexuality*. Chicago: University of Chicago Press, 2002.

Hauerwas, Stanley. *The Hauerwas Reader*. Edited by John Berkman and Michael Cartwright. Durham: Duke University Press, 2001.

Hays, Christopher B., and Richard B. Hays. *The Widening of God's Mercy: Sexuality within the Biblical Story*. New Haven: Yale University Press, 2024.

Herzer, Manfred. "Kertbeny and the Nameless Love." *Journal of Homosexuality* 12, no. 1 (1986): pp. 1-26.

Horrell, David G. *Solidarity and Difference: A Contemporary Reading of Paul's Ethics*. 2nd ed. London: T&T Clark, 2016.

Inwood, Brad. *Ethics and Human Action in Early Stoicism*. Oxford: Clarendon Press, 1985.

Jewett, Robert. *Romans: A Commentary*. Hermeneia. Minneapolis: Fortress Press, 2007.

Liddell, Henry George, Robert Scott, Henry Stuart Jones, and Roderick McKenzie. *A Greek-English Lexicon*. 9th ed. Oxford: Clarendon Press, 1940.

Loader, William R. G. "Paul on Same-Sex Relations in Romans 1." *Interpretation: A Journal of Bible and Theology* 74, no. 3 (2020): pp. 242-252.

──────── . "Reading Romans 1 on Homosexuality in the Light of Biblical/Jewish and Greco-Roman Perspectives of Its Time." *Zeitschrift für die neutestamentliche Wissenschaft* 108, no. 1 (2017): pp. 119-149.

Martens, John W. "Romans 2.14-16: A Stoic Reading." *New Testament Studies* 40 (1994): pp. 55-67.

Martin, Dale B. "*Arsenokoitēs* and *Malakos*: Meanings and Consequences." In *Biblical Ethics and Homosexuality: Listening to Scripture*, edited by Robert L. Brawley, pp. 117-136. Louisville: Westminster John Knox Press, 1996.

──────── . *Sex and the Single Savior: Gender and Sexuality in Biblical Interpretation*. Louisville: Westminster John Knox Press, 2006.

Moo, Douglas J. *The Epistle to the Romans*. 2nd ed. New International Commentary on the New Testament. Grand Rapids: Eerdmans, 2018.

Novenson, Matthew V. *Paul and Judaism at the End of History*. Cambridge: Cambridge University Press, 2024.

Punt, Jeremy. "Romans 1:18-32 Amidst the Gay-Debate: Interpretative Options." *HTS Teologiese Studies / Theological Studies* 63, no. 3 (2007): pp. 965-982.

Rawls, John. *Political Liberalism*. Expanded Edition. New York: Columbia University Press, 2005.

──────── . "The Idea of Public Reason Revisited." *University of Chicago Law Review* 64, no. 3 (1997): pp. 765-807.

Schnelle, Udo. *Apostle Paul: His Life and Theology*. Translated by M. Eugene Boring. Grand Rapids: Baker Academic, 2005.

Sedgwick, Eve Kosofsky. *Epistemology of the Closet*. Berkeley: University of California Press, 1990.

Smith, James K. A. *Desiring the Kingdom: Worship, Worldview, and Cultural Formation*. Grand Rapids: Baker Academic, 2009.

Thielman, Frank. *Romans*. Baker Exegetical Commentary on the New Testament. Grand Rapids: Zondervan, 2018.

Wells, Samuel. *Transforming Fate into Destiny: The Theological Ethics of Stanley Hauerwas*. Carlisle: Paternoster, 1998.

Williams, Craig A. *Roman Homosexuality*. 2nd ed. Oxford: Oxford University Press, 2010.

Wolter, Michael. *Der Brief an die Römer*. Vol. 1, *Röm 1-8*. Evangelisch-Katholischer Kommentar zum Neuen Testament 6/1. Göttingen: Vandenhoeck & Ruprecht, 2014.

──────── . *Der Brief an die Römer*. Vol. 2, *Röm 9-16*. Evangelisch-Katholischer Kommentar zum Neuen Testament 6/2. Ostfildern: Patmos Verlag; Göttingen: Vandenhoeck & Ruprecht, 2019.

Wolterstorff, Nicholas. "The Role of Religion in Decision and Discussion of Political Issues." In *Religion in the Public Square*, by Robert Audi and Nicholas Wolterstorff, pp. 67-120. Lanham, MD: Rowman & Littlefield, 1997.

Wright, David F. "Homosexuals or Prostitutes? The Meaning of *Arsenokoitai*(1 Cor. 6:9, 1 Tim. 1:10)." *Vigiliae Christianae* 38, no. 2 (1984): pp. 125-153.

예수의 죽음에 대한
추가 설명

이 보론은 예수의 죽음과 부활이라는 거대한 주제와 관련하여 조금 더 전문적인 내용을 다룬다. 먼저 예수 죽음이 어떤 방식으로 구원을 성취하는지에 대해 자세히 다루고, 이어서 바울이 말하는 아담 그리고 이른바 원죄에 대해서 조금 더 톺아볼 것이다.

글을 시작하기 전 꼭 짚어 두어야 할 점이 있다. 속죄, 원죄, 형벌 대리론, 전가 같은 복잡한 개념과 범주는 바울이 말한 것이 아니라 후대 신학자들이 바울의 말을 해석하기 위해 고안해 낸 해석의 틀이라는 것이다. 바울이 남긴 편지의 글을 깔끔한 개념으로 분류하여 정리정돈할 수 없다. 가능한 한 이러한 '틀'에 얽매이지 않고 바울의 말 자체를 경청하는 것이 가장 중요하다.

예수의 죽음은 우리를 위해 무엇을 성취한 것인가?

바울은 예수의 죽음이 하나님의 뜻에 따른 것이라고 생각했다. 그러면 예수의 죽음으로 하나님이 성취하고자 하셨던, 그리고 기어코 이루어 내신 과업은 정확히 무엇인가?
먼저 예수의 죽음과 부활에 관한 가장 오래된 신앙 고백이
담긴 고린도전서 15장 3절 하반절을 보자.

성경대로 그리스도께서 우리 죄[1]를 위해서 죽으시고
Χριστὸς ἀπέθανεν ὑπὲρ τῶν ἁμαρτιῶν ἡμῶν κατὰ
τὰς γραφὰς …

다음 구절도 보자.

우리가 아직 무력할 때에, 그리스도께서 때맞춰 불경건한
사람들을 위해서 죽으셨습니다(롬 5:6).

우리가 아직 죄인일 때에 그리스도께서 우리를 위해서 죽
으셨습니다(롬 5:8).

하나님은 자기 아들을 아끼지 않으시고 우리 모두를 위해
내주셨습니다(롬 8:32).

---

1   원문은 죄의 복수형, 즉 '죄들'로 되어 있다.

그리스도께서 모든 사람들을 위해서 죽으셨습니다(고후 5:15).

위의 구절에서 '-위해서'로 번역한 그리스어는 전치사 '휘페르(ὑπέρ)'다. 이는 기본적으로 '-에게 혜택이 돌아가 도록' 혹은 '-에게 득이 되도록'이라는 뜻이지, 그 자체로 '-를 대신하여'라는 의미가 있는 것은 아니다. 물론 '-가 혜택을 얻기 위한' 방편으로 '-를 대신'해야 할 때가 있기 는 하지만 말이다. 또 반드시 희생 제사의 이미지를 내포 하는 것도 아니다.[2] 이 '휘페르'가 나올 때 주목해야 하는 것은, 바울 이전과 동시대의 헬레니즘 세계에는 '재앙을 막아 내는 죽음'이라는 사고방식이 존재했다는 사실이다. 이는 어느 한 사람의 죽음이나 자기희생이 다른 이들을 헤 어날 길 없는 재앙의 상황에서 구출해 내는 역할을 한다는 사고 혹은 믿음을 뜻한다. 바울과 그 이전의 그리스도인들

---

2 자세한 내용은 다음 글을 참고하라. Cilliers Breytenbach, "The 'For Us' Phrases in Pauline Soteriology: Considering Their Background and Use", in *Salvation in the New Testament: Perspectives on Soteriology*, ed. Jan G.van der Watt, Supplements to Novum Testamentum 121 (Leiden: Brill, 2005), pp. 163-185.

이 예수의 십자가 죽음을 '우리 죄를 위한' 죽음 혹은 '우리를 위한' 내줌(갈 1:4; 롬 4:25a)으로 해석할 때, 바로 이러한 헬레니즘적 전승의 언어 자원을 원용하는 것이다.[3]

'우리를 위해' 또는 '우리 죄들을 위하여'라는 표현을 들으면 우리는 예수의 죽음이 우리를 위한 희생이라고, 특히 속죄 제물로서의 죽음이라고 자동적으로 생각한다. 하지만 관성은 늘 경계해야 하는 법이다. 바울 신학에서 예수의 희생(제물)적 죽음이라는 측면은 바울이 남긴 글의 전체 분량을 고려할 때 상대적으로 분량이 적다.[4] 실제로 바울은 십자가 사건을 '힐라스테리온'(ἱλαστήριον, 롬 3:25), 몸값을 지불하고 얻은 해방(ἀπολύτρωσις, 롬 3:24; 고전 1:30), (시장에서 사서) 밖으로 빼냄(ἐξαγοράζειν, 갈 3:13, 4:5), 뽑아 냄(ἐξαιρεῖν, 갈 1:4), 저주(κατάρα, 갈 3:13) 등 다양한

---

3 Cilliers Breytenbach, "3.3. Interpretationen des Todes Christi", in *Paulus Handbuch*, ed. Friedrich W. Horn (Tübingen: Mohr Siebeck, 2013), pp. 323-325. Udo Schnelle, *Apostle Paul: His Life and Theology*, trans. M. Eugene Boring (Grand Rapids, MI: Baker Academic, 2005), p. 443-446.

4 Ernst Käsemann, "Saving Significance of the Death of Jesus in Paul", in *Perspectives on Paul* (Philadelphia: Fortress Press, 1971), p. 42.

이미지로 표현한다.[5]

물론 로마서 8장 3절은 히브리서 10장 17-18절, 베드로전서 3장 18절, 요한1서 2장 2절 등과 동일한 선상에 있는 것으로 보인다. "하나님은 자신의 아들을 죄가 활동하는 몸뚱이를 지닌 모습으로, 죄를 다루기 위해(또는 속죄제로) 보내셨습니다. 그리하여 그 몸뚱이에서 활동하는 죄에게 유죄 판결을 내리셨던 것입니다"(롬 8:3). 여기에서 '죄를 다루기 위해'라는 번역의 원문에 사용된 전치사는 '페리(περί)'다. 이 전치사는 '-때문에'로 해석하는 편이 자연스럽다. 로마서 8장 3절은 로마서 3장 25절과 더불어 예수 죽음의 의미를 희생 제사 또는 속죄제로 표현했다고 볼 수 있는 대표적인 구절인데 불행히도 정확히 번역하기가 어렵다. '페리 하마르티아스(περὶ ἁμαρτίας)'를 '죄 때문에'로 번역할 수도 있고, 한 단어로 취급하여 '속죄제'로 번역할 수도 있기 때문이다. 어느 번역이든지 인간이 죄를 지으면 필연적으로 하나님과의 관계를 어그러뜨리는 치명적 결과가 발생한다는 점을 나타낸다는 것에 유의해야 한다(갈

---

5 Teresa Morgan, *The New Testament and the Theology of Trust* (Oxford: Oxford University Press, 2022), p. 143, n. 8.

1:4; 잠고. 고전 15:3). 하지만 다른 구절들을 유심히 살펴보면 바울은 희생 제사라는 틀 외에도 다양한 이미지와 설명틀을 사용해 예수의 죽음의 의미를 풀어 낸다.

맨 처음 인용한 고린도전서 15장 3절을 다시 보자. 그리고 그리스도가 이 문구의 주어라는 것과 속죄에 대한 명시적 언급이 전혀 없다는 점에 주목하자.[6] 위의 고린도전서 구절을 속죄 제의 배경에서 읽을 당위성은 없다. 바울은 예수가 유월절 양으로 희생되었다(고전 5:7)고 말하는데, 유월절 양은 성전에서 죄 때문에 드리는 제사와 상관없다. 갈라디아서 3장 13-14절에서 "그리스도께서 값을 치르고 우리를 율법의 저주에서 풀어 주셨습니다"라고 말할 때도, "우리를 위해서 저주가 되셨습니다"라고 말할 때도, 성전 제사 이미지는 나오지 않는다. 게다가 속죄제 자체가 이전에 지은 죄를 '나중에야 깨닫고' 바치는 제사이므로, 속죄제를 예수의 죽음과 단정하게 포개어, 다시 말해 처음부터 끝까지 서로 일치하는 사건으로 해석하기가 쉽지 않다. 화목제도 희생제와는 거리가 멀다.

예수의 죽음을 굳이 대속 제물로 이해하고자 한다면,

---

6   Schnelle, *Apostle Paul*, p. 444.

예수에 대해 '희생양'과 '속죄의 염소'라는 두 가지 이미지를 동시에 취한다는 데 주목해야 한다.[7] 레위기 16장 21절은 다음과 같이 말한다. "살아 있는 그 숫염소의 머리 위에 두 손을 얹고, 이스라엘 자손이 저지른 온갖 악행과 온갖 반역 행위와 온갖 죄를 다 자백하고 나서, 그 모든 죄를 그 숫염소의 머리에 씌운다. 그런 다음에, 기다리고 있는 사람의 손에 맡겨, 그 숫염소를 빈 들로 내보내야 한다"(새번역). 예수의 죽음을 이런 관점에서 이해하는 사람은 여기에서 죄를 "참회하는 이들의 죄가 제물에게 전가되고 제물이 그들을 대신해서 죽임을 당하기 때문에, 그렇게 해서 대속이 일어난다"고 생각한다.[8] 그런데, 자세히 보면 레위기 본문에서 숫염소는 대신해서 죽임을 당하지 않고 광야로 쫓겨날 뿐이다. 즉 죄를 짊어지고 멀리 사라진다는 말이다. 그러므로 문자적으로 이해하면 조금 어긋난 그림이 된다. 숫염소에 손을 얹는 행위는 '동일시' 혹은 '이동'을 뜻하는 것으로 보이는데, 둘 중 무엇이 맞다고 확신 있게

---

7   티모 에스콜라, 《신약성서의 내러티브 신학: 유배와 회복의 메타내러티브 탐구》, 박찬웅, 권영주, 김학철 옮김 (서울: 새물결플러스, 2021), p. 547.

8   에스콜라, 《신약성서의 내러티브 신학》, p. 548.

바울 신학 크로키

말하기 어렵다. 바울이 이사야 53장의 빛 아래에서 예수의 사역과 죽음을 이해한 것은 맞는 것 같다. 하지만 여기에서도 중요한 점은 희생 제사와 관련한 개념이 나오지 않는다는 것이다. 이사야 53장에 나오는 '종'의 죽음으로 어떻게 다른 이들이 혜택을 입게 되었는지, 즉 정확히 어떤 원리로 '종의 죽음'이 효력을 발휘하는지는 알 수 없다.

게다가, 앞에서 말한 대로, 예수의 죽음을 속죄제(물)로 번역하는 로마서 3장 25절의 이미지를 문자 그대로 이해하면 상당히 괴이해진다.

이 예수님을 하나님은 죄덮는제물(화목제물)로 내놓으셨습니다. 죄 덮음은 믿음을 통해 얻어지며 그분의 피 덕분에 가능한 것입니다(새한글성경).

이 예수를 하나님이 그의 피로써 믿음으로 말미암는 화목제물로 세우셨으니(개역개정).

여기에서 화목제물로 번역한 그리스어 명사 '힐라스테리온(ἱλαστήριον)'을 놓고서 여전히 엄청난 논쟁이 이어지고 있다. 그 말인즉슨, 로마서 3장 25절에서 이 단어가 무슨 뜻으로 쓰였는지를 아무도 확실하게 알지 못한다는 말이다.

여기서 언어학적으로 중요한 점을 짚어야 한다. 힐라스테리온이 진정한 의미에서는 명사가 아니라는 점이다. 이 단어는 명사화된 형용사로서, 어미 '-이온(-ιον)'은 장소성Lokalität을 나타낸다. 그렇다면 하나님께서는 그리스도를 '은혜의 장소'로 공개적으로 세우신 것이다. 따라서 힐라스테리온이라는 개념을 히브리어 레위기와 에스겔서의 그리스어 번역을 근거로 하여 '카포레트'(성전 지성소 안의 속죄소)라는 의미로 이해해야 하는지,[9] 아니면 단순히 통상적인 헬라어 용례에 따라 '은혜의 장소'로 이해해야 하는지에 대한 논쟁이 더 이상은 불필요하다. 어느 쪽이든 장소적 의미가 핵심이기 때문이다.[10] 따라서 힐라스테리온은 그리스도를 하나님의 자비가 임재한 '은혜의 장소'로 설명하는 표현이라고 보는 것이 좋다. 이 '장소'라는 은유

---

9 구약 히브리어 성경의 그리스어 역본(칠십인역)을 보면 개역개정에서 '속죄소'로 번역하는 히브리어 '카포레트'를 '힐라스테리온'으로 번역했다.

10 Cilliers Breytenbach, "3.3. Interpretationen des Todes Christi", in *Paulus Handbuch*, ed. Friedrich W. Horn (Tübingen: Mohr Siebeck, 2013), p. 325.

를 확장하면 죄의 속량이라는 '기능'의 의미도 아우를 수 있기는 하다.[11]

신약성경 각 책이 제시하는 고유한 예수 이해를 하나의 체계로 통합하려고 시도하다가 해석상 오류를 낳는 경우가 종종 있다. 예수의 피에 대한 바울의 언급을 이해할 때 이러한 실수가 전형적으로 나타난다. 히브리서 9장 11-14절이나 베드로전서 1장 2절을 바울 서신과 함께 읽으면, 예수의 피가 지닌 구속의 힘이 선명하게 강조되는 것처럼 보인다. 그러나 바울 자신은 예수의 피 자체에 죄 씻음이나 용서의 효력이 있다고 특별히 강조하지 않았다. 그러한 점에서 바울이 '용서(ἄφεσις)'라는 단어를 거의 사용하지 않았다는 사실도 의미심장하다. 바울은 죄 용서보다는 죄에서의 해방에 대해 더 자주, 더 다각적으로 논했다. 예수의 피는 그의 희생적 죽음을 나타내는 동시에 예수의 폭력적 죽음, 즉 죽임당한 방식도 가리킨다(롬 5:9).[12]

흥미롭게도 속죄나 다른 제사에 동물의 '피'가 꼭 필요

---

11 Michael Wolter, *Paul: An Outline of His Theology*, trans. Robert L. Brawley (Waco: Baylor University Press, 2015), p. 105.

12 Wolter, *Paul*, p. 104.

하지는 않았다. 레위기에 따르면 곡물을 곱게 빻아 만든 가루를 동물 대신 바칠 수도 있었다(레 2:1-16). 시편에는 심지어 '상한 심령'을 바치는 이미지도 등장한다(시 51:17).

예수의 죽음을 제사라는 관점에서 보면, 예수의 희생적인 사랑을 이해하는 데, 또 우리와 관계 회복을 위해 '아들마저 아끼지 않으신 하나님'을 이해하는 데 상당히 유익하다. 그러나 세세한 부분까지 제사라는 틀에 넣어 설명하려 하면 무리가 따른다. 무엇보다도 제사와 달리 '예수-사건'은 하나님이 먼저 주도적으로 우리에게 다가오신 사건이어서 근본적으로 성격이 다르다.[13]

인간에게 죄라는 극도로 심각한 문제가 있음은 분명하다. 하나님은 예수의 몸에서 죄를 죽게 하셨다. 로마서 8장 3절에 나오는 "죄를 정죄하셨다(κατέκρινεν τὴν ἁμαρτίαν)"는 표현은 죄의 효과와 죄로 인한 결과까지도 처리하셨다는 의미다.[14] 바울에 따르면, 그렇게 처리한 결과로 그리스

---

13 Schnelle, *Apostle Paul*, p. 449.

14 Michael Wolter, *Der Brief an die Römer: Teilband 1: Röm 1-8*, EKK 6/1 (Göttingen: Vandenhoeck & Ruprecht, 2014), p. 479.

바울 신학 크로키

도인의 육신에 있던 죄가 그 힘을 실질적으로 잃었다. 힘을 잃은 죄에게 다시 노예 노릇하겠다고 돌아가는 것(갈 4:9 참조)은 죄에게 힘을 실어 주는 일이며 인간의 책임이다. 하나님이 그 죄의 문제를 우리가 무엇을 하기도 전에 처리하셨다는 것, 그래서 새로운 참 인간이 될 가능성을 열어 놓으시고 하나님에게서 소외된 상황이 극복되었다는 점에 주목하는 것이 무엇보다 중요하다. 구약의 제사 본문의 취지는 한 인간이, 어느 한 공동체가 하나님 및 이웃과 바른 관계를 회복하여 감사를 표현하라는 것이고, 또 하나님이 인간들 가운데 거하신다는 사실을 인식하라는 것이다.[15]

지금까지의 관찰을 종합해 보면, 제임스 던의 신중하고 균형 잡힌 시각을 우리의 시각으로 체화해야 할 것 같다. 메시아의 죽음에 담긴 심오하고 풍성한 의미를 특정 '모델'로만 환원하여 이해하고 고집하며 설교하는 것은 너무 안타까운 일이 아닌가.

바울이 이 모든 것들을 통해서 가르치는 것을 '대속代贖,

---

15 이에 대한 상세한 논의는 김근주, 《오늘을 위한 레위기》(서울: IVP, 2021)를 보라.

substitution'이라는 말로 설명하는 것은 부적절하다. '대속' 이라는 말은 학자들이 많이 선호해 온 것이긴 하지만 의미를 절반만 전달할 뿐이다. 물론 예수께서 다른 사람들을 대신했다는 것은 중요한 요소이고, 어쨌든 그것은 희생 제사 은유의 중심에 자리잡고 있다. 그러나 바울의 가르침은 그리스도께서 다른 사람들을 '대신하여' 죽음으로써 그들이 죽음을 피하게 되었다는 것('대속'의 논리가 함축하고 있는 것처럼)이 아니라, 그리스도께서 사람들의 죽음을 공유하심으로써 사람들이 그리스도의 죽음을 공유할 수 있게 되었다는 것이다. '대표'라는 말이나 특히 '참여' 또는 '참여적 사건'이라는 말은 이것을 한마디로 적절하게 표현해 주는 단어들이다. 적어도 이러한 말들은 바울의 구원론의 토대가 되는 그리스도의 죽음 안에서, 그 죽음으로 말미암아, 또 그 죽음을 뛰어넘어 그리스도와의 지속적인 동일화라는 의미를 전달하는 데 도움이 된다.[16]

지금까지 다룬 내용이 독자의 머리를 더 복잡하게 만

---

16 제임스 던, 《바울 신학》, 박문재 옮김 (고양: 크리스챤 다이제스트, 2003), p. 328.

바울 신학 크로키

들었을지도 모른다. 머리가 복잡하게 되었다면 좋은 것이다. 보들레르의 시 〈만물조응〉에서 '자연'이라는 단어를 '예수의 죽음의 의미'로 바꾸어 읽어 보자.

> 자연은 하나의 신전, 거기 살아 있는 기둥들은
> 간혹 혼돈스러운 말을 흘려보내니,
> 인간은 정다운 눈길로 그를 지켜보는
> 상징의 숲을 건너 거길 지나간다.

발터 벤야민은 이렇게 말했다. "언어는 어떤 경우이건 전달 가능한 것의 전달이기만 한 것이 아니라 동시에 전달 불가능한 것의 상징이기도 하다."[17] 상징이라는 말에 거부감을 느낄 필요가 없다. 상징은 사실을 온전히 포함하면서도 어떤 실체의 형언할 수 없는 깊은 차원을 표현하는 것이며, 상징 자체가 그러한 실체에 '참여'하고 있는 것이기 때문이다.[18]

---

17 보들레르의 시와 벤야민의 문장은 모두 황현산, 《황현산의 사소한 부탁》(파주: 난다, 2018), p. 283에서 재인용했다.

18 틸리히의 통찰이다. Paul Tillich, *Dynamics of Faith* (New York: Harper & Row, 1957), p. 42.

예수의 죽음이 '우리를 위한' 죽음이고, '죄를 위한' 죽음이라는 사실은 원죄라는 골치 아픈 질문으로 불가피하게 이어진다. **아담과 원죄를 어떻게 이해해야 하는가?** 이 문제에 관한 한 우리에게 가장 곤혹스러운 성경 구절은 로마서 5장 12절이다.

그러므로 한 사람으로 말미암아 죄가 세상에 들어오고 죄로 말미암아 사망이 들어왔나니 이와 같이 모든 사람이 죄를 지었으므로 사망이 모든 사람에게 이르렀느니라(개역개정).

그러니까 이렇게 된 겁니다. 한 사람을 통해 죄가 세상에 들어왔고, 그 죄를 통해 죽음도 들어왔습니다. 이와 같이 모든 사람에게 죽음이 미치게 되었습니다. 모든 사람이 죄를 지었기 때문이지요(새한글성경).

Therefore, just as sin came into the world through one man, and death came through sin, and so death spread to all because all have sinned(NRSV Updated Edition).

새한글성경에서 두 문장 사이의 관계에 주목해 보자. "이와 같이 모든 사람에게 죽음이 미치게 되었습니다. 모든 사람이 죄를 지었기 때문이지요." 이 두 문장의 논리적 관계를 선명하게 파악하려면 앞뒤 문장의 순서를 바꾸고 한 문장으로 읽는 것이 낫다. "모든 사람이 죄를 지었기 때문에 이와 같이 모든 사람에게 죽음이 미치게 되었습니다." 그러면 NRSV의 번역도 좀 더 정연하게 머리속에 들어올 것이다.

한국어와 영어 성경 번역본에서 '-때문에/because'로 번역한 그리스어 '에프 호(ἐφ'ᾧ)'는 전치사구(전치사와 관계대명사의 결합)다. 이 전치사구는 다양한 의미를 지닐 수 있다. 어느 학자는 가능한 번역 열한 가지를 제시했다.[19] 몇 가지를 소개하자면, '그 남자(즉 아담) 안에서', '그 남자 때문에', '그것(죽음)을 향해서', '(아담)이 죄를 범한 상황 가운데서', '그 결과로' 등이 있다.

아우구스티누스가 공고히 한 원죄 교리는 '그 남자 안에서in whom'라는 번역을 근거로 한다. 아우구스티누스는

19　Joseph A. Fitzmyer, *Romans: A New Translation with Introduction and Commentary* (New York: Doubleday, 1993), pp. 413-416.

주로 라틴어 성경을 바탕으로 주해 작업을 했는데 라틴어로는 그리스어 원문과는 달리 비교적 명확하게 '그 남자 안에서'라고 번역할 수 있다. 그러나 관계대명사의 선행사를 '한 남자(아담)'로 보면 관계대명사와 선행사가 너무 멀리 떨어져 있어 자연스러운 번역이 아니다.

보수적 학자든 비평적 학자든 대체로들 아우구스티누스의 견해가 틀렸다는 데 동의하고, '그 결과로' 또는 '- 때문에'가 가장 나은 번역이라고 본다. '그 결과로'를 택하면 아담의 죄가 어떤 경로로든 인류 전체에게 영향을 끼쳤다는 해석으로 이어지고(물론 아우구스티누스처럼 죄가 성관계를 통해 후대로 이어진다고 설명하는 것은 명백히 틀렸다), '- 때문에'가 맞다면 아담의 영향력이 아니라 인간 개개인이 지은 죄 자체가 문제라는 점을 부각하는 해석으로 이어진다.

무엇이 맞든, 로마서 5장 12절은 어느 학자의 말마따나 원죄original sin에 관한 것이 아니라 원-죽음original death에 관한 서술이라고 할 수 있다. 12절을 네 부분으로 잘게 쪼개면 다음과 같은 정연한 대칭 구조가 드러난다.

A sin (12a) produces

B death (12b);

B′ all die (12c)

A′ because all sin (12d).[20]

모든 이가 죽는 것은 각자가 죄를 지었기 때문이라는 말이다.

그런데, 앞서 말했듯이 바울에게 죄는 하나의 세력권 power sphere 으로서의 하나님의 통치를 배제한다.[21] 죄는 죽음으로 이끄는 힘으로, 하나님에 대항하는 반대 세력으로 묘사된다. 또 스톡홀름 신드롬에 빗댄 해석을 기억하라. 죄의 노예가 된 인간이 '자발적으로' 죄의 기획에 동참한다.

바울은 이러한 악순환의 고리가 복음을 통해 끊어졌다고 말한다. '그리스도 안에 있음'은 일차적으로 신비적인 상태를 묘사하는 것이 아니라, '통치권 교체'를 의미한다. 세례를 통해 신자는 죄(아담)의 권력 영역에서 빠져나와 그리스도(의로움/생명)의 권력 영역으로 양도된다. 그리스도와 함께 죽는다는 것은 옛 권력인 '죄'의 요구가 더 이상

---

20 Douglas J. Moo, *The Letter to the Romans*, 2nd ed., NICNT (Grand Rapids: Eerdmans, 2018), pp. 349–350.

21 Beverly Roberts Gaventa, *Romans: A Commentary* (Louisville, Kentucky: Westminster John Knox Press, 2024), pp. 165–177.

미치지 못하며 '은혜의 통치'가 시작된 것을 의미한다.[22] 죽은 노예는 예전 주인을 노예로서 섬길 수 없다.[23]

그러므로, 예수 죽음의 핵심은 죄와 죽음의 고리를 깼다는 데에 있다.[24] 바울은 이 놀라운 사실을 전달하기 위해 이리저리 애를 썼다. 우리가 살펴본 것은 그러한 애씀의 흔적이다. **이 모든 것을 명징하게 이해할 수 없어도**, 그리스도 안에서 우리가 하나님과 화해를 누릴 수 있고 새로워질 수 있는 삶 자체가 바울의 난해한 말을 이해하는 진정한 열쇠라고 할 수 있겠다. 어쩌면 신자는 '면허 없이도 잘 운전하는 사람'과 같을지도 모른다.[25] 이 진실을 받아들이지 못하는 독자도 있을 것이다. 그러나 한 치의 논리적 이탈을 용납하지 않는 수학이라는 학문 역시 그 근본 토대에 관한 문제에 있어서는 이와 별반 다르지 않다는 점을 알아두면 좋을 것 같다. **공리의 '자명한 옳음'을 언제나 확실하게 밝힐 수는 없어도** 그 공리를 전제로 하는 수학은 명료하고

---

22 Wolter, *Der Brief an die Römer, vol. 1: Röm 1-8*, p. 361.

23 Gaventa, *Romans*, pp. 174.

24 N. T. 라이트, 사이먼 개더콜, 로버트 스튜어트 지음,《혁명의 십자가 대속의 십자가》, 박장훈 옮김 (서울: IVP, 2014), p. 75.

25 이 표현은 황현산,《황현산의 사소한 부탁》에서 빌려 왔다.

정합적이며 창조적인 결과를 산출한다.[26]

　그리스도인은 아담, 원죄, 예수 죽음의 효력을 세세하고 정교하게 이해하지 못하더라도 자기가 죄인이었으며 죄에서 해방되어 새로운 삶을 살 가능성이 복음을 통해 열렸음을 누구보다도 잘 안다.

예수의 부활: 역사성, 육체성, 의미

예수의 부활만큼 신앙과 학문 사이의 긴장을 첨예하게 드러내는 주제도 드물다. 특히 부활의 역사성과 '육체성'에 대해 복잡하고 뜨거운 논쟁이 지속된다.

　이 문제에 대한 논의에 앞서 데일 앨리슨의 경고를 새겨 둘 필요가 있다. "기적을 믿지 않는 사람은 모든 증거를 검토한 후에도 예수의 부활을 믿지 않을 수 있고, 실제로 대개 그렇게 한다. 전통적인 그리스도인들이 모든 관련 논거를 면밀히 검토한 후에도 자신의 믿음을 유지할 수 있

26　수학의 토대를 향한 학자들의 노력과 그 한계를 이해하는 데 도움을 주는 책으로 아포스톨로스 독시아디스·크리스토스 H. 파파디미트리우 지음, 알레코스 파파다토스·애니 디 도나 그림, 《로지코믹스: 버트런드 러셀의 삶을 통해 보는 수학의 원리》, 전대호 옮김 (서울: 랜덤하우스 코리아, 2011); 김민형, 《다시, 수학이 필요한 순간》 (서울: 인플루엔셜, 2020)을 보라.

고, 실제로도 대개 그렇게 하는 것처럼 말이다."[27] 확증 편향이라는 인간의 고질적 성향 때문에 부활 논쟁은 생산적인 대화로 좀처럼 이어지지 못한다. 이 사실을 인정하는 것이 논의의 출발점이다.

부활은 역사적 사실인가? 제자들이 환영을 본 것은 아닌가? 스승의 처형으로 인지 부조화를 겪은 추종자들이 지어낸 이야기인가? 이 질문들에 답하기 전에 먼저 '역사성'이라는 용어를 정밀하게 정의해야 한다.

예수께서 부활하는 '순간'이나 '과정'을 직접 목격한 이는 아무도 없다. 따라서 역사성을 '일차적 증거로 입증이 가능한 사건'이라고 정의한다면, 부활의 역사성을 담보할 길은 원천적으로 차단되어 있다. 우리가 말해도 무방한 것은 오직 하나, 부활 예수에 대한 신앙과 선포가 예수의 죽음 직후에 출현했다는 사실뿐이다.

그렇다면 부활은 단지 '믿음'의 대상일 뿐인가? 이 물음을 부활의 사실성을 부정하는 주장으로 오해해서는 곧

---

27 Dale Allison, *The Resurrection of Jesus: Apologetics, Polemics, History* (New York/London: Bloomsbury, 2021), pp. 356-357.

란하다. 부활한 예수를 만난 이들이 있었고, 예수께서 지금도 교회에 주님으로 현존하시므로, 죽었던 분이 다시 살아났다고 보는 것은 신앙인에게 충분히 합리적이다. 다만 부활은 역사학의 방법으로 '객관적으로' 증명할 수 있는 사안이 아니라는 점도 인정해야 한다. 역사학 자체가 온전한 객관성을 확보할 수 없다는 사실도 염두에 두어야 한다. 부활을 역사적으로 다룬다는 것은 역사학의 한계 자체를 묻는 작업이기도 하다.

초기의 칼 바르트는 이 딜레마를 기하학적 비유를 써서 신학적으로 정교하게 담아냈다.

역사적 명료성의 테두리 안에서 그리스도 예수는 그저 문제나 신화로 이해될 뿐이다. 그리스도 예수는 아버지의 세계가 도래하도록 하시지만, 역사적 명료성의 테두리 안에 있는 우리는 그것을 전혀 알지 못하고 앞으로도 전혀 알지 못할 것이다. 그러나 죽은 자들 가운데서 일어난 부활에서 전환이 일어난다. 이것은 그 교차점이 위로부터 '깨고 들어옴'이며, 거기에 상응하는 아래로부터의 깨달음이다.…부활 안에서 성령의 새 세상이 육체의 옛 세상과 맞닿는다. 그러나 새 세상이 옛 세상과 맞닿는 것은 마

치 탄젠트 접선이 원과 스치는 것처럼, 닿지 않으면서도 접점을 형성한다.[28]

'접선의 접점'이라는 바르트의 은유는 부활의 역설적 성격을 정확히 포착한다. 부활은 역사 안에서 일어났지만 역사의 범주를 초월한다. 시공간에서 발생했으나 시공간의 논리로는 담아낼 수 없다. 이 역설을 직시하는 것이 부활 논의의 첫걸음이다.

그렇다면 부활 현현은 구체적으로 어떤 사건이었을까? 이 물음에 답하려면 바울의 증언으로 돌아가야 한다. 바울이 고린도전서 15장에서 '몸의 부활'을 길게 논증할 때, 그 바탕에는 자신이 직접 겪은 부활 현현 체험이 놓여 있었을 것이다. 바울은 유령이나 환상을 본 것이 아니라 특별한 종류의 '몸'을 지니신 예수를 만났다. 고린도전서 9장 1절에 나오는 "내가 주님을 보았다"는 고백이 바로 이 체험을 가리킨다.

고린도전서 15장 5-8절에서 바울은 부활 현현을 목격

---

28 칼 바르트, 《로마서》 (제2판, 1922), 손성현 옮김 (서울: 복있는사람, 2017), pp. 146-147.

한 이들의 목록을 제시한다.

게바에게 나타나 보이셨고 다음으로는 열둘에게 나타나
보이셨다는 것을 말입니다.… 그런 다음으로 그리스도께
서 500명이 넘는 형제자매들에게 한꺼번에 나타나 보이
셨습니다. 그들 가운데 대부분이 지금까지 살아남아 있습
니다.…그런 다음으로 야고보에게 나타나 보이셨고, 그다
음으로 모든 사도들에게 나타나 보이셨습니다. 그런데 맨
나중에 이른둥이나 다름없는 나에게도 나타나 보이셨습
니다.

이 목록에서 몇 가지 주목할 점이 있다. 첫째, 바울은
부활하신 예수가 자신에게는 '모든 이들 중 마지막으로'
나타나셨다고 말함으로써, 자기 체험 이후로는 부활 현현
이 전혀 없었음을 암시한다. (이는 바울 자신의 사도적 권위를
세우려는 의도적 '제한'일 수 있다.) 둘째, 복음서와 달리 여성
목격자를 전혀 언급하지 않는다. 여성의 증언을 무시하던
당대의 관습 때문일 수도 있고, 바울이 복음서에 실린 전
승을 몰랐을 가능성도 있으며, 초대교회에서 공식 목격자
목록을 작성할 때 남성 지도자들 사이의 주도권 다툼 속에

서 의도적으로 삭제되었을 수도 있다.

이 목록을 근거로 하면 부활 현현이 상당 기간에 걸쳐 여러 차례 일어났다고 추정할 수 있다. 500여 명이라는 숫자는 예수 처형 직후의 추종자 규모로는 너무 크고, 바울의 회심은 예수 처형 후 수년이 지나서야 일어났기 때문이다.[29]

'나타나 보이셨다'로 번역한 그리스어 '오프테(ὤφθη)'에는 '자신을 나타내 보이다'라는 능동적 의미와 '목격되다'라는 수동적 의미가 모두 담겨 있다. 이 단어는 칠십인역에서 하나님의 현현을 표현할 때 자주 사용되었다(칠십인역 창 17:1, 18:1; 출 3:2; 삿 6:12, 13:3). 바울이 부활 현현을 묘사하면서 이 단어를 선택한 것은 우연이 아니다. 바울은 자기가 만난 부활의 예수를 구약의 신현theophany 전통 안에 위치시키는 것으로 보인다. 다만 부활 현현이 구약의 다른 신현 사건들과 다른 점도 있다. 권능의 발휘 같은 극적인 면모가 보이지 않는다는 것이다.[30] 부활한 예수는 불

---

29 Allison, *The Resurrection of Jesus*, p. 80.

30 Jens Schröter and Christine Jacobi, eds., *The Jesus Handbook*, trans. Robert Brawley (Grand Rapids: Eerdmans, 2022), p. 796.

바울 신학 크로키

기둥이나 천둥과 함께 나타나지 않았다.

고린도전서 15장에서 바울은 "죽은 사람들이 어떻게 부활합니까? 어떤 몸으로 돌아옵니까?"라는 고린도인들의 질문에 비교적 길게 답변을 제시한다. 그러나 이 답변은 해석하기 무척 까다롭다. 논쟁 중인 쟁점이 많고 복잡하여, 제한된 지면 안에서 총괄적으로 해설하기가 어렵다. 하지만 혼란스러운 이해를 교정하기 위해 몇 가지는 분명히 말할 수 있다.

먼저, 이 주제를 다룰 때 흔히 사용하는 '육체성corporeality'이라는 용어 선택 자체에 문제가 있음을 지적해야 한다. **바울이 고린도전서 15장에서 세상의 모든 개체가 육체성을 지니고 있다고 말하기 때문이다.** 하나님은 하시고자 하는 대로 각 개체에 그 나름의 몸을 주셨다(고전 15:38).

따라서 부활의 육체성이라는 질문은 "정확히 어떤 종류의 몸이냐?"는 문제로 바뀌어야 한다. 바울은 몸과 혼과 영을 따로 구분하지 않고, 부활 전이나 후나 한 인간 전체를 '몸(σῶμα)'으로 지칭하며 설명을 전개한다.[31] "우리가

---

31 Rudolf Bultmann, *The Theology of the New Testament* (New York: Scribner's Son, 1951), vol. 1, p. 195.

흙의 사람인 그(아담)의 모습을 지녔던 것처럼, 하늘에 속한 그분의 모습도 지니게 될 것입니다"(고전 15:49)라고 바울이 말했으므로, 부활한 예수의 몸이 어떤 것이었는지 파악하려면 부활한 신자들의 몸에 대한 바울의 논증을 상세히 살펴볼 필요가 있다.

바울에 따르면 몸은 '하늘에 속한 몸들(σώματα ἐπουράνια)'과 '땅에 속한 몸들(σώματα ἐπίγεια)', 두 종류다(고전 15:40). 하늘에 속한 몸은 썩지 않을 몸이고, 땅에 속한 몸은 썩을 몸이며, 서로 '영광'이 다르다(고전 15:41-42). 여기까지는 대략 이해할 수 있다. 그러나 이어지는 말은 난해하다.

죽은 사람들의 부활도 마찬가지입니다. 썩을 것으로 뿌려지지만, 썩지 않을 것으로 부활합니다.…자연에 속한 몸(σῶμα ψυχικόν)으로 뿌려지지만, 영적인 몸(σῶμα πνευματικόν)으로 일으켜집니다. 자연에 속한 몸이 있다면 영적인 몸도 있습니다(고전 15:42, 44).

바울이 말하는 '영적인 몸'은 무엇인가? 이 표현 자체가 형용 모순처럼 들린다. 현대인이 듣기에 '영'과 '몸'은 서로 반대되는 것을 가리키기 때문이다. 그러나 바울 시대 일부 사람들, 특히 스토아 철학자나 일부 의학자는 '영(πνεῦμα)'을 극단적으로 미세한 물질적 실체로 이해했다. 바울 역시 지금 '몸'이라는 대상에 관해 말하고 있으므로, 그가 말하는 프뉴마는 비물질적인 환영과는 거리가 멀다고 보는 것이 타당하다.

그렇다면 질문을 이렇게 다듬을 수 있다. '영적인 몸'은 프뉴마라는 '재질'로 이루어진 몸인가, 아니면 기존의 몸이 프뉴마의 힘으로 변형된 상태를 말하는가? 이 논쟁의 핵심은 바울이 부활을 '물질적'으로 보느냐 '비물질적'으로 보느냐의 문제가 아니다. 오히려 바울이 부활을 (1) 새로운 비육체적 몸의 수여, (2) 지상의 것과 구별되는 에테르 육체로의 변형, (3) 무덤에 묻힌 살과 뼈의 몸의 소생과 불멸로의 변형, 이 셋 중 어느 것으로 이해했느냐가 문제의 초점이다. 부활한 몸에 관한 학자들의 견해는 크게 세 가지로 요약할 수 있다.[32]

---

32 James Ware, "Paul's Understanding of the Resurrection in 1 Corinthians 15:36-54", *Journal of Biblical Literature* 133 (2014): p. 816.

첫째는 **육체 부활론**으로 부활의 몸을 무덤에서 일어나 영광스럽게 변형되는 살과 뼈의 몸이라고 본다. 이레네우스, 제롬, 아우구스티누스로 이어지는 고대 교부들의 전통적 견해다. 이 해석에 따르면, 고린도전서 15장은 '육체의 부활*resurrectio carnis*'을 가르친다. 즉, 부활한 몸은 무덤에 묻힌 바로 그 지상의 육체(살과 뼈의 몸)가 다시 살아나 불멸하도록 변형된 것이다.[33] 이 견해의 핵심은 동일성이다. 무덤에 묻힌 동일한 몸이 하나님의 능력으로 다시 살아나되, 썩지 않고 영광스러운 상태로, 질적으로 향상된다는 것이다.

둘째는 **비육체 부활론**으로 부활의 몸을 지상의 육체를 초월하는 영적 실재로 본다. 이른바 영지주의 해석자들, 특히 발렌티누스파와 오피테파가 주장한 견해다. 이들의 접근 방식은 다양했지만, 공통점이 하나 있다. "이 본문을 육체의 문자적 부활을 배제하는 방식으로 해석했다"는 것이다.[34] 이 견해에서 지상의 육체, 즉 살과 뼈의 몸은 최종

---

33 Ware, "Paul's Understanding of the Resurrection in 1 Corinthians 15:36-54", p. 810.

34 Ware, "Paul's Understanding of the Resurrection in 1 Corinthians 15:36-54", p. 810.

바울 신학 크로키

구원에서 완전히 배제된다.

셋째는 **에테르 육체론**으로 부활의 몸을 천상의 프뉴마 물질로 재구성된 새로운 몸으로 본다. 3세기의 교부 오리게네스[Origen]가 도입한 '중간적 입장'으로, 19세기 타이히만[Teichmann]을 거쳐 현대의 엥베어-페더선[Troels Engberg-Pedersen], 마틴[Dale Martin], 애셔[Jeffrey Asher]에게 계승되고 정교화되었다.[35] 이 해석에 따르면, 고린도전서 15장은 분명 육체적 부활을 말하지만, 그것은 "육체적 살로 구성된 것이 아니라 에테르 물질로 구성된 천상의 혹은 영적인 몸의 부활"이다.[36] 다시 말해, 프뉴마로 구성된 몸으로 부활한다는 견해다.

제임스 웨어[James Ware]는 고린도전서 15장 36-54절의 구조 분석을 통해 육체 부활론을 지지한다. 웨어의 논증은 세 가지 핵심 관찰을 근거로 한다. 먼저, 고린도전서 15장 36-49절에서 "대조되는 동사 쌍의 주어는 죽음을 나타내

---

35 여러 저서가 있지만 대표적 저서로 Troels Engberg-Pedersen, *Cosmology and Self in the Apostle Paul: The Material Spirit* (Oxford: Oxford University Press, 2010)과 Dale B. Martin, *The Corinthian Body* (New Haven: Yale University Press, 1995)가 있다.

36 Ware, "Paul's Understanding of the Resurrection in 1 Corinthians 15:36-54", p. 810.

는 동사들과 부활을 나타내는 동사들 양쪽에서 하나이며 동일하다."[37] 뿌려지는(죽는) 몸과 다시 살아나는 몸이 동일한 몸이라는 것이다. 둘째, 동사의 의미론적 성격을 고려하면, 바울이 사용한 동사인 '조포이에오'($\zeta\varphi o\pi o\iota\acute\epsilon\omega$, 살리다), '에게이로'($\acute\epsilon\gamma\epsilon\acute\iota\varrho\omega$, 일으키다), '알라소'($\grave\alpha\lambda\lambda\acute\alpha\sigma\sigma\omega$, 변화시키다), '엔뒤오'($\grave\epsilon\nu\delta\acute\nu\omega$, 입히다)는 "육체의 몸의 소멸하거나 교체되는 것이 아니라 다시 살아나고 옷 입고 변형된다"는 것을 표현한다.[38] 셋째, 서술어의 성격을 관찰하면, 바울의 대조는 몸의 실체나 물질substance이 아니라 특성, 상태, 조건qualities, states, conditions을 가리킨다. '부패/불멸, 치욕/영광, 약함/능력, 죽을 수밖에 없음/불사' 같은 대조를 보라.[39] 이러한 견해에 비추어 '소마 프뉴마티콘'의 의미를 특정하자면, '영적인 몸'은 "프뉴마로 구성된 몸이 아니라 하나님의 영에 의해 불멸의 생명을 받은 살과 뼈의 몸"을

---

37 Ware, "Paul's Understanding of the Resurrection in 1 Corinthians 15:36-54", p. 821.

38 Ware, "Paul's Understanding of the Resurrection in 1 Corinthians 15:36-54", p. 826.

39 Ware, "Paul's Understanding of the Resurrection in 1 Corinthians 15:36-54", p. 831.

바울 신학 크로키

의미한다.[40] '프뉴마티콘'이 가리키는 것은 재질이 아니라 생명의 원천이라는 주장이다.

바울은 논증에 전형적인 유대식 논법을 사용하므로, 여기에서 사용한 특유한 유대적 논법(본문이 A를 말할 때는, A가 아닌 것도 전제하거나 내포한다)의 논리를 바탕으로 이해하자면 바울의 주장은 다음과 같이 정리할 수 있다.[41] 창세기 2장 7절을 그리스어 역본으로 보면 (이 구절이 고린도전서 15장 45절에 인용된다) 아담은 혼적[soulish]/자연적/일반적인 몸($\psi\upsilon\chi\acute{\eta}$, 여기서 프쉬케는 불멸의 영혼이 아니라 일반적인 몸을 지칭)이라고 나오는데 아담의 몸은 피와 살과 뼈로 이루어졌고 죽고 썩었으므로, 아담의 몸과 대비되는 그리스도의 몸은 피와 살과 뼈로 이루어지지 않고, 죽지 않고, 썩지 않는 몸이다. 바울은 이러한 그리스도의 몸이 혼적인/자연적인 몸과 다르다는 사실을 표현하기 위해 영적/프뉴마적[pneumatic]이라고 부른 것이다. 이러한 단어 선택은 초대교회에 영으로 현존한 그리스도를 체험한 것은 물론 바

---

40 Ware, "Paul's Understanding of the Resurrection in 1 Corinthians 15:36-54", p. 834.

41 E. P. Sanders, *Paul: The Apostle's Life, Letters, and Thought* (Minneapolis: Fortress, 2015), pp. 393-395.

울 자신이 부활 예수를 본 경험을 토대로 가장 적절하게 결정한 결과로 보는 편이 좋다. '소마 프뉴마티콘'을 영(프뉴마)로 만들어진 몸이라고 해석할 수도 있고, 이 땅의 몸과는 다른, 바울 당시 초월적인 것으로 여겨진 별과 같은 아주 특정한 물질로 볼 수도 있는데, '영으로 구성된 몸'이라는 해석을 놓고 의견이 분분하니 우리는 이 표현을 일반적인 사람의 몸과 현격히 다른 몸이라는 의미 정도로 받아들이는 것이 현명할 것 같다.

바울이 생각한 부활을 이해해 보려고 할 때 이해하기가 더 어려워지는 지점이 있다. 고린도후서 5장과 고린도전서 15장 내용이 서로 사뭇 달라 보인다는 사실이다. 고린도전서에서 바울은 영-육 이원론을 넘어서 '영적인 몸'이라는 독특한 의미의 '육체성'을 강조한 반면, 고린도후서에서는 마치 플라톤을 연상시키는 듯한 말을 한다.

우리가 알다시피, 땅에 있는 우리의 천막집이 허물어지면 우리에게는 하나님께로부터 오는 집이 있기 때문입니다. 그 집은 사람 손으로 지은 것이 아니고 하늘에 있는 영원한 집입니다. 이러한 까닭에 우리는 신음하며 하늘로부터 오는 우리의 거처를 덧입기를 애타게 바라고 있습니다.

바울 신학 크로키

우리가 이 천막집을 벗어 버리더라도…몸을 입고 살든지 몸에서 빠져나와 살든지, 그분께 기쁨이 되는 것을 목표로 삼습니다(고후 5:1-3, 9).

종말에 대한 바울의 관점이 변한 것일까? 바울이 플라톤 철학적인 이원론적 개념을 여기에서 사용하는 것은 분명해 보인다. 하지만 이를 심도 있게 발전시키지 않고 오로지 "겉모양과는 달리(5:7) 속사람의 새로워짐으로 인간의 죽을 운명이 이미 상쇄되었다"는 자신의 확신을 명료하게 표현하려고 노력하기 위해 임시적으로 차용한 것 같다.[42] 신자의 자기 이해에 매우 중요한 내용을 담고 있으므로 이 부분을 집중적으로 살펴보는 것이 좋겠다. 고린도후서 4-5장은 다음과 같은 논지와 맥락에서 이해해야 한다. 바클레이의 글은 길지만 인용할 만한 가치가 있다.

그리스도인의 삶이 그리스도의 죽음과 생명을 모두 짊어지는 것이라면(고후 4:10-11), 연약함과 쇠락 이외에 겉으

---

42 존 바클레이, "고린도후서",《IVP 성경비평주석: 신약》, 이철민·홍성수 옮김 (서울: IVP, 2020), p. 749.

로 볼 수 있는 것이 많지 않음을 감안할 때, 우리는 이 '생
명'을 어디서 볼 수 있냐고 질문할 수 있다.…그래서 바울
의 사고는 그리스도의 생명이 낳은 속사람의 새로워짐으
로 나아간[다]…이전 본문처럼 중심 주제는 확신이다.…
단순한 쇠락처럼 보이는 것, 곧 복음을 간직한 연약함에
의해 인간의 죽을 운명이 가속화되는 일은 날마다 속사람
의 새로워짐과 함께 일어나고, '쇠락'은 사실 지극히 크고
영원한 영광의 '중한 것weight'을 낳는다(중한 것은 다른 데서
짓누르는 고난의 짐을 가리키는 데 사용되기 때문에 여기서는 아이
러니한 은유다. 바울은 영광에 눌려 납작해지기를 기대한다!).…기
본 확신은 이전 편지(고린도전서)와 동일하다. 곧 하나님의
목적은 이 유한한 존재를 버리는 것이 아니라 그것이 생
명에게 '삼킨 바 되어'(5:4) 변혁되게 하는 것이다. 여기에
서 여러 겹의 옷이라는 은유가 사용되었다.…이 미래에
대한 확신은 현재를 완전히 다른 빛 속에 둔다(5:6-10). 현
재의 실존은 일시적이고 불완전해서, 별로 '편안하지' 못
하다는 느낌을 받는다(6, 8절). 이것이 믿음의 진정한 모습
이다(7절). 대안적 집이 아직 보이지 않는다 하더라도 부
활의 진리를 소유하고 있는 것이다(4:14).[43]

고린도후서 5장과 유사하게 말하는 빌립보서 1장 23절도 이런 관점에서 이해하는 것이 좋다. 고린도후서 5장과 빌립보서 3장 21절을 보면, 바울은 사실 고린도전서 15장에서 내비친 견해 즉 '몸'의 영광스러운 부활이라는 견해를 계속 고수함을 알 수 있다.[44]

그리스도께서는 우리의 낮은 몸을 바꾸어 자신의 영광스러운 몸과 같은 모양이 되게 하실 것입니다(빌 3:21).

이러한 변화는 고린도전서에서 말한 것처럼 '눈 깜짝할 사이에' 일어나지만, 이미 신자들의 몸 안에서 현재 진행형으로 일어나고 있다는 사실에 주목해야 한다. "우리는 모두…주님과 똑같은 모습으로 변화되어 점점 더 큰 영광에 이르게 됩니다"(고후 3:18). "우리의 겉사람은 썩어지더라도, 오히려 우리의 속사람은 나날이 새로워집니다"(고후 4:16).

바울은 첫 사람 아담이 '산 영혼(ψυχὴ ζῶσα)'이 되었다

---

43 바클레이, "고린도후서", p. 749.

44 Sanders, *Paul*, p. 418.

고 말하고, 마지막 아담인 그리스도는 '생명을 주는 프뉴마(πνεῦμα ζῳοποιοῦν)가 되셨다고 말한다. 이는 프뉴마이신 그리스도가 부활한 사람들을 위한 새로운 생명력의 유일한 원천이 되셨다는 뜻이다. 이러한 관점에서 보면, '자연의 몸'과 '영적인 몸'의 대조는 질료의 차이를 나타낸다기보다는 '관계'와 '상태'를 강조한다. 즉 '소마 프뉴마티콘'은 그리스도에게 속한 몸, 즉 프뉴마이신 그리스도에 의해 활성화된 몸을 말하는 것이다.

그리스도는 프뉴마가 되셨고, 사람이 그리스도를 믿을 때 그리스도의 프뉴마를 받는다. 고린도후서 1장 22절은 "하나님이 또 우리를 인증해 주시고, 그 보증으로 우리의 마음속에 프뉴마를 주셨습니다"라고 말한다. 프뉴마를 받은 사람 속에 그리스도의 프뉴마와 하나님의 프뉴마가 머무르면서 신자를 새로운 정체성, 즉 하나님의 자녀로 빚는다. "주님께 달라붙어 있는 사람은 주님과 한 프뉴마가 됩니다"(고전 6:17).

우리는 부활의 '의미'를 말할 때 신중해야 한다. 부활을 말할 때마다 관성에서 벗어나 그 의미의 깊이와 힘과 무거움을 고스란히 느껴야 한다. 예수님의 부활에는 죽음을 극복하는 힘이 있으며 그 힘은 우리가 상상할 수 있는 지평

바울 신학 크로키

을 아스라히 넘은 곳에 있기 때문이다.

우리는 죽음을 경험하지 않았다.…경험한 세상에 대한
유추를 통해 이해하려는 시도는 선험적으로 그 경험 세계
의 현상에만 제한된다. 그 세계를 떠나서 죽음의 경우처
럼 우리의 경험 세계 저편의 영역에 들어가게 되면 경험
의 유비를 통해 그것을 파악하려는 시도는 좌초하게 된
다.[45]

그러나 역설적으로, 예수 부활 사건에 내재한 죽음 극
복의 힘을 온전히 파악할 수 없기에, 그 힘의 강렬함을 우
리는 상상력의 한계를 찢을 때 '짐작'할 수 있게 되고 그에
감복할 공간이 열린다. 바로 이 지점을 표현해 낼 새로운
이미지와 감수성이 발명되고 계발되어야 한다.

특이하게도 바울은 부활의 능력을 말할 때마다 고통과
고난을 빼놓지 않는다. "나는 그리스도와 그리스도의 부활
의 능력과 그리스도의 고난에 동참하는 법을 알고 싶습니

---

45 게르트 타이센, 아네트 메르츠,《역사적 예수: 예수의 역사적 삶에 대한 총
체적 연구》, 손성현 옮김 (서울: 다산글방, 2001), p. 721.

다. 그리스도의 죽으심을 본받아서 말이지요"(빌 3:10). 부활할 몸을 지닌 우리는 그리스도의 고난을 몸에 지니고 다닌다. 우리가 피부로 직접 겪는 현실은 고난과 고통이어서, 부활은 영영 오지 않을 것처럼 희미하게 느껴진다. 하지만 바울의 이 말은 바로 이것이 그리스도인의 현실이라고 확인해 준다. "그리스도 안에 참여한다는 것은 고난과 역설적인 희망이라는 두 가지 표지를 지닌다. 한 발은 과거에 디디고 있으나, 다른 한 발은 미래를 향해 내딛고 있으며, 경주의 출발선에 선 주자가 앞으로 향한 발에 온 무게를 싣는 것과 같다. 칼 바르트의 표현대로 말하자면, '나는 옛 사람이며 여전히 그렇다. 나는 새 사람이며 앞으로도 그렇게 될 것이다.'"[46]

"사흘 만에 살아나셨다"라는 선포에서 '사흘'이라는 기간은 예수가 확실히 죽었음을 나타낸다. 동시에 예수의 죽음과 부활이 그리 길지 않은 시간 간격을 두고서 일어났다는 말이기도 하다. 그리스도인에게 '사흘'은 고통의 날카로운 발톱을 뼈저리게 느낄 기나긴 시간이지만, 그리스도

---

46 Susan Eastman, "Participation in Christ", in *The Oxford Handbook of Pauline Studies*, p. 453.

바울 신학 크로키

의 돌보심이 곧 도래하리라고 희망하기에 충분한 시간이
기도 하다.

부활이 우리에게 주는 의미는 '소망하지 못함'에서 벗
어나는 것에 있다(살전 4:13-18). 부활은 죽음에 삼켜진 생
명이 다시 역전하여 죽음을 삼켜 버린 생명이 된 사건이
다. 죽음을 이기는 강력한 힘을 지닌 생명의 하나님이 죽
음까지도 온전히 통제하고 다스리시는 주권이 드러난 사
건이다.

어둠 속에서 살아가는 것 같을 때도 왜 우리는 '소망하
지 못함'에서 벗어날 수 있는가? 그리스도께서 우리를 붙
잡으셨고, 우리를 하나님의 사랑에서 떼어 놓을 것은 존재
하지 않는다는 사실 때문이다.

어떻게든 내가 죽은 사람들 가운데서 살아 일어나는 완전
한 부활을 맞게만 된다면 좋겠습니다. 내가 이미 그것을
얻었다거나 이미 완전해졌다는 말이 아닙니다. 다만 그것
을 붙잡으려고 뒤쫓아 가고 있습니다. 그것을 위해 그리
스도께서 나를 붙잡으셨기 때문입니다(빌 3:11-12).

누가 우리를 그리스도의 사랑에서 떼어낼 수 있겠습니

까?…나는 확신하기 때문입니다. 그 무엇도 하나님의 사랑에서 우리를 떼어낼 수 없으리라는 것을요(롬 8:35, 37-38).

마지막으로, 부활이 진리라는 것을 어떻게 믿을 수 있는가? 로완 윌리엄스는 이렇게 말한다.

그렇다면 우리는 이것이 진리임을 어떻게 알 수 있을까요? 과학적 증거와도 같은 결정적인 한 방을 통해서는 알 수 없습니다. 한 사람의 삶 전체를 다룬 긴 이야기가, 이를 신뢰하는 공동체의 삶이라는 더 긴 이야기가 우리 안에서 살아 움직임으로써 우리는 부활의 메시지가 진리임을 알아 갑니다. 결국 부활이 진리임을 깨닫게 하고 익히게 하는 것은 그 진리를 살아 내는 삶입니다.[47]

예수의 부활이 가장 근원적으로 드러내는 진실은 우리가 차갑고 무정한 우주에 팽개쳐진 존재가 아니라, 다정하

47　로완 윌리엄스, 《삶을 선택하라: 성육신과 부활에 관한 설교》, 민경찬·손승우 옮김 (서울: 비아, 2017), p. 248.

고 은총을 베푸는 하나님 안에 있다는 것이다. 부활이 하나님의 사랑을 나타냈다는 바울의 말이 바로 이 현실을 서술한다. 궁극적 실재가 냉정하지 않고 다정한 분이라는 사실, 이 얼마나 놀라운가!

참고문헌

김근주.《오늘을 위한 레위기》. 서울: IVP, 2021.

김민형.《다시, 수학이 필요한 순간》. 서울: 인플루엔셜, 2020.

던, 제임스 D. G.《바울 신학》. 박문재 옮김. 서울: CH북스, 2003.

독시아디스, 아포스톨로스 · 크리스토스 H. 파파디미트리우.《로지코믹
   스: 버트런드 러셀의 삶을 통해 보는 수학의 원리》. 알레코스 파파
   다토스 · 애니 디 도나 그림. 전대호 옮김. 서울: 랜덤하우스 코리아,
   2011.

라이트, N. T. · 사이먼 개더콜 · 로버트 스튜어트.《혁명의 십자가 대속의
   십자가》. 박장훈 옮김. 서울: IVP, 2014.

바르트, 칼.《로마서》(제2판). 손성현 옮김. 서울: 복있는사람, 2017.

바클레이, 존 M. G. "고린도후서".《IVP 성경비평주석: 신약》. 이철민 ·
   홍성수 옮김. 서울: IVP, 2020.

에스콜라, 티모.《신약성서의 내러티브 신학: 유배와 회복의 메타내러티
   브 탐구》. 박찬웅 · 권영주 · 김학철 옮김. 서울: 새물결플러스, 2021.

윌리엄스, 로완.《삶을 선택하라: 성육신과 부활에 관한 설교》. 민경찬 ·
   손승우 옮김. 서울: 비아, 2017.

타이센, 게르트 · 아네트 메르츠.《역사적 예수: 예수의 역사적 삶에 대한
   총체적 연구》. 손성현 옮김. 서울: 다산글방, 2001.

황현산.《황현산의 사소한 부탁》. 파주: 난다, 2018.

Allison, Dale C. *The Resurrection of Jesus: Apologetics, Polemics,
   History*. New York: Bloomsbury, 2021.

Breytenbach, Cilliers. "The 'For Us' Phrases in Soteriology Pauline: Considering Their Background and Use." In *Salvation in the New Testament: Perspectives on Soteriology*, edited by Jan G. van der Watt, pp. 163-185. Supplements to Novum Testamentum 121. Leiden: Brill, 2005.

───────. "3.3. Interpretationen des Todes Christi." In *Paulus Handbuch*, edited by Friedrich W. Horn, pp. 323-325. Tübingen: Mohr Siebeck, 2013.

Bultmann, Rudolf. *Theology of the New Testament*. Vol. 1. Translated by Kendrick Grobel. New York: Scribner, 1951.

Eastman, Susan. "Participation in Christ." In *The Oxford Handbook of Pauline Studies*, edited by Matthew V. Novenson and R. Barry Matlock, pp. 442-457. Oxford: Oxford University Press, 2022.

Engberg-Pedersen, Troels. *Cosmology and Self in the Apostle Paul: The Material Spirit*. Oxford: Oxford University Press, 2010.

Fitzmyer, Joseph A. *Romans: A New Translation with Introduction and Commentary*. Anchor Bible 33. New York: Doubleday, 1993.

Gaventa, Beverly Roberts. *Romans: A Commentary*. New Testament Library. Louisville: Westminster John Knox Press, 2024.

Käsemann, Ernst. "Saving Significance of the Death of Jesus in Paul." In *Perspectives on Paul*, pp. 32-59. Philadelphia: Fortress Press, 1971.

Martin, Dale B. *The Corinthian Body*. New Haven: Yale University Press, 1995.

Moo, Douglas J. *The Letter to the Romans*. 2nd ed. New International Commentary on the New Testament. Grand Rapids: Eerdmans, 2018.

Morgan, Teresa. *The New Testament and the Theology of Trust*. Oxford: Oxford University Press, 2022.

Sanders, E. P. *Paul: The Apostle's Life, Letters, and Thought*. Minneapolis: Fortress Press, 2015.

Schnelle, Udo. *Apostle Paul: His Life and Theology*. Translated by M. Eugene Boring. Grand Rapids: Baker Academic, 2005.

Schröter, Jens, and Christine Jacobi, eds. *The Jesus Handbook*. Translated by Robert L. Brawley. Grand Rapids: Eerdmans, 2022.

Tillich, Paul. *Dynamics of Faith*. New York: Harper & Row, 1957.

Ware, James. "Paul's Understanding of the Resurrection in 1 Corinthians 15:36-54." *Journal of Biblical Literature* 133, no. 4 (2014): pp. 809-835.

Wolter, Michael. *Der Brief an die Römer. Vol. 1, Röm 1-8*. Evangelisch-Katholischer Kommentar zum Neuen Testament. Göttingen: Vandenhoeck & Ruprecht, 2014.

——————. *Paul: An Outline of His Theology*. Translated by Robert L. Brawley. Waco: Baylor University Press, 2015.

제가 할 수 있는 한 부탁합니다. 가슴속에 풀리지 않은 채 남아 있는 모든 것 앞에서 부디 참을성을 가지십시오. 그 물음들 자체를 사랑하려 해 보십시오―잠긴 방을 대하듯, 아주 낯선 말로 쓰인 책을 대하듯이요. 지금은 답을 찾으려 하지 마십시오. 아직 살아갈 수 없는 답이라면 주어질 수도 없는 법입니다. 중요한 것은 모든 것을 살아가는 일입니다. 지금은 그 물음들을 사십시오. 그러면 어쩌면, 자신도 모르는 사이 조금씩, 먼 훗날 그 답 속으로 살아 들어가게 될지도 모릅니다.

―라이너 마리아 릴케[†]

† Rainer Maria Rilke, *Briefe an einen jungen Dichter* (Leipzig: Insel-Verlag, 1929), p. 23.

바울 신학 크로키

김선용 지음

2026년 4월 17일 초판 1쇄 발행

펴낸이 김도완   **펴낸곳** 비아토르
등록번호 제2021-000048호(2017년 2월 1일)
주소 서울시 종로구 삼일대로 428, 500-26호(우편번호 03140)
전화 02-929-1732   **팩스** 02-928-4229
전자우편 sozodw@naver.com

편집 이선   **디자인** 임현주
제작 제이오   **인쇄** 민언프린텍
제본 다온바인텍

ISBN 979-11-94216-40-7 03230   **저작권자** ⓒ 김선용, 2026

이 도서는 2022년 대한민국 교육부와 한국연구재단의 지원을 받아 수행된 연구임
(NRF-2022S1A5B5A16053153)